WALTER SCOTT

QUENTIN DURWARD

HACHETTE

QUENTIN DURWARD

CHAPITRE PREMIER
LE CONTRASTE

La seconde moitié du quinzième siècle contenait en germe une série d'événements dont les conséquences rendirent la France puissante et formidable, au point d'en faire désormais, à de certaines périodes, un objet de jalousie pour le reste de l'Europe. Avant cette époque il lui fallait défendre sa vie contre les Anglais, qui étaient en possession de ses plus belles provinces. Les plus énergiques efforts du roi et la bravoure du peuple suffisaient à peine à protéger le reste du royaume contre la domination étrangère. De plus, les grands vassaux, en particulier les ducs de Bourgogne et de Bretagne, s'étaient rendus presque indépendants et saisissaient tous les prétextes pour se soulever contre leur seigneur suzerain, le roi de France. En temps de paix, ils étaient souverains absolus dans leurs provinces; et la maison de Bourgogne, qui possédait la Bourgogne proprement dite avec la plus belle et la plus riche partie des Flandres, rivalisait de splendeur et de puissance avec la couronne.

A l'imitation des grands feudataires, les vassaux inférieurs de la couronne affectaient un degré d'indépendance proportionné à l'éloignement du pouvoir souverain, à l'étendue de leurs fiefs et à l'épaisseur des remparts de leurs châteaux forts. En Auvergne seulement, trois cents de ces nobles pouvaient se livrer impunément aux plus horribles excès.

A tant de maux s'ajoutait un fléau qui était la conséquence des guerres prolongées entre les Français et les Anglais. Dans plusieurs parties de la France s'étaient formées des bandes d'aventuriers, rebut de l'Europe. Conduits par des chefs de leur choix, ils se louaient au plus offrant; sinon, ils faisaient la guerre pour leur propre compte, saisissant tours et châteaux, qui leur servaient ensuite de repaires, faisant des prisonniers pour en tirer rançon, levant des tributs sur les villages ouverts et le pays environnant, dignes enfin, à force de rapines, du surnom trop mérité de *Tondeurs* et d'*Ecorcheurs*.

Au milieu de ces horreurs et de ces misères, la noblesse inférieure, aussi bien que les grands vassaux, dépensait en folles profusions et en magnificences grossières l'argent qu'elle avait extorqué au menu peuple.

C'est dans de pareilles conjonctures que Louis XI monta sur le trône.

Assez brave quand la bravoure pouvait être utile à ses desseins politiques, Louis n'avait pas une étincelle de cette valeur romantique, de cet orgueil chevaleresque qui combat pour le point d'honneur : il se contentait du profit. Calme, habile, uniquement préoccupé de son intérêt, il savait sacrifier à la fois son orgueil et sa passion, quand la passion et l'orgueil pouvaient l'empêcher d'atteindre son but. Il dissimulait avec le plus grand soin ses sentiments réels et ses desseins, et répétait volontiers « que quiconque ne sait pas dissimuler ne sait pas régner; que quant à lui, s'il soupçonnait son bonnet de connaître ses secrets, il le jetterait au feu ». Jamais prince n'a su tirer meilleur parti des faiblesses d'autrui, ni éviter plus adroitement de donner prise sur les siennes.

Il était naturellement vindicatif et cruel, au point de prendre plaisir aux fréquentes exécutions qu'il ordonnait. Mais si jamais le moindre sentiment de pitié ne le porta à épargner ceux qu'il pouvait condamner en toute sécurité, jamais le sentiment de la vengeance ne le poussa à des actes de violence prématurée. Il se jetait rarement sur sa proie avant qu'elle fût bien à portée, et sans défense; et il dissimulait ses mouvements avec tant d'artifice, que le monde n'apprenait qu'en le voyant au but de ses désirs quel en avait été l'objet.

De même, l'avarice de Louis se changeait en prodigalité dès qu'il s'agissait de corrompre le favori ou le ministre d'un prince rival, pour détourner une attaque imminente ou pour rompre une alliance formée contre lui.

Il y avait de singulières contradictions dans le caractère de ce monarque si habile et si artificieux; car l'homme est rarement tout d'une pièce. Faux et fourbe comme il l'était, quelques-unes des plus grandes erreurs de sa vie vinrent de sa facilité à compter sur l'honneur et sur l'intégrité des autres.

Il reste à mentionner deux traits pour parfaire le portrait de ce formidable personnage : une excessive superstition, et un goût singulier pour les plaisirs bas et la débauche obscure.

Avant de monter sur le trône, Louis avait fait montre de ses vices plutôt que de ses talents. Sa première femme, Marguerite d'Écosse, fut en butte, à sa cour même, aux plus infâmes calomnies; sans les encouragements de Louis en personne, nul n'aurait osé prendre à partie une princesse aussi aimable et aussi mal traitée. Fils ingrat et rebelle, il conspirait pour se saisir de la personne de son père, ou bien il lui faisait ouvertement la guerre. En punition de son premier crime, il fut relégué dans son apanage du Dauphiné, qu'il gouverna avec beaucoup de sagacité. Exilé pour le second, il fut contraint de recourir à la merci, presque à la charité du duc de Bourgogne et de son fils, jusqu'à la mort de son père en 1461. Il paya le fils et le père de la plus noire ingratitude.

Dès le début de son règne, il faillit être renversé par une ligue des grands vassaux de France, qui avaient à leur tête le duc de Bourgogne ou plutôt son fils, le comte de Charolais. Ils levèrent une armée, bloquèrent Paris, livrèrent sous les murs de cette ville une bataille dont le résultat fut douteux, et mirent la monarchie française à deux doigts de sa perte. Louis, après avoir bravement payé de sa personne à la bataille de Montlhéry, eut l'habileté de profiter de ce que le succès en avait été indécis, pour s'attribuer la victoire. Ensuite il temporisa pour laisser à la ligue le temps de se dissoudre, et sema si habilement la jalousie entre les grands vassaux, que jamais la ligue du Bien public ne put se reformer, ou du moins se montrer aussi formidable. A partir de cette époque, Louis, n'ayant plus rien à craindre de l'Angleterre engagée pour plusieurs années dans les guerres civiles d'York et de Lancastre, s'occupa à guérir les blessures du corps politique. Ne pouvant mettre un terme au brigandage des Franches Compagnies et à la tyrannie de la noblesse, il s'efforça du moins d'atténuer ces deux maux; et, par une application sans relâche, il fortifia peu à peu l'autorité royale, et affaiblit ceux qui pouvaient la contrebalancer.

Pourtant la situation du roi de France était encore pleine d'incertitude et de dangers. Si la ligue du Bien public n'existait plus, les éléments dont elle s'était formée lui survivaient, et pouvaient encore se réunir. Mais le danger le plus sérieux, c'était l'accroissement progressif de la puissance du duc de Bourgogne, l'un des plus grands princes de l'Europe.

Charles le Téméraire brûlait du désir de transformer sa couronne de duc en une couronne royale. Son caractère, sous tous les rapports, formait le contraste le plus complet avec celui de Louis XI.

Il se jetait dans le danger par amour du danger, et dans les difficultés par mépris des difficultés. Si Louis ne sacrifiait jamais son intérêt à sa passion, Charles ne sacrifiait jamais sa passion, ni simplement son caprice, à aucune autre considération.

Malgré les liens de proche parenté qui existaient entre eux, malgré l'hospitalié que le duc et son père avaient accordée au dauphin exilé, ces deux princes s'étaient voué une haine et un mépris réciproques. Le duc de Bourgogne méprisait la politique du roi; selon lui, c'était faute de courage que le roi cherchait par ligues, marchandages, et autres moyens détournés, les avantages qu'à sa place le duc aurait emportés de haute lutte. De même, s'il haïssait le roi, ce n'était pas seulement à cause de son ingratitude, à cause de certains torts personnels, à cause de certaines imputations dont les ambassadeurs de Louis avaient cherché à le noircir aux yeux de son père; c'est surtout à cause de l'appui qu'il donnait secrètement aux citoyens mécontents de Gand, de Liège, et autres grandes villes de Flandre.

Louis rendait au duc mépris pour mépris, haine pour haine; seulement il savait mieux dissimuler. Un homme d'une aussi profonde sagacité ne pouvait pas s'empêcher de mépriser cette aveugle obstination qui ne renonçait jamais à une entreprise, dût-elle être suivie des conséquences les plus funestes, et cette folle impétuosité qui se lançait tête baissée sans réfléchir un seul instant aux obstacles. Néanmoins le roi haïssait Charles encore plus qu'il ne le méprisait, et ce mépris et cette haine étaient d'autant plus intenses qu'il s'y mêlait de la peur. Ce qui lui faisait peur, ce n'était pas seulement la richesse des provinces de la Bourgogne, la discipline de ses belliqueuses populations, leur nombre, c'étaient aussi les qualités dangereuses de leur chef. Charles était la bravoure même, la bravoure poussée jusqu'à la témérité; il était généreux jusqu'à la profusion, magnifique dans sa cour, dans sa personne, dans sa suite; en toutes choses, il déployait la magnificence héréditaire de la maison de Bourgogne, et attirait ainsi à son service presque tous les esprits ardents de son époque. Louis voyait bien ce que pouvaient tenter et exécuter de tels hommes, conduits par un tel chef.

Une circonstance encore augmentait l'animosité du roi envers ce vassal trop puissant : il lui avait des obligations dont il comptait bien ne jamais s'acquitter; aussi lui fallait-il souvent temporiser avec le duc, endurer de sa part des sorties insolentes, sans pouvoir le traiter autrement que son « beau cousin de Bourgogne ».

Notre récit commence en l'année 1468, à l'époque où leur haine était à son comble, en dépit d'une trêve mal assurée et sans consistance.

CHAPITRE II

LE VAGABOND

Par une délicieuse matinée d'été, à l'heure où le soleil ne darde pas encore des rayons trop brûlants, où la rosée rafraîchit et parfume l'air, un jeune homme se dirigeait vers le gué d'une petite rivière, ou plutôt d'un gros ruisseau, tributaire du Cher. C'était près du château royal de Plessis-lès-Tours, dont les nombreux et sombres créneaux, au second plan, dominaient la vaste forêt au milieu de laquelle s'élevait le château. Ces bois comprenaient une chasse seigneuriale ou parc royal, entouré d'une clôture. En latin du moyen âge, on appelait cela un *Plexitium*, d'où vient le mot Plessis, qui désigne tant de villages en France. On appelait le château et le village dont nous parlons ici Plessis-lès-Tours, pour le distinguer des autres Plessis, parce qu'il était bâti à deux milles environ au sud de la belle ville de Tours, capitale de la Touraine, le jardin de la France.

De l'autre côté du ruisseau, deux hommes, qui semblaient plongés dans une sérieuse conversation avaient l'air de surveiller de temps à autre les mouvements du jeune voyageur. Etant placés sur une éminence, ils avaient pu le voir venir de loin.

Le jeune homme pouvait avoir dix-neuf ou vingt ans. Sa figure et sa tournure prévenaient en sa faveur. On voyait qu'il n'était pas du pays. Son manteau court et son haut-de-chausses gris étaient à la mode de Flandre; il portait le petit bonnet bleu, avec une branche de houx et une plume d'aigle, qui était déjà à cette époque la coiffure des Ecossais. Son costume était très propre, et arrangé avec cette coquetterie des jeunes gens qui n'ont pas lieu d'être mécontents de leur personne. Il avait au dos une gibecière qui semblait contenir quelques objets de première nécessité; un gantelet de fauconnier à la main gauche, mais sans faucon, et dans la main droite un solide épieu de chasseur. Une écharpe brodée, passant par-dessus l'épaule gauche, soutenait une petite poche de velours écarlate, semblable à celle où les personnes de haut rang mettaient la nourriture de leurs faucons et autres objets appartenant à l'attirail de la fauconnerie. L'écharpe formait croix sur la poitrine avec un baudrier où était suspendu un couteau de chasse. Au lieu de bottes comme on en portait dans ce temps-là, le jeune homme avait aux pieds des brodequins de peau de daim.

Quoique ce ne fût pas encore un homme fait, il était grand et bien découplé, et la légèreté de son pas montrait que c'était pour lui un plaisir et non pas une fatigue de voyager à pied. Il avait le teint clair, malgré une légère couche de hâle.

Ses traits, sans être tout à fait réguliers, étaient francs, ouverts et agréables. Un demi-sourire, produit sans doute par une heureuse exubérance d'esprits animaux, découvrait de temps à autre ses dents bien plantées et blanches comme l'ivoire; son œil bleu, brillant et gai, qui s'arrêtait complaisamment sur les objets qu'il rencontrait, exprimait la bonne humeur, le contentement du cœur et une résolution bien déterminée.

Depuis longtemps les deux personnes qui se promenaient de l'autre côté du ruisseau avaient aperçu le jeune voyageur. Quand il descendit de son pas léger le talus raboteux de la rive, le plus jeune des deux promeneurs dit à l'autre : « C'est notre homme... c'est le Bohémien. S'il essaye de traverser le gué, il est perdu; l'eau est haute et le gué impraticable.

— Qu'il fasse cette découverte à lui tout seul, compère, répondit l'autre; ce sera l'économie d'une corde, et cela fera mentir le proverbe.

— Je le reconnais à son bonnet bleu, car je ne distingue pas ses traits. Ecoutez, il crie pour savoir si l'eau est profonde.

— Rien de tel que l'expérience en ce monde. Qu'il essaye! »

Le jeune homme, cependant, prenant le silence des deux personnes pour un encouragement à passer l'eau, prit juste le temps de retirer ses brodequins et se risqua. En ce moment, le plus âgé des deux hommes lui cria de se tenir sur ses gardes, et il ajouta en s'adressant à son compagnon : « *Mortdieu!* compère, vous avez fait une autre méprise, ce n'est pas notre bavard de Bohémien. »

Le jeune homme n'avait pas entendu l'avertissement ou n'avait pas pu en profiter. Il était en plein dans le courant rapide et profond. S'il eût été moins bon nageur, c'en était fait de lui.

« Par sainte Anne! c'est un jeune homme de bonne condition, dit le plus âgé des deux hommes. Cours, compère, et répare ta méprise, si tu peux. Il te revient de droit; si le proverbe dit vrai, il ne doit pas périr par l'eau. »

Le jeune homme, toujours nageant, approchait de la rive.

Le « compère » cependant accourait, suivi à distance par l'autre promeneur. Celui-ci, marchant d'un pas plus grave, se disait à lui-même : « Je savais bien qu'il ne périrait pas par l'eau. Par la messe! le voilà tiré d'affaire, et il se saisit de son épieu. Si je ne me dépêche pas, il va rosser mon compère pour la seule action charitable que je lui aie vu faire ou essayer de faire de toute sa vie. »

Il prophétisait vrai, car le vigoureux Ecossais avait déjà commencé à décharger sa colère en paroles sur le bon Samaritain qui accourait à son secours : « Chien discourtois! pourquoi ne m'avoir pas répondu quand je vous ai demandé si l'on pouvait passer à gué? Que le diable m'emporte si je ne vous apprends pas à montrer une autre fois plus de respect pour les étrangers! »

Et il se mit à faire le moulinet avec son épieu.

L'autre porta la main à la garde son épée, étant de ces gens-là qui sont plus vifs en actions qu'en paroles. Mais son compagnon, homme de sens rassis, lui commanda de rengainer; se tournant alors vers le jeune étranger, il l'accusa de précipitation pour s'être jeté dans un ruisseau gonflé par les pluies, et de violence téméraire pour avoir cherché noise à un homme qui accourait à son secours.

Le jeune voyageur, en se voyant ainsi réprimandé par un homme d'un certain âge et d'apparence respectable, abaissa immédiatement son arme, déclarant qu'il serait bien fâché de leur avoir fait tort. Mais réellement il lui semblait bien qu'ils l'avaient exposé à perdre la vie, faute de l'avoir averti à temps; il ne devait pas s'attendre à cela de la part d'honnêtes gens, ni de bons chrétiens, encore moins de respectables bourgeois comme eux.

« Beau fils, dit le plus âgé des hommes, à en juger par votre accent et par votre teint, vous êtes étranger; et vous devez vous souvenir qu'il vous est plus facile à vous de parler votre dialecte qu'à nous de le comprendre.

— Eh bien! père, répondit le jeune homme, je ne fais pas une affaire du bain que je viens de prendre, et je suis prêt à vous pardonner d'en être un peu la cause, si vous voulez me montrer un endroit où je puisse faire sécher mes vêtements; je n'en ai pas de rechange, et il faut que je les tienne en bon état.

— Pour qui nous prenez-vous, beau fils? lui demanda le plus âgé des étrangers, en réponse à sa question.

— Pour de bons bourgeois, évidemment, répondit le jeune

homme; ou bien, attendez : vous, maître, vous pouvez bien être un courtier de change ou un marchand de blé, et lui un boucher ou un éleveur.

— Vous avez très bien deviné, dit le plus âgé des deux hommes en souriant. Je m'occupe en effet du commerce de l'argent, et le métier de mon compère a quelque analogie avec celui de boucher. Maintenant, nous allons essayer de vous rendre le service que vous demandez; mais il faut d'abord que je sache qui vous êtes et où vous allez; car, par le temps qui court, les routes sont pleines de voyageurs à pied et à cheval qui ont en tête tout autre chose que l'honnêteté et la crainte de Dieu. »

Le jeune homme jeta un regard vif et pénétrant sur celui qui lui parlait et sur son silencieux compagnon, se demandant si de leur côté ils étaient dignes de la confiance qu'ils réclamaient. Voici le résultat de ses observations :

Le plus âgé et le plus remarquable de ces hommes ressemblait à un marchand ou à un boutiquier de ce temps-là. Son pourpoint, son manteau et son haut-de-chausses étaient d'une couleur sombre uniforme, mais si râpés, que le jeune Écossais, qui n'était pas un sot, se dit : « Cet homme doit être très riche ou très pauvre, très riche probablement. » Ses vêtements étaient étroits et courts, tandis que la mode, pour les nobles et même pour les bourgeois de la classe supérieure, était aux robes amples et longues qui descendaient jusqu'au-dessous du genou.

L'expression de sa physionomie était moitié attrayante, moitié repoussante. Ses traits prononcés, ses joues creuses et ses yeux enfoncés avaient néanmoins une expression fine et spirituelle qui n'était pas pour déplaire au jeune aventurier. En même temps, ses yeux, à moitié cachés sous d'épais sourcils noirs, avaient quelque chose d'impérieux et de sinistre. Peut-être cette expression était-elle accentuée par ce fait que le bonnet de fourrure, bas de forme et enfoncé sur le front, épaississait encore l'ombre du fond de laquelle ces deux yeux vous regardaient. En somme, le jeune étranger avait de la peine à concilier l'expression de ses regards avec la vulgarité du reste de sa personne. Tandis que les gens de qualité portaient au bonnet une broche d'or ou d'argent, le bonnet de cet étranger n'avait pour tout ornement qu'une vulgaire image en plomb de la Vierge, du genre de celles que les pèlerins les plus pauvres rapportent de Lorette.

Son camarade était robuste, de taille moyenne, de dix ans au moins plus jeune que lui, avec une mine basse et un sourire inquiétant. Cet homme était armé d'une épée et d'un poignard; sous son vêtement très simple, le jeune Ecossais remarqua qu'il cachait un *jaseran*, ou cotte de mailles. Comme les gens les plus pacifiques portaient le jaseran en voyage, en vue des mauvaises rencontres, le jeune étranger en conclut que cet homme devait décidément être un boucher ou un éleveur, ou appartenir tout au moins à l'une des professions qui obligent les gens à se mettre souvent en route.

« J'ignore, dit enfin le jeune voyageur, à qui j'ai l'honneur de parler; mais peu m'importe que l'on sache que je suis un cadet d'Ecosse; que je viens chercher fortune en France, ou ailleurs, selon l'usage de mes compatriotes.

— Pasques-Dieu! une brave coutume, dit le plus âgé des étrangers. Voyons, je suis marchand, et j'ai besoin d'un jeune homme pour m'aider dans mon trafic. Je suppose que vous êtes trop bon gentilhomme pour servir un marchand.

— Beau sire, répliqua le jeune homme, si votre offre est sérieuse, ce dont je doute, je vous remercie; mais je crois que je serais absolument incapable de vous satisfaire.

— Ah! dit l'autre, tu sais mieux, j'en suis sûr, tirer de l'arc que régler un compte, et manier l'épée que la plume.

— Maître, répondit le jeune Ecossais, je ne suis pas mauvais archer. Mais, outre cela, j'ai été dans un couvent, où les bons pères m'ont appris à lire, à écrire, et même à compter.

— Pasques-Dieu! c'est trop magnifique, reprit le marchand; par Notre-Dame d'Embrun! tu es un prodige, l'ami.

— Assez plaisanté, beau maître, dit le jeune homme, qui commençait à trouver son nouvel ami trop facétieux. Je ferais mieux d'aller me sécher que de rester là à m'égoutter et à répondre à des questions.

— Pasques-Dieu! s'écria le marchand en riant, le proverbe a raison : « Fier comme un Ecossais. » J'aime les Ecossais : suivez-moi au village, et je trouverai moyen de vous faire oublier votre plongeon. Mais, teste-bleu! pourquoi portez-vous un gant de chasse? ne savez-vous pas qu'il est défendu de chasser au faucon dans les limites des chasses royales?

— J'ai appris cela, répondit le jeune homme, d'un mauvais drôle de forestier du duc de Bourgogne. J'avais apporté un faucon d'Ecosse et j'espérais m'en faire honneur. Je lance mon faucon sur un héron, près de Péronne, et voilà que ce misérable me le tue d'un coup de flèche.

— Qu'est-ce que vous avez fait? demanda le marchand.

— Je l'ai battu, répondit le jeune homme en brandissant son

épieu, aussi rudement qu'un chrétien peut en rosser un autre sans lui faire rendre l'âme. Je n'aurais pas voulu avoir son sang sur la conscience.

— Savez-vous bien, dit le bourgeois, que si vous étiez tombé entre les mains du duc de Bourgogne, il vous aurait pendu haut et court?

— Oui, on m'a dit qu'il est aussi expéditif que le roi de France en cette matière. Mais comme cela se passait près de Péronne, je franchis la frontière et je me moquai de lui. S'il n'avait pas été si prompt, je serais peut-être entré à son service.

— Un paladin tel que vous lui fera grandement faute, si la trêve vient à être rompue, » dit le marchand. Il lança à son compagnon un regard auquel l'autre répondit par un de ses sourires inquiétants.

Le jeune Ecossais s'arrêta court, enfonça son bonnet sur son sourcil droit, comme un homme qui entend ne pas être tourné en ridicule, et dit d'un ton ferme : « Mes maîtres, et spécialement vous, le plus ancien, qui par conséquent devriez être le plus avisé, vous découvrirez, je présume, qu'il n'est ni sage ni prudent de railler à mes dépens. Je n'aime pas du tout le ton de votre conversation. Je puis accepter une plaisanterie d'où qu'elle vienne, et un reproche aussi d'un homme d'âge, et même remercier si je sais que j'ai mérité le reproche; mais il ne me convient pas d'être traité comme un enfant, lorsque, Dieu merci! je me sens assez homme pour vous corriger tous les deux si vous m'échauffez trop les oreilles. »

Le marchand sembla sur le point d'étouffer de rire en entendant ces menaces; son compagnon porta la main à la garde de son épée; le jeune homme, qui vit ce mouvement, lui assena un coup de bâton sur le poignet et le mit ainsi hors d'état de tirer l'épée : cet incident ne fit que redoubler la joie de son compagnon. « Arrête! arrête! cria-t-il, très vaillant Ecossais, ne fût-ce que pour l'amour de ton cher pays; et vous, compère, ne prenez pas cet air menaçant. Pasques-Dieu! montrons-nous bons marchands, et mettons en balance le plongeon de tout à l'heure et ce coup sur le poignet, qui a été asséné avec tant de grâce et de dextérité. Ecoutez, mon jeune ami, dit-il avec une gravité et une autorité qui imposèrent au jeune homme, malgré qu'il en eût, assez de violences! La violence n'est pas faite pour moi, et mon compère a ce qu'il lui faut. Dites-moi votre nom.

— Quentin Durward.

— Durward, répéta l'autre, est-ce nom d'un gentilhomme?

— Depuis quinze générations, répondit le jeune homme; c'est

ce qui me donne de la répugnance pour tout autre métier que celui des armes.

— Un vrai Écossais ! Beaucoup de sang, beaucoup d'orgueil, et pas beaucoup de ducats, je te le garantis. Eh bien ! compère, dit-il à son compagnon, allez devant et dites qu'on prépare à déjeuner au bois des Mûriers. Et quant au Bohémien..., deux mots à l'oreille... »

Son camarade lui répondit par un sourire sinistre, mais intelligent, et s'éloigna d'un pas rapide. « Vous et moi, dit le vieillard au jeune Écossais, nous allons entendre une messe dans la chapelle de Saint-Hubert, qui est sur notre chemin ; les besoins du corps doivent passer après ceux de l'âme. »

En sa qualité de bon catholique, Durward n'avait aucune objection à faire ; il est probable cependant qu'il eût préféré se sécher d'abord et prendre un peu de nourriture. En suivant le sentier qu'avait pris le compère, ils arrivèrent à une petite chapelle cachée dans les bois et entendirent dévotement une messe basse.

La messe terminée, ils sortirent de la chapelle, et le marchand dit à son jeune compagnon : « Le village n'est qu'à deux pas, vous pourrez présentement rompre votre jeûne sans remords... Suivez-moi. »

Tournant à droite, ils prirent un sentier qui semblait monter en pente douce. Le marchand recommanda à son compagnon de ne pas s'écarter du sentier, et même de marcher autant que possible au milieu. Durward ne put s'empêcher de lui demander pourquoi tant de précautions.

« Vous êtes maintenant près de la cour, jeune homme, lui répondit son guide. Et, Pasques-Dieu ! c'est une tout autre affaire de marcher ici ou dans les bruyères de vos collines. Chaque pouce de ce terrain est rendu dangereux et presque impraticable par des pièges, des trappes armées de lames de faux qui vous couperaient la jambe d'un homme aussi facilement que le sécateur coupe les brindilles d'une aubépine ; il y a des chausses-trapes qui vous perceraient le pied d'outre en outre, et des fosses assez profondes pour vous y ensevelir à jamais ; car vous êtes maintenant dans l'enceinte du domaine royal, et nous allons voir tout à l'heure la façade du château.

— Si j'étais roi de France, dit le jeune homme, je ne me donnerais pas tant de peine à faire tendre des pièges et autres engins ; je gouvernerais si bien, que personne ne s'approcherait de ma demeure avec de mauvais desseins ; et quant à ceux qui viendraient ici en esprit de paix et de bonne volonté, plus il y en aurait, plus nous nous réjouirions. »

Son compagnon regarda autour de lui, en affectant d'être alarmé, et dit : « Chut! chut! voici quelque chose que j'avais oublié de vous dire : un des grands dangers de cette enceinte, c'est que les feuilles des arbres sont comme autant d'oreilles; tout ce qui se dit ici est répété dans le cabinet du Roi.

— Cela m'est bien égal, répondit Quentin Durward; j'ai dans la bouche une langue écossaise, assez hardie pour dire ce que je pense au roi Louis en personne, Dieu le bénisse! Et quant aux oreilles dont vous parlez, si je les trouvais sur une tête humaine, je les couperais avec mon couteau de chasse. »

CHAPITRE III
LE CHATEAU

En conversant ainsi, Durward et sa nouvelle connaissance arrivèrent en face du château de Plessis-lès-Tours. En ces temps d'alarmes, les grands étaient obligés de demeurer dans des forteresses; entre toutes ces forteresses, le château de Plessis-lès-Tours se distinguait par le soin extrême et jaloux avec lequel il était gardé et défendu.

A partir de la lisière du bois où le jeune Durward avait fait halte avec son compagnon, s'étendait ou plutôt s'élevait en pente douce une esplanade découverte où il n'y avait ni buissons ni arbres, sauf un vieux chêne gigantesque, à moitié desséché. Cet espace avait été laissé ouvert, en vertu des règles de fortification de tous les temps, pour que l'ennemi ne pût s'approcher à couvert et sans être aperçu du haut des créneaux.

Il y avait trois enceintes, avec créneaux, tourelles de distance en distance et aux angles; la seconde enceinte s'élevait plus haut que la première, et la troisième plus haut que la seconde, de façon à mettre toujours l'ennemi sous le feu des assiégés, à supposer qu'il eût pris la première et la seconde enceinte. Chaque enceinte était protégée par un fossé large et profond. Le château proprement dit s'élevait dans la troisième enceinte, plus semblable à une prison qu'à un château; il se composait de constructions appartenant à des époques différentes, groupées au pied de la plus ancienne de toutes, la tour du donjon, qui s'élevait sombre et menaçante, n'ayant pas d'autres fenêtres que des meurtrières irrégulièrement disposées, en vue de la défense.

Quentin Durward avoua à son compagnon que l'art de la défense ne pouvait aller plus loin, surtout en pays plat, dans un endroit où la nature du terrain s'y prêtait si peu.

« Dites-moi, jeune homme, reprit le marchand, avez-vous jamais vu semblable forteresse, et connaissez-vous des hommes assez hardis pour la prendre d'assaut? »

Le jeune homme jeta encore un long regard sur la place, dont la vue l'intéressait au point de lui faire oublier que ses vêtements étaient humides. Ses yeux brillèrent et, rougissant comme un homme brave qui médite une action d'éclat, il répondit : « C'est un château très fort et très bien défendu; mais rien n'est impossible à des hommes de cœur.

— Et les hommes capables d'accomplir un pareil exploit, y en a-t-il beaucoup dans votre pays ? riposta l'autre, non sans quelque dédain.

— Je ne l'affirmerais pas, répondit le jeune homme, mais il y en a des milliers capables de le tenter au service d'une bonne cause.

— Hum! fit le marchand, peut-être êtes-vous vous-même un de ceux-là?

— Je rougirais de me vanter quand il n'y a aucun danger à courir, répondit le jeune Durward; mais mon père a accompli un exploit aussi téméraire, et c'est son sang qui coule dans mes veines.

— Bon! dit son compagnon en souriant, mais dans ce cas-là vous trouveriez à qui parler; car ce sont les archers de la garde écossaise du roi Louis qui sont en sentinelle sur ces remparts : trois cents gentilshommes, le sang le plus noble de votre pays.

— A la place du roi Louis, répliqua le jeune homme, je m'en reposerais du soin de ma sûreté sur ces trois cents gentilshommes écossais, j'abattrais mes remparts pour en combler mes fossés, j'appellerais à moi mes nobles pairs et mes paladins, et je vivrais comme il convient à un grand roi, au milieu des fêtes et des tournois, me réjouissant le jour avec les nobles, dansant la nuit avec les dames, me souciant aussi peu de mes ennemis que d'un essaim de mouches. »

Son compagnon se contenta de sourire. Puis, tournant le dos au château, il conduisit le jeune homme par un sentier plus large et mieux battu que celui qu'ils avaient suivi pour venir. « Ce sentier, lui dit-il, conduit tout droit au village du Plessis.

— Merci, mon bon maître, de ce renseignement, répondit l'Ecossais. Je ne resterai pas longtemps au Plessis, le temps de manger un morceau et de boire un coup.

— Mais, objecta son compagnon, il me semblait que vous aviez quelqu'un à voir par ici.

— Oui, le propre frère de ma mère, répondit Durward.

— Comment s'appelle-t-il? nous nous enquerrons de lui; car il ne serait pas prudent de votre part d'aller au château; on pourrait vous prendre pour un espion.

— Par l'âme de mon père! s'écria le jeune homme; moi, pris pour un espion! Par le Ciel! il sentirait bien vite le froid de l'acier, celui qui me ferait l'injure de me prendre pour un espion. Quant au nom de mon oncle, je puis le dire à tout venant... c'est Lesly. Lesly... un nom honorable et noble.

— Je n'en doute pas, dit le vieillard; mais il y a trois Lesly dans la garde écossaise.

— Mon oncle s'appelle Ludovic Lesly.

— Sur les trois Lesly, objecta le vieux marchand, il y en a deux qui s'appellent Ludovic.

— On appelle mon parent le Balafré.

— Un honnête homme et un bon soldat. Je ferai de mon mieux pour vous procurer une entrevue avec lui, car les archers de la garde écossaise sont soumis à une discipline très rigoureuse. Il leur est interdit de sortir du château, sauf le cas où ils ont à servir d'escorte au roi. Et maintenant, jeune homme, répondez à une seule question. Je parie que vous avez idée de prendre du service avec votre oncle dans la garde écossaise; c'est une visée ambitieuse, si tel est votre dessein, car vous êtes bien jeune et quelques années d'apprentissage sont nécessaires à celui qui aspire au grand honneur qui est l'objet de votre ambition.

— J'y ai peut-être pensé, répondit négligemment Durward; mais si j'y ai pensé, je n'y pense plus.

— Comment cela, jeune homme? dit le Français, non sans quelque sévérité. Pouvez-vous parler aussi légèrement d'une charge que se disputent les plus nobles parmi vos compatriotes.

— Grand bien leur fasse! reprit tranquillement Quentin. A parler net j'aurais assez aimé le service du roi Louis; mais, on aurait beau m'habiller et me nourrir comme un prince, j'aime mieux vivre au grand air que d'être renfermé dans une cage. D'ailleurs, ajouta-t-il en baissant la voix, je n'aime pas un château où les chênes portent des glands comme ceux que je vois d'ici.

— Je crois comprendre ce que vous voulez dire, reprit le Français, mais parlez plus clairement.

— Pour parler plus clairement, à ce vieux chêne, devant le château, il y a un pendu.

— Ah! vraiment, dit le Français, Pasques-Dieu! ce que c'est que d'avoir des yeux de vingt ans. Je voyais bien quelque chose, mais je croyais que c'était un corbeau. Mais cet objet n'a rien d'extraordinaire, jeune homme. Quand vient l'automne, et que les nuits sont longues et les routes peu sûres, vous pourriez voir à la clarté de la lune les glands de cette espèce pendus par bouquets de dix et même de vingt à ce vieux chêne. Eh bien, après? Ce sont comme des bannières déployées pour faire peur aux coquins. Chaque fois qu'un honnête homme voit un drôle suspendu à ce chêne, il peut se dire qu'il y a un brigand de moins en France, ou un traître, ou un voleur de grands chemins, ou un *pilleur,* ou un oppresseur du peuple. Ce sont là, jeune homme, les marques de la justice de notre souverain.

— A la place du roi Louis, répliqua le jeune homme, je les pendrais un peu plus loin de mon château. Nous voilà, ce me semble, tout près du village. Conduisez-moi à l'hôtellerie. Mais, avant d'accepter votre hospitalité, je désire savoir votre nom.

— On m'appelle maître Pierre. Je suis un homme simple, et je vis de mon bien.

— Soit! maître Pierre, dit Quentin, et je suis heureux que ma bonne chance nous ait mis face à face; j'ai besoin d'un bon avis, et vous n'aurez pas affaire à un ingrat en me le donnant. »

Pendant qu'ils parlaient ainsi, le clocher de l'église et un grand crucifix de bois qui s'élevaient au-dessus des arbres, montrèrent qu'ils étaient à l'entrée du village.

Mais maître Pierre, se détournant un peu de la grande route, dit à son compagnon que l'auberge où il voulait le conduire était un peu à l'écart, et que l'on n'y recevait que la bonne compagnie.

« Si vous entendez par là, répondit le jeune Ecossais, les voyageurs qui ont la bourse bien garnie, je vous préviens que je n'en suis pas. Indiquez-moi donc quelque auberge plus modeste.

— Vous oubliez, maître Quentin, puisque Quentin il a, que je vous dois un déjeuner pour le plongeon que je vous ai laissé faire par mégarde. Ce sera ma pénitence pour vous avoir fait du tort. »

Après quelque résistance, le jeune homme accepta. Au bout d'un sentier ombragé de grands ormes, ils entrèrent dans la cour d'une grande hôtellerie aménagée pour loger les nobles et ceux qui avaient affaire au roi; car, à moins de nécessité absolue, Louis XI n'accordait jamais à personne l'hospitalité au château.

Sans appeler personne, sans s'approcher de l'entrée principale, maître Pierre leva le loquet d'une porte de côté, et introduisit son compagnon dans une grande pièce. Un fagot brûlait dans l'âtre, et un déjeuner substantiel était tout prêt sur la table.

CHAPITRE IV
LE DEJEUNER

Le déjeuner était tout simplement admirable, et, comme on dit, son parfum eût réveillé un mort. On se figure quel effet il produisit sur l'appétit d'un jeune homme de vingt ans, qui avait à peine mangé depuis deux jours. Il se jeta d'abord sur un ragoût délicieux, et attaqua ensuite avec énergie un certain pâté de Périgueux, arrosant cette nourriture délicate et abondante d'un certain nombre de verres de vin de Beaune. L'hôtelier et maître Pierre s'émerveillaient de le voir revenir si souvent à la charge.

La physionomie de maître Pierre exprimait une sorte de bonne humeur qui allait presque jusqu'à la bienveillance, en contraste complet avec son caractère habituel d'astuce, de causticité et de sévérité.

Quentin, de son côté, sous l'influence du vin de Beaune, se reprochait d'avoir trouvé jusque-là peu d'attrait à la physionomie de son hôte. Il reprocha donc gentiment à maître Pierre de s'amuser à rire de son appétit, au lieu de manger lui-même.

« Je fais pénitence, dit maître Pierre, et je ne puis rien prendre avant midi, sinon un peu de confiture, avec quelques gorgées d'eau. Se tournant alors vers l'hôtelier, il lui dit : « Priez la dame qui est là-haut de m'apporter de la confiture et de l'eau. »

Pendant que l'hôtelier s'acquittait de sa commission, maître Pierre dit à Durward : « Puisque ce petit festin vous a plu, sachez que les archers écossais en ont un pareil, sinon meilleur, tous les jours.

— Je n'en suis pas surpris, répondit Durward; après avoir passé la nuit en sentinelle dans quelque eschauguette, ils doivent avoir un furieux appétit le matin.

— Et puis, reprit maître Pierre, ils sont vêtus comme des comtes.

— Tant mieux pour eux, dit Durward.

— Et pourquoi ne voulez-vous pas servir parmi eux, jeune homme ? Votre oncle pourrait, j'en suis sûr, vous faire mettre à la suite, en attendant une vacance. Et, tout à fait entre nous, j'ai quelque petite influence, et je pourrais vous servir. Vous êtes, je suppose, aussi bon cavalier que bon archer?

— Ceux de notre race sont aussi bons cavaliers que quiconque a jamais posé sur l'étrier d'acier un pied bardé de fer; et je ne vois pas trop pourquoi je n'accepterais pas votre offre obligeante. Mais, voyez-vous, si la nourriture et l'habillement sont choses de première nécessité, dans la situation où je me trouve, on pense à l'honneur, à l'avancement, et aux beaux faits d'armes. Votre roi Louis, que Dieu bénisse puisqu'il est un ami et un allié de l'Ecosse, passe sa vie au fond de ce château, ne monte à cheval que pour aller d'une forteresse à une autre, et gagne des villes et des provinces par des ambassades politiques, au lieu de combattre bravement à visage découvert. Quant à moi, je suis comme les Douglas qui tenaient toujours la campagne, préférant le chant de l'alouette au cri de la souris.

— Jeune homme, dit maître Pierre, ne portez pas des jugements si précipités sur les actes des souverains. Louis cherche à épargner le sang de ses sujets et ne songe pas à ménager le sien. Il a montré de la bravoure à la bataille de Montlhéry.

— Oui, mais il y a quelque douze ans de cela, répondit le jeune homme. J'aimerais à suivre un maître qui tiendrait son honneur aussi net que son bouclier, et que l'on verrait toujours au plus fort de la mêlée.

— Pourquoi n'êtes-vous pas resté à Bruxelles, avec le duc de Bourgogne?

— C'est ma mauvaise chance qui m'en a empêché, répondit Quentin.

— Eh bien, il ne manque pas d'autres enragés, ajouta maître Pierre. Que dites-vous de Guillaume de la Mark?

— Quoi! s'écria Quentin, servir l'Homme à la Barbe, servir le Sanglier des Ardennes, ce capitaine de pillards et de meurtriers, qui assassinerait un homme pour le prix de son justaucorps, et qui tue les pèlerins et les prêtres comme si c'étaient des lansquenets et des hommes d'armes! Ce serait une tache éternelle sur l'écusson de mon père.

— Eh bien, si vous trouvez que le Sanglier manque de scrupules, pourquoi ne pas suivre le jeune duc de Gueldre?

— Autant suivre le diable en personne, dit Quentin. Entre nous, c'est un fardeau trop lourd pour la terre, et l'enfer l'attend avec impatience. On dit qu'il tient son père en prison, et que même il l'a frappé. Pouvez-vous croire une chose pareille? »

La naïve horreur du jeune Ecossais pour ces traits d'ingratitude filiale sembla causer un certain malaise à maître Pierre, qui répondit : « Vous ne savez pas, jeune homme, combien sont fragiles les liens du sang entre personnages d'un rang élevé; d'ailleurs, si le jeune duc bat son père, son père l'a battu autrefois : partant, quittes.

— Je suis surpris d'entendre ce langage, dit le jeune Ecossais qui rougit d'indignation; quand on a les cheveux gris comme vous, on pourrait mieux choisir ses sujets de plaisanterie. Si le vieux duc a battu son fils enfant, il ne l'a pas assez battu; il eût mieux valu pour lui mourir sous les coups que d'en être venu au point de faire rougir tout bon chrétien à l'idée qu'un pareil monstre a reçu le baptême.

— A ce compte-là, dit maître Pierre, et si vous êtes si sévère pour les princes et chefs d'Etat, vous n'avez qu'un parti à prendre, c'est de vous faire capitaine vous-même. Car où donc un homme si avisé trouvera-t-il chef à sa guise?

— Vous vous moquez de moi, maître Pierre, dit le jeune homme d'un ton de bonne humeur, mais il y a quelqu'un que vous n'avez pas nommé, quelqu'un sous les ordres de qui l'on aimerait à servir.

— Je ne sais pas qui vous voulez dire.

— Eh bien! qui serait-ce sinon le noble Louis de Luxembourg, comte de Saint-Pol, grand connétable de France?

— Ecoutez, mon jeune ami, reprit maître Pierre, vous qui tenez le pillage pour un crime, apprenez ceci : C'est le comte de Saint-Pol qui a donné l'exemple de brûler le pays en temps de guerre; et avant les honteuses dévastations qu'il a commises, les deux partis épargnaient les villes ouvertes et les villages qui n'offraient pas de résistance.

— Alors, dit Durward, je vais commencer à croire que ces grands hommes ne valent pas mieux l'un que l'autre, et que choisir l'un d'entre eux, c'est choisir un arbre pour se pendre. »

En ce moment la porte s'ouvrit, et une jeune fille entra, jeune fille de quinze ans à peu près. Elle portait un plat, recouvert de damas, sur lequel il y avait une petite soucoupe et une coupe. La soucoupe contenait des pruneaux, ces fameux pruneaux qui ont fait la réputation de la bonne ville de Tours. La coupe, d'une forme très élégante et curieusement ciselée, était l'œuvre d'un de ces orfèvres tourangeaux dont le talent surpassait celui de tous les autres artistes de France, y compris ceux de la métropole.

La figure de la jeune fille était encadrée d'une profusion de longues tresses noires, sans autre ornement qu'une légère couronne de feuilles de lierre. Les traits étaient réguliers, les yeux noirs, avec une expression pensive qui faisait songer à celle de Melpomène. Seulement, les joues étaient légèrement colorées, et il y avait sur les lèvres et dans le regard une vive intelligence; on devinait que la gaîté ne devait pas être étrangère à une physionomie aussi parlante, sans en être toutefois l'expression habituelle. Même Quentin crut deviner que si une figure si jeune et si jolie avait une expression de gravité au-dessus de son âge, c'est que la jeune fille devait subir l'influence de quelque malheur Et comme les jeunes gens ont l'imagination vive et sont prompts à tirer des conclusions des prémisses les plus légères, il lui plut de se figurer que la destinée de cette douce vision devait être entourée de silence et de mystère.

« Eh bien, Jacqueline, dit maître Pierre, qu'est-ce que cela signifie ? N'avais-je pas exprimé le désir que Dame Perrette me servît elle-même ? Pasques-Dieu ! Est-elle ou se croit-elle de trop bonne maison pour me servir ?

— Ma parente est souffrante, répondit Jacqueline, qui parlait rapidement, mais avec un ton d'humilité; elle est souffrante et elle garde la chambre.

— *Seule*, j'espère ? répliqua maître Pierre avec quelque emphase. Je suis un vieux routier, et ce n'est pas moi qui accepterai comme excuse une feinte indisposition. »

Jacqueline pâlit et même chancela légèrement à cette réponse de maître Pierre. Car, il faut bien l'avouer, sa voix et sa physionomie, ordinairement dures, caustiques et déplaisantes, avaient quelque chose de sinistre et d'alarmant, quand elles exprimaient la colère ou le soupçon.

Chevaleresque comme un montagnard, Quentin Durward s'élança vers Jacqueline, et lui prit le plateau des mains; elle le laissa faire, tandis que ses regards timides et inquiets observaient la physionomie irritée du vieux bourgeois. Maître Pierre se radoucit : « Je ne te blâme pas, Jacqueline, et tu es trop jeune pour être... (Quelle pitié de penser que tu le deviendras un jour !) une créature fausse et perfide, comme le reste de ton sexe étourdi. Nul n'arrive à l'âge d'homme sans avoir eu l'occasion de découvrir ce que vous valez toutes. Voici un cavalier écossais qui te dira la même chose. »

Comme pour obéir à maître Pierre, Jacqueline regarda un instant le jeune étranger; mais dans ce regard, si rapide qu'il eût été, Quentin Durward vit un appel à sa sympathie et à son appui. Avec la promptitude de la jeunesse et la vénération pour les dames que lui avait inspirée son éducation, il s'écria sans prendre le temps de réfléchir : « Je jetterais le gant à tout antagoniste de mon rang et de mon âge, s'il osait soutenir qu'une physionomie comme celle de cette jeune fille pût être animée par d'autres sentiments que les sentiments les plus purs et les plus loyaux. »

La jeune fille devint d'une pâleur mortelle, et jeta un regard d'appréhension sur maître Pierre; mais la bravade du jeune homme ne produisit d'autre effet sur lui que de le faire rire, d'un rire plutôt ironique qu'approbateur. Le second mouvement de Quentin valait toujours mieux que le premier, mais il ne se produisait qu'après coup. Il rougit des paroles qu'il venait de prononcer; car on pouvait y voir une vaine bravade, en présence d'un homme âgé, de profession pacifique. Pour sa pénitence, il résolut d'endurer patiemment le ridicule qu'il avait encouru. Il offrit donc la coupe et le plateau à maître Pierre, les joues rouges de honte, ressentant une humiliation qu'il essaya de déguiser sous un sourire embarrassé.

« Vous êtes un jeune fou, lui dit maître Pierre, et vous ne connaissez pas mieux les femmes que les princes, dont Dieu, ajouta-t-il, en se signant avec dévotion, tient les cœurs dans sa droite. »

Peu après, il dit avec un sourire, en caressant la tête de Jacqueline : « Ce jeune homme me servira, Jacqueline, tu peux te retirer. Je dirai à ta parente que c'est une négligente, et qu'elle a grand tort de t'exposer inutilement à attirer les regards.

— C'était seulement pour vous servir, répondit la jeune fille. J'espère que vous n'en voudrez pas à ma parente, puisque...

— Pasques-Dieu! dit le marchand en lui coupant la parole, mais sans aigreur, avez-vous l'intention de me tenir tête, petite fille, ou bien demeurez-vous pour regarder ce jeune homme? Allez, il est noble, et je me contenterai de ses services. »

Jacqueline disparut.

« N'est-ce pas une belle créature, dit le vieillard, n'est-elle pas trop charmante pour être servante d'auberge? Elle ferait honneur à la table d'un honnête bourgeois; mais elle est de basse extraction, et elle n'a reçu qu'une éducation grossière. »

Quentin fut déconcerté, et même disposé à se mettre en colère sans savoir pourquoi, parce que le vieillard lui avait fait comprendre que cette belle créature était ce qu'elle semblait être : une servante d'auberge; quelque nièce de l'hôtelier sans doute, en somme une domestique, obligée de se plier aux caprices des gens, surtout à ceux de maître Pierre.

Cependant le marchand s'était plongé dans une profonde

rêverie, dont il ne sortit que pour faire dévotement le signe de la croix, et pour manger quelques pruneaux avec un morceau de biscuit. Il fit signe alors à Quentin de lui donner la coupe, ajoutant : « Vous êtes noble, n'est-ce pas ?

— Oui, certainement, répondit l'Ecossais. Mais ne vous gênez pas pour cela, maître Pierre. Je sais que c'est le devoir des jeunes gens d'aider les personnes âgées.

— Excellente maxime », dit le marchand. Ayant achevé sa coupe d'eau, il reprit : « A voir le cas que vous faites du vin de Beaune, je ne vous crois pas disposé à me tenir tête avec ce breuvage primitif. Mais j'ai là un élixir capable de transmuer l'eau de roche en un vin délicieux. »

En prononçant ces paroles, il tira de son sein une grosse bourse en peau de phoque, et en fit tomber dans le gobelet, qui était d'une taille respectable, une pluie de petites pièces d'argent qui le remplit plus d'à moitié.

« Vous avez plus de raison que vous ne le supposez, jeune homme, reprit maître Pierre, d'être reconnaissant à saint Quentin, votre patron, et à saint Julien qui protège les voyageurs. Je vous conseille de faire l'aumône en leur nom. Restez dans cette hôtellerie jusqu'à l'arrivée de votre parent, le Balafré, qui sera relevé de garde cette après-midi. Je lui ferai savoir qu'il pourra vous trouver ici, car j'ai affaire au château. »

Quentin Durward cherchait en quels termes refuser les extravagantes largesses de son nouvel ami; mais maître Pierre, fronçant ses noirs sourcils, et redressant avec dignité sa taille voûtée, dit d'un ton d'autorité : « Pas un mot, jeune homme, et faites ce que l'on vous commande. »

A ces mots, il sortit de la salle, faisant signe à Quentin de ne pas le suivre. Le jeune Ecossais resta là, tout surpris, et ne sachant que penser de son aventure.

Il fit ce qu'il avait de mieux à faire, et décida qu'il se conduirait d'après les avis de son oncle. En attendant il appela l'hôtelier, pour lui rendre le gobelet d'argent et pour le questionner sur le compte de ce marchand si libéral et si impérieux.

L'hôtelier apparut aussitôt. Il refusa nettement de reprendre le gobelet d'argent. Ce gobelet n'était pas à lui, mais à maître Pierre, qui en avait fait cadeau à son hôte.

« Et, dites-moi, demanda le jeune Ecossais, qu'est-ce que ce maître Pierre, qui fait de si riches cadeaux aux étrangers ?

— Maître Pierre ? répéta l'hôte lentement.

— Oui, reprit Durward d'un ton péremptoire, qu'est-ce que

maître Pierre ? Et qu'est-ce que cet homme à figure de boucher qui est venu commander le déjeuner ?

— Eh bien, beau sire, pour ce qui regarde maître Pierre, vous auriez dû lui adresser la question à lui-même; quant à l'autre, Dieu vous préserve de faire avec lui plus intime connaissance.

— Il y a quelque chose de mystérieux dans tout cela, reprit le jeune Écossais. Ce maître Pierre me dit qu'il est marchand.

— Du moment qu'il vous le dit, répondit l'hôtelier, c'est qu'il est marchand.

— Et la jeune personne qui est venue servir maître Pierre, qui est-elle ? demanda Durward.

— C'est une personne qui loge ici, répondit l'hôtelier, avec une tante, ou tout au moins une parente.

— Est-ce votre habitude de faire servir vos hôtes les uns par les autres ? dit Durward ; car j'ai remarqué que maître Pierre n'a rien voulu prendre de votre main, ni de celle de votre domestique.

— Les gens riches ont leurs fantaisies, ayant de quoi les payer, repartit l'hôtelier. Ce n'est pas la première fois que maître Pierre se fait servir par des gens de haute naissance. »

Le jeune Écossais fut un peu mortifié de cette insinuation, mais, dissimulant son ressentiment, il demanda s'il pourrait avoir un appartement à l'auberge pour un jour, peut-être plus.

« Certainement, répondit l'aubergiste, pour tout le temps qu'il vous conviendra. »

Lui serait-il permis de présenter ses hommages aux deux dames qui habitaient l'hôtellerie ?

L'hôtelier n'en savait rien. Elles ne sortaient pas et ne recevaient personne.

« Sauf maître Pierre ? dit Durward.

— Je ne suis pas autorisé à répondre à des questions de ce genre », répliqua l'homme, d'un ton ferme mais respectueux.

Sans prolonger la discussion, Durward n'hésita pas à se prévaloir d'une coutume assez répandue à cette époque : « Portez aux dames, dit-il, un flacon de *vernat*, avec mes humbles devoirs, et dites-leur que Quentin Durward, de la maison de Glen-Houlakin, un honorable cavalier écossais, de séjour en cette hôtellerie, désire obtenir la permission de leur présenter ses hommages dans une entrevue personnelle. »

L'hôte s'éloigna et revint presque aussitôt avec les remerciements des dames ; elles refusaient le rafraîchissement offert et, en envoyant l'expression de leur reconnaissance au cavalier écossais, exprimaient le regret de ne pouvoir recevoir sa visite : leur séjour dans l'auberge devait demeurer secret.

Quentin se mordit la lèvre, se versa une coupe du *vernat* que l'hôte avait rapporté et se dit : « Par la messe ! voilà un singulier pays, où les marchands et les artisans prennent des manières et pratiquent une munificence de nobles, et où de petites demoiselles en voyage, qui tiennent leur cour dans un cabaret, font les prudes comme des princesses déguisées. Je la reverrai pourtant, cette jeune fille aux noirs sourcils, ou bien cela se passera mal. » Ayant formé cette prudente résolution, il demanda qu'on le conduisît à son appartement.

Précédé de l'hôtelier, il monta un escalier, et suivit une galerie sur laquelle s'ouvraient un grand nombre de portes, semblables à celles des cellules d'un couvent. L'hôtelier s'arrêta au bout de la galerie, choisit une clef dans un énorme trousseau suspendu à sa ceinture et introduisit le voyageur dans une tourelle. La chambre était petite certainement, mais si tranquille et si bien en ordre, qu'elle avait l'air d'un petit palais.

« J'espère que vous trouverez votre logis agréable, dit le maître de la maison ; je suis tenu de satisfaire les amis de maître Pierre. »

« Heureux plongeon ! » s'écria Quentin Durward, en exécutant une cabriole après le départ de son hôte. Ensuite il se dirigea vers la petite fenêtre. Comme la tourelle faisait une avancée considérable en dehors de l'alignement de la maison, la fenêtre avait vue sur un joli, très joli jardin de quelque étendue, dépendant de l'auberge, et au delà de la clôture sur un beau bois de mûriers. En détournant ses yeux des objets éloignés et en regardant droit le long du mur, Quentin s'aperçut que sa tourelle faisait face à une autre tourelle et sa petite fenêtre à une fenêtre semblable. Cette fenêtre entr'ouverte laissait apercevoir, suspendu à la paroi, un luth à demi recouvert d'un léger voile en soie vert de mer. Durward, soigneusement dissimulé, vit un joli bras, blanc et potelé, décrocher l'instrument. Presque aussitôt une voix de jeune fille se fit entendre, et chanta une de ces romances des temps passés, où les paroles n'ont ni assez de sens, d'esprit ou d'imagination pour détourner l'attention de la musique, et où la musique n'est pas d'un art assez parfait pour empêcher de saisir le sens des paroles.

Quel que fût le mérite du morceau, Quentin en fut profondément ému ; d'autant plus que la personne de la chanteuse était à peine visible, ce qui jetait sur toute la scène comme un voile de mystérieuse fascination.

A la fin du morceau, Durward ne put s'empêcher de se montrer plus hardiment qu'il ne l'avait fait jusque-là. La musique cessa aussitôt, on ferma la fenêtre, et un rideau de couleur foncée, tiré à l'intérieur, coupa court aux observations du voisin.

Durward fut à la fois mortifié et surpris du résultat de sa précipitation; mais il se consola en pensant que la dame au luth ne se priverait pas indéfiniment de sa distraction favorite, et serait bien forcée d'ouvrir sa fenêtre pour prendre l'air.

Comme il se livrait à ces sages réflexions, on vint l'avertir qu'un cavalier désirait lui parler, en bas.

CHAPITRE V
L'HOMME D'ARMES

Ce cavalier était un de ceux dont Louis XI avait dit, il y avait déjà longtemps, qu'ils tenaient en leurs mains la fortune de la France, puisque c'était à eux qu'était confiée la garde et la sûreté de sa royale personne.

Chacun d'eux avait rang de gentilhomme, avec les honneurs attachés à ce titre. Le seul fait d'approcher de la personne du roi leur donnait à leurs propres yeux de la dignité, aussi bien que de l'importance aux yeux de la France entière. Ils étaient somptueusement armés, équipés et montés; chacun d'eux avait le droit d'entretenir un écuyer, un varlet, un page et deux servants : l'un des deux s'appelait *coutelier*, à cause du grand couteau qu'il portait pour dépêcher ceux que son maître avait renversés dans la mêlée. Un archer de la garde écossaise était donc un personnage de qualité et d'importance; comme les places vacantes étaient généralement données à ceux qui avaient fait leur apprentissage en qualité de pages ou de varlets, les cadets des meilleures familles écossaises venaient servir sous les auspices de quelque parent ou de quelque ami, en attendant une vacance.

Le coutelier et son compagnon qui, n'étant point nobles, n'avaient pas le droit de devenir archers, étaient recrutés parmi les gens de moindre qualité; mais comme ils étaient bien payés et bien traités, leurs maîtres n'avaient que le choix parmi les plus forts et les plus braves aventuriers venus d'Écosse.

Ludovic Lesly, autrement dit le Balafré, avait plus de six pieds; c'était un homme robuste, avec une physionomie peu avenante, rendue encore moins agréable par l'effet d'une cicatrice qui partait du front et aboutissait au lobe de l'oreille droite. Selon les circonstances cette cicatrice était écarlate, pourpre, bleue, ou même noire. Le costume et les armes de Lesly étaient splendides. Il était coiffé du bonnet national, orné d'une touffe de plumes et d'une broche d'argent massif représentant la Vierge Marie. Il portait gorgerin, brassards et gantelets d'acier fin, avec de curieuses incrustations d'argent, et son haubert ou cotte de mailles était aussi clair et aussi brillant que la gelée blanche déposée par une matinée d'hiver sur la fougère ou sur la ronce. Il était paré d'un large surcot ou casaque en velours bleu, ouvert sur les côtés comme celui d'un héraut, avec une grande croix de Saint-André brodée en argent par devant et par derrière. Ses genoux et ses jambes étaient protégés par un haut-de-chausses de mailles, et il portait aux pieds des chaussures d'acier. A son côté droit pendait un large poignard appelé *miséricorde de Dieu*; un baudrier richement brodé, qui lui passait sur l'épaule gauche, soutenait son épée à deux mains. Pour le moment, par commodité, il portait à la main cette arme embarrassante, dont il lui était interdit de se séparer jamais.

Quentin Durward se dit qu'il n'avait jamais vu tournure plus martiale et figure moins engageante. L'autre, après l'avoir embrassé sur les deux joues, lui demanda des nouvelles du pays.

« Peu de bonnes nouvelles, cher oncle, répondit le jeune Durward; mais je suis bien content que vous m'ayez reconnu si facilement.

— Je t'aurais reconnu dans les *landes* de Bordeaux, monté sur une paire d'échasses. Mais assieds-toi, assieds-toi. S'il y a de mauvaises nouvelles, il nous faut boire un coup pour avoir la force de les supporter. Holà, quelqu'un, du meilleur! à l'instant! »

Ils eurent bientôt devant eux un flacon de champagne. L'oncle but une rasade, le neveu une simple gorgée, par politesse, alléguant comme excuse qu'il avait déjà bu du vin le matin.

« Cette excuse-là serait acceptable dans la bouche de ta sœur, beau neveu, dit le Balafré; mais si vous tenez à avoir de la barbe, et à vous appeler soldat, il ne faut pas avoir peur du pot au vin. Allons, allons, débouclez-moi le sac aux nouvelles..., parlez-moi de Glen-Houlakin; comment se porte ma sœur?

— Morte! bel oncle, répondit tristement Durward.

— Morte! répéta l'oncle, avec plus de surprise que de sympathie. Elle avait cinq ans de moins que moi, et je ne me suis jamais mieux porté. Morte! pas possible! Et votre père, beau neveu, s'est-il remarié?

— Hélas! cher oncle, quand ma mère est morte, elle était veuve depuis un an, depuis le jour où Glen-Houlakin a été mis à sac par les Ogilvies. Mon père, mes deux oncles, mes deux frères aînés, sept de mes parents, le joueur de harpe et sept autres de nos gens furent tués en défendant le château; il ne reste pas pierre sur pierre de Glen-Houlakin.

— Croix de Saint-André! dit le Balafré; voilà ce que j'appelle une tuerie! Aussi ces Ogilvies ont toujours été de fâcheux voisins pour Glen-Houlakin... Mauvaise chance, hasards de la guerre... hasards de la guerre. Et quand ce malheur est-il arrivé, beau neveu? » Là dessus, il but un grand coup de vin et secoua la tête avec solennité; son neveu lui dit que le massacre avait eu lieu le jour de la fête de Saint-Jude.

« André! André! » cria le Balafré.

André, son *coutelier*, apparut. Otant de son cou une lourde chaîne d'or, le Balafré, avec ses dents, en coupa la longueur de quatre pouces environ, et dit à son coutelier : « André, portez cela à mon joyeux compère le père Boniface, le moine de Saint-Martin. Présentez-lui mes compliments. Dites-lui que mon frère et ma sœur, et quelques autres de ma maison, sont morts, partis, tous; priez-le de dire des messes pour le repos de leurs âmes, la valeur de ces chaînons. Et puis, écoute, comme c'étaient de bonnes gens, purs de toute hérésie, il n'en coûtera peut-être pas grand'chose pour les tirer du purgatoire. Dans ce cas-là, écoute-moi bien, que le bon père emploie le surplus en malédictions sur une race que l'on appelle les Ogilvies du comté d'Angus, les malédictions les plus sûres dont l'Eglise puisse disposer. Vous me comprenez bien, André? »

Le coutelier fit un signe de tête.

« Surtout, ajouta le Balafré, qu'aucun de ces chaînons ne prenne le chemin du cabaret; qu'ils arrivent tous entre les mains de mon compère; sinon, gare les étrivières! Ah! attends, je vois que tu fais les yeux doux à ce flacon, tu ne partiras pas sans boire un coup. »

Il lui versa un pleine coupe de champagne; le coutelier la but et se mit en route pour s'acquitter de sa commission.

« Et maintenant, mon beau neveu, dit l'oncle, voyons ce que vous êtes devenu au milieu de la bagarre.

— Je me suis battu comme mes aînés, jusqu'à la fin, et j'ai reçu de graves blessures. Les Ogilvies, las de tuer, et cédant aux supplications de ma mère, me laissèrent la vie. Il y avait au château un savant moine d'Aberbrothick, qui avait bien failli être tué dans la bagarre; ils lui permirent de bander ma blessure et de me soigner, mais à une condition, c'est que l'on ferait de moi un moine; ma mère et le religieux furent contraints de le promettre par serment.

— Moine! s'écria l'oncle. Vénérable Saint-André! Alors, beau neveu, vous étiez pour vous faire moine. Mais, à propos de quoi, je vous prie?

— Pour que la famille de mon père s'éteignît, répondit Quentin.

— Je vois, répondit l'oncle. Je comprends. Malins drôles... très malins. Mais ils auraient pu trouver plus malin qu'eux. Je me souviens d'un certain chanoine Robersart qui, après s'être échappé du cloître, est devenu capitaine dans les Compagnies Franches.

— Je n'ai pas grand'chose à ajouter, dit Durward. Considérant que ma mère s'était engagée en mon nom, je me laissai persuader de prendre l'habit de novice; je me conformai donc aux règles du couvent, et même j'appris à lire et à écrire.

— A lire et à écrire! s'écria le Balafré, émerveillé du savoir de son neveu. A écrire! dis-tu, et à lire! Je ne peux pas croire cela. Jamais un Durward ou un Lesly n'a su écrire son nom, que je sache. Il y en a du moins un dont je puis répondre; il me serait tout aussi impossible d'écrire que de voler. Mais, par le nom de Saint-Louis, comment donc s'y sont-ils pris?

— C'était très ennuyeux pour commencer, dit Durward, mais avec l'habitude je trouvai la chose plus facile. Comme je désirais complaire à mon sauveur, le Père Pierre, et que j'étais affaibli par mes blessures, on n'eut pas trop de peine à me tenir à la tâche. Après avoir langui quelques mois, ma pauvre mère mourut. Comme la santé m'était revenue, j'avouai au Père Pierre que je n'avais pas la vocation religieuse. Il fut convenu que je rentrerais dans le monde pour y chercher fortune. Afin que le Père Pierre, sous-prieur du couvent, ne fût pas en butte à la vengeance des Ogilvies, je ferais semblant de prendre la fuite, et pour donner plus de vraisemblance à la chose, j'emportai le faucon de l'abbé. Mais j'ai mon congé régulier, signé de l'abbé lui même, et scellé de son sceau.

— Voilà qui est bien, dit l'oncle. Quoi que tu aies pu faire d'ailleurs, notre roi ne s'en inquiétera guère; mais il a horreur des gens qui jettent le froc aux orties. Et je parierais que tu n'as pas la bourse trop bien garnie?

— Je n'ai que quelques pièces d'argent; à vous, cher oncle, je puis le confesser.

— Hola! répliqua le Balafré, voilà qui est fâcheux; moi, je n'ai pas l'habitude d'économiser sur ma paye; à quoi bon se charger d'un fardeau inutile par ces temps dangereux; mais du moins j'ai toujours (et je vous engage à suivre mon exemple) quelque chaîne d'or comme celle-ci, ou bien quelque bracelet, ou bien encore un collier. Cela me sert de parure, et, dans les moments difficiles, je puis faire argent de quelques chaînons ou de quelques pierreries. Vous me demanderez peut-être, beau neveu, où l'on se procure ces joujoux-là? Et moi je vous répondrai : Au service du bon roi de France; oui, on y récolte toujours quelque bonne aubaine quand on a du cœur, et qu'on fait bon marché de sa vie. »

Quentin, pour ne point se compromettre avant de prendre une décision en connaissance de cause, répondit : « J'avais cru comprendre que le duc de Bourgogne a un train de vie plus magnifique que le roi de France, et qu'il y a plus d'honneur à gagner sous sa bannière.

— Vous parlez comme un jeune fou, mon beau neveu, répliqua le Balafré; mais, j'y pense, quand je suis venu ici, j'étais presque aussi naïf que vous. Je ne pouvais me figurer un roi autrement qu'assis sous un dais superbe, festoyant au milieu de ses grands vassaux et de ses paladins, se nourrissant de *blanc-manger,* avec une grande couronne d'or sur la tête, ou bien chargeant à la tête de ses troupes. Mais, entre nous, il n'y a de sérieux que la politique. C'est la politique qui fait tout. Mais, me direz-vous, la politique, qu'est-ce que c'est? C'est un art inventé par le roi de France, et qui consiste à se battre avec les épées des autres, et à payer ses soldats avec l'argent des autres. Vous me parlez du duc de Bourgogne. Le duc de Bourgogne se bat à la tête de sa noblesse; très bien! mais c'est à sa noblesse que reviennent les honneurs et les récompenses. Chez lui, rien pour les étrangers! Au contraire, que dit le roi Louis? Il dit : « Mon bon paysan français, mon cher Jacques Bonhomme, tenez-vous-en à vos outils, à votre charrue, à votre herse, à votre serpe, à votre houe; voici mon brave Écossais qui combattra pour vous, et vous, vous n'aurez que la peine de le payer. Et vous, mon duc sérénissime, mon illustre comte, mon très puissant marquis, mettez un frein à votre bouillant courage jusqu'à ce qu'on y fasse appel, car il est sujet à s'emporter et à mettre son maître à mal. Voici mes compagnies d'ordonnance, mes gardes françaises; voici surtout mes archers écossais, et mon honnête Ludovic le Balafré, qui combattra aussi bien et peut-être mieux que vous; car c'est votre valeur indisciplinée qui, du temps de feu votre père, a causé les défaites de Crécy et d'Azincourt. » Maintenant, beau neveu, ne voyez-vous pas dans lequel des deux états un cavalier de fortune tient le plus haut rang et doit arriver aux plus grands honneurs?

— Je crois vous comprendre, bel oncle, répondit le neveu; mais, dans mon idée, là où il n'y a pas de péril il n'y a pas de gloire. Pardonnez-moi, mais c'est une vie trop facile, une vie de fainéant, de monter la garde autour d'un vieillard que personne ne songe à attaquer, de passer les journées d'été et les nuits d'hiver sur des créneaux ou dans des échauguettes. Mon oncle, mon oncle, c'est la vie du faucon sur sa perche que l'on n'emmène jamais aux champs.

— Eh bien! par saint Martin de Tours, il y a quelque chose dans ce garçon! quelque chose de la bravoure des Lesly, de la mienne par exemple, mais avec un petit grain de folie en plus. Ecoutez, jeune homme, longue vie au roi de France! Il ne se passe pas de jour qu'il ne nous donne quelque commission au bout de laquelle il y a de l'argent et de l'honneur à gagner. N'allez pas croire que les plus beaux et les plus audacieux exploits soient ceux qui s'accomplissent à la lumière du jour. Je pourrais vous en citer où tel, dont le nom restera ignoré, a couru plus de risques et a gagné une plus haute faveur que toutes vos têtes folles à la suite de ce fou de Charles de Bourgogne. Et s'il plaît à Sa Majesté de rester au second plan pendant que de tels exploits s'accomplissent, elle n'en a que plus de loisir pour admirer et plus de générosité pour récompenser les aventuriers dont elle apprécierait peut-être avec moins de netteté les dangers si elle les avait partagés avec eux. »

Son neveu garda un instant le silence, puis il dit à voix basse et d'un ton à faire impression : « Le bon Père Pierre me répétait souvent qu'il peut y avoir beaucoup de danger dans des actes dont on ne peut tirer que peu de gloire. Je n'ai pas besoin de vous le dire, cher oncle, je suppose naturellement que les missions secrètes doivent être toujours honorables.

— Pour qui ou pour quoi me prenez-vous, beau neveu? dit le Balafré d'un ton sévère. Sans doute, je n'ai pas été élevé dans un cloître, et je ne sais ni lire ni écrire. Mais je suis le frère de votre mère, je suis un loyal Lesly. Me croyez-vous capable de vous conseiller rien de honteux? Le plus preux chevalier de France, Duguesclin lui-même, s'il vivait encore, serait fier de citer comme siens quelques-uns de mes exploits. Mais voici la cloche de Saint-Martin qui sonne! Il faut que je me hâte de retourner au château. Adieu, demain à huit heures présentez-vous devant le pont-levis et demandez-moi à la sentinelle. Vous verrez le roi, et vous pourrez le juger par vous-même. Adieu! »

Là-dessus, le Balafré s'éloigna à grands pas, oubliant, dans sa précipitation, de payer le vin qu'il avait demandé.

CHAPITRE VI
LES BOHEMIENS

Quentin Durward, en réfléchissant sur son entrevue avec son oncle, éprouvait un mélange d'embarras et de désappointement. A Glen-Houlakin, on avait toujours considéré le Balafré comme un héros, et il n'y avait qu'une voix pour louer son courage et son succès dans les petites entreprises que son maître lui avait confiées. L'imagination de Quentin avait complété le portrait : il avait comparé cet oncle aventureux (dont les exploits ne perdaient rien à être racontés par lui-même) à quelques-uns de ces champions ou chevaliers errants qui fournissaient matière aux chants des ménestrels, et qui gagnaient des couronnes et des filles de rois à la pointe de l'épée et de la lance. Il se voyait désormais contraint d'en rabattre sur son compte. Et encore, aveuglé par le profond respect des liens de parenté, passionnément attaché au souvenir de sa mère, il ne voyait pas sous son vrai jour le caractère de son oncle, qui n'était après tout qu'un vulgaire mercenaire, ni pire ni meilleur que les autres.

Sans être cruel de gaîté de cœur, le Balafré, par habitude, n'éprouvait aucun respect pour la vie humaine, aucune pitié pour la souffrance. D'une ignorance profonde, il était avide de gain, peu scrupuleux sur les moyens de satisfaire cette passion, et dépensait son argent sans compter. L'habitude de ne songer qu'à lui-même, à ses besoins et à ses aises avait fait de lui l'animal le plus égoïste de la création. Si son intelligence eût été moins courte, il est probable que le roi l'aurait promu à quelque commandement important; car Louis, qui connaissait personnellement tous les hommes de sa garde, avait beaucoup de confiance dans la fidélité et le courage du Balafré.

Sans pénétrer jusqu'au fond du caractère de son oncle, Quentin lui en voulait d'avoir appris avec tant d'indifférence le massacre de toute la famille de son beau-frère; et puis il avait été désagréablement surpris de voir un parent si proche ne pas même songer à lui ouvrir sa bourse. Il avait tort cependant d'attribuer à l'avarice ce qui n'était que le fait de l'indifférence. Quoi qu'il en soit, Quentin Durward en était à regretter de n'avoir pas pris de service auprès du duc de Bourgogne avant de s'être querellé avec son forestier. Il regrettait aussi de n'avoir pas trouvé jour à questionner le Balafré sur le compte de maître Pierre; mais le Balafré avait lui-même trop de questions à faire, et la cloche de Saint-Martin avait terminé trop brusquement l'entrevue. En somme, maître Pierre, avec ses caprices, ses manières impérieuses et son aspect peu agréable, s'était montré meilleur pour lui que son proche parent. « Il faudra, se dit-il, que je sache au juste qui il est, et ce ne sera pas bien difficile, s'il est aussi riche que le prétend l'hôtelier. Il me donnera un bon avis pour ma gouverne, et s'il voyage en pays étranger, comme le font souvent les gens de son espèce, je ne vois pas pourquoi son service ne vaudrait pas, pour un aventurier, celui des gardes de Louis.

Tout en se livrant à ses réflexions, Quentin Durward avait gagné la campagne.

Sur une légère éminence qui dominait les rives du Cher, et où aboutissait le sentier suivi par Durward, s'élevait un groupe de grands châtaigniers, de l'effet le plus pittoresque. Près de ce groupe d'arbres se tenaient trois ou quatre paysans, immobiles, les yeux levés sur quelque objet placé entre les branches du châtaignier le plus rapproché d'eux. Quentin, dont la curiosité était éveillée, doubla le pas, et arriva à temps pour assister à l'horrible spectacle que contemplaient les paysans : un homme pendu à l'une des branches se débattait dans les dernières convulsions de l'agonie.

« Pourquoi ne coupez-vous pas la corde ? » dit le jeune Ecossais, aussi prompt à assister les affligés qu'à défendre son propre honneur quand il le voyait attaqué.

Un des paysans, pâle comme un mort, le regarda d'un air épouvanté et lui montra, entaillée dans l'écorce, une fleur de lis grossièrement figurée. Ne comprenant ni la signification ni l'importance de ce signe, Quentin grimpa lestement dans le châtaignier et, se mettant en mesure de couper la corde, cria aux paysans de recevoir le corps dans leurs bras.

Les paysans, au lieu de lui obéir, semblèrent épouvantés de son audace et prirent tous la fuite, craignant apparemment de passer pour ses complices. Le corps tomba lourdement sur le sol, et Quentin eut la mortification de voir que le pendu avait cessé de vivre. Il ne voulut pas du moins abandonner son œuvre de charité sans avoir tenté un dernier effort. Ayant desserré le nœud coulant et ouvert le pourpoint, il jeta de l'eau sur la face du malheureux, et fit enfin tout ce qu'on a l'habitude de faire en pareille circonstance.

Pendant qu'il s'occupait ainsi à son œuvre d'humanité, il entendit autour de lui des cris sauvages, poussés par des gens dont il ne comprenait pas le langage. Il avait à peine eu le temps de s'apercevoir qu'il était entouré d'hommes et de femmes revêtus de costumes étranges et bizarres, lorsqu'on lui saisit brusquement les deux bras, et la pointe d'un couteau menaça de près sa gorge.

« Pâle esclave d'Eblis, lui dit un homme en mauvais français, est-ce que vous le volez après l'avoir assassiné ? Mais nous vous tenons, et vous nous le payerez ! »

Quoique entouré d'ennemis armés et menaçants, le jeune Ecossais n'eut pas peur et ne perdit pas sa présence d'esprit.

« Que voulez-vous dire, mes maîtres ? demanda-t-il; si ce corps est celui d'un de vos amis, je viens de couper la corde, par pure charité; et vous ferez mieux de tâcher de le ranimer que de maltraiter un étranger innocent, auquel il devra la vie, s'il en réchappe. »

Les femmes cependant avaient pris possession du corps; elles continuaient les tentatives de Durward pour le rappeler à la vie, mais sans plus de succès. Alors, renonçant à tout espoir, ces gens semblèrent s'abandonner à toutes les manifestations de la douleur usitées en Orient. Les femmes poussaient des cris déchirants et arrachaient leurs longs cheveux noirs; les hommes faisaient le geste de déchirer leurs vêtements et de se couvrir la tête de poussière. Peu à peu ils furent si absorbés par la célébration de leurs rites funéraires, qu'ils ne firent plus attention à Durward; peut-être d'ailleurs avaient-ils reconnu son innocence. S'il eût été prudent, il les eût laissés à leurs sauvages manifestations; mais il avait été élevé dans le mépris du danger, et sa curiosité était vivement excitée.

Ces gens différaient tellement de tout ce que Quentin avait vu jusque-là, qu'il fut disposé à les prendre pour une bande de Sarrasins, ces « chiens de païens », adversaires-nés des gentils chevaliers et des monarques chrétiens dans tous les romans qu'il avait lus. Il allait enfin s'éloigner d'un voisinage si dangereux, lorsqu'il entendit un galop de chevaux. Les prétendus Sarrasins, qui avaient chargé sur les épaules le corps de leur camarade, furent assaillis par un peloton de soldats français.

A cette apparition soudaine, les lamentations rythmées se changèrent en cris de terreur. Le corps fut jeté à terre, et ceux qui l'entouraient déployèrent une agilité et une adresse surprenantes à se glisser, pour ainsi dire, sous le ventre des chevaux, afin d'échapper à la pointe des lances. Les soldats criaient : « A bas les maudits voleurs païens !... prenez-les, tuez-les, garrottez-les comme des bêtes ! percez-les comme des loups ! »

Les fugitifs étaient agiles, les buissons et les broussailles empêchaient les cavaliers : aussi deux seulement furent blessés et faits prisonniers. Quentin fut arrêté aussi, et malgré ses protestations on le garotta avec une corde. Les soldats accomplirent cette opération avec une rapidité qui témoignait d'une longue habitude.

Regardant avec anxiété le chef des cavaliers, de qui il espérait obtenir sa liberté, Quentin ne sut pas exactement s'il devait se réjouir ou s'alarmer quand il reconnut en lui l'homme à la mine basse, le silencieux compagnon de maître Pierre. Quel que fût le crime dont on pût accuser les étrangers, cet homme devait être sûr, par l'histoire du matin, que lui, Durward, ne pouvait avoir aucune accointance avec eux. Restait à savoir s'il trouverait dans cet homme maussade un juge favorable et un témoin bien disposé, et s'il arrangerait son affaire en s'adressant directement à lui.

Il n'eut pas le loisir de balancer longtemps.

« Trois-Echelles et Petit-André, dit l'officier de basse mine à deux hommes de sa bande, voici des arbres qui feront très bien notre affaire. J'apprendrai à ces mécréants, à ces sorciers, à ces voleurs à arrêter le cours de la justice du roi, quand elle s'est appesantie sur quelqu'un de leur race maudite. Pied à terre, mes enfants, et faites vivement. »

En un clin d'œil, Trois-Echelles et Petit-André mirent pied à terre. Quentin remarqua que chacun d'eux avait au pommeau et au troussequin de sa selle un ou deux rouleaux de corde. Chacun des rouleaux formait une corde à pendre les gens, avec le nœud coulant tout prêt. Quentin sentit son sang se glacer dans ses veines quand il vit que l'on choisissait trois cordes et que l'on se préparait à lui en passer une autour du cou. Il interpella tout haut l'officier, lui rappela leur rencontre du matin, réclama les droits d'un libre Ecossais dans un pays ami et allié, déclarant qu'il ne connaissait pas les personnes avec qui il avait été arrêté, et ne savait rien de leurs méfaits.

L'officier daigna à peine regarder Durward pendant qu'il parlait, et ne tint absolument aucun compte de son allusion à leur rencontre du matin. Il se contenta de se tourner vers deux ou trois paysans attirés par la curiosité ou venus pour porter témoignage contre les prisonniers et leur dit d'une voix rude :

« Est-ce que ce jeune homme était avec les vagabonds ? »

Oui, il était avec eux, et il avait été le premier à couper la corde; et même on l'avait vu en leur société au pillage d'une métairie.

« Il suffit, dit l'officier, qu'on l'ait vu faire opposition à la justice du roi, en essayant de sauver un traître qui avait été exécuté. Trois-Echelles et Petit-André, dépêchez-vous.

— Arrêtez, seigneur officier, s'écria le jeune homme avec une angoisse mortelle... écoutez-moi... ne faites pas mourir un innocent... Il vous sera demandé compte de mon sang par mes compatriotes en ce monde, et par Dieu dans l'autre.

— Je répondrai de mes actes dans l'un comme dans l'autre », dit froidement le prévôt, et de la main gauche il fit signe aux exécuteurs; puis, avec un sourire de méchanceté triomphante, il toucha de son index son bras droit, qu'il portait en écharpe, à cause du coup d'épieu qu'il avait reçu de Durward.

« Misérable, rancunier gredin ! » répondit Quentin, persuadé que l'autre n'agissait que par rancune, et qu'il n'avait nulle pitié à attendre de lui.

« Le pauvre garçon a le délire, dit le prévôt; Trois-Echelles, dis-lui quelques mots de consolation avant de le faire passer dans l'autre monde. Tu as le don de consoler les gens en pareil cas, lorsque l'on n'a pas de confesseur sous la main. Une minute de conseils spirituels, et, la minute suivante, à la besogne ! J'ai une ronde à faire. Soldats, suivez-moi. »

Le prévôt s'éloigna, suivi de sa garde, sauf deux ou trois hommes qu'il laissa derrière lui, pour donner un coup de main aux exécuteurs. Le malheureux Durward le regarda s'éloigner, le désespoir dans l'âme : il comprit qu'il était perdu. Jetant autour de lui un regard d'angoisse, il fut surpris, même dans un pareil moment, de la stoïque indifférence de ses compagnons d'infortune. Jusque-là ils avaient manifesté la frayeur la plus vive et avaient fait tous leurs efforts pour s'échapper; mais maintenant qu'ils étaient au pouvoir de leurs ennemis, en présence d'un mort inévitable selon toute apparence, ils l'attendaient avec le calme le plus parfait. Peut-être les préparatifs du supplice donnaient-ils à leurs joues bronzées une teinte un peu plus jaune, mais leurs traits étaient immobiles, et leurs yeux n'avaient rien perdu de leur expression d'audace hautaine. L'apparence extérieure et les manières des deux exécuteurs formaient le contraste le plus complet. Louis les appelait Démocrite et Héraclite, et leur maître, le prévôt, les désignait sous les sobriquets de *Jean-qui-pleure* et *Jean-qui-rit*.

Trois-Echelles était grand, maigre et pâle, avec une expression de gravité toute particulière. Il portait autour du cou un chapelet à gros grains, qu'il présentait pieusement aux patients qui allaient avoir affaire à lui. Il avait continuellement à la bouche deux ou trois textes latins sur le néant et la vanité de la vie humaine. Petit-André, au contraire, était un joyeux petit homme, tout rond, très actif, qui vaquait à son office comme si c'eût été l'occupation la plus amusante du monde. Il semblait éprouver une sorte de douce amitié pour ses victimes, et n'en parlait jamais que dans les termes les plus tendres et les plus affectueux. Si Trois-Echelles s'efforçait de les pénétrer de sentiments philosophiques ou religieux au regard de l'avenir, Petit-André manquait rarement de les régaler d'une ou deux plaisanteries pour les amener à quitter la vie comme une chose ridicule, méprisable et indigne d'une sérieuse considération.

Comme les exécuteurs poussaient tout doucement Quentin vers l'arbre fatal, celui-ci jeta un regard égaré autour de lui. « Y a-t-il parmi ceux qui m'entendent un bon chrétien pour dire à Ludovic Lesly, de la garde écossaise, surnommé le Balafré, que l'on est en train d'assassiner honteusement son neveu? »

Ces mots avaient été prononcés fort à propos, car il y avait là un archer de la garde écossaise qui s'était arrêté avec deux ou trois autres curieux, pour voir ce qui se passait.

« Prenez garde à ce que vous faites, dit-il aux exécuteurs; si ce jeune homme est Ecossais, je ne permettrai pas qu'on lui fasse mal.

— A Dieu ne plaise, sire cavalier, dit Trois-Echelles en tirant Durward par un bras; mais nous sommes tenus d'exécuter notre consigne.

— Les plus courtes plaisanteries sont les meilleures », ajouta Petit-André, en tirant Durward par l'autre bras.

Mais Quentin avait entendu les paroles de consolation; comme il était robuste, il se dégagea brusquement et, les bras toujours liés, se précipita vers l'archer écossais. « Protégez-moi, compatriote, lui dit-il dans la langue de son pays. Pour l'amour de l'Ecosse et de saint André! je suis innocent, je suis votre compatriote, protégez-moi!

— Par saint André! il faudra qu'ils me passent sur le corps pour arriver à vous, dit l'archer, et il dégaina son épée.

— Coupez mes liens, compatriote, reprit Quentin, et je ferai quelque chose pour moi-même »

Les liens coupés, le captif délivré s'élançant à l'improviste sur un des soldats du prévôt lui arracha la hallebarde dont il était armé, en disant : « Venez-y maintenant, si vous l'osez. »

Les deux exécuteurs se consultèrent à voix basse. Trois-Echelles dit à Petit-André :

« Montez à cheval et courez après le prévôt; et vous, attention à vos armes ! »

Petit-André partit au galop, et les autres hommes du prévôt se rassemblèrent si précipitamment au commandement de Trois-Echelles, qu'ils laissèrent échapper les deux autres prisonniers, dans le premier moment de confusion.

« Nous sommes de force à battre haut la main ces vaniteux Ecossais, si c'est votre bon plaisir », dit un des soldats à Trois-Echelles.

Mais ce personnage plein de prudence lui fit signe de rester tranquille, et s'adressa d'un ton fort civil à l'archer écossais : « Sûrement, messire, c'est une grave insulte que vous faites au prévôt, en prenant sur vous d'interrompre le cours de la justice dûment et légalement commise à ses soins; et vous n'en agissez pas justement avec moi, qui suis en possession légale de mon criminel.

— Eh bien ! répondit l'archer, dites-moi tout de suite ce qu'a fait ce jeune homme.

— Il s'est permis, répondit Trois-Echelles d'un ton fort grave, de dépendre le cadavre d'un criminel, quand j'avais de ma propre main entaillé les fleurs de lis sur l'écorce de l'arbre.

— Comment, jeune homme ! s'écria l'archer, comment avez-vous pu commettre un pareil crime?

— Puisque je réclame votre protection, répondit Durward, je vais vous dire la vérité comme si j'étais à confesse. J'ai vu un homme qui se débattait, et j'ai coupé la corde par pure humanité ! Je ne songeais pas le moins du monde aux fleurs de lis, et je n'avais pas plus l'intention d'offenser le roi de France que notre saint-père le pape.

— Qu'aviez-vous affaire de cette carcasse, alors ? dit l'archer. Vous en verrez pendre aux arbres par grappes à la suite de ce gentilhomme, et vous n'en avez pas fini si vous vous mettez à courir le pays pour glaner après le bourreau. Pourtant je ne déserterai pas la cause d'un compatriote, si je puis faire autrement. Et vous, l'homme du prévôt, vous voyez qu'il y a là un malentendu. Vous devriez avoir pitié d'un si jeune voyageur. Dans notre pays, il n'était pas accoutumé à une procédure aussi expéditive que la vôtre et celle de votre maître.

— Ce n'est pourtant pas faute d'en avoir besoin, seigneur archer, dit Petit-André, qui revenait de son expédition. Tenez bon, Trois-Echelles, voilà le prévôt qui vient : il nous dira s'il est content de se voir enlever l'ouvrage de la main avant de l'avoir achevé !

— Et fort à propos, répliqua l'archer, voici venir quelques-uns de mes camarades. »

Pendant que le prévôt avec sa patrouille gravissait l'une des pentes de la petite colline, quatre ou cinq archers écossais montaient l'autre en grande hâte, ayant à leur tête le Balafré en personne. Cette fois Lesly ne montra pas à l'égard de son neveu l'indifférence dont Quentin l'avait accusé au fond de son cœur. Car, à peine eut-il vu Durward et l'archer sur la défensive, qu'il s'écria : « Merci, Cunningham. Gentilshommes, camarades, à la rescousse ! C'est un jeune gentilhomme écossais, mon neveu. Lindesay, Guthrie, Tyrie, flamberge au vent ! ».

Tout faisait prévoir une lutte acharnée entre les deux partis; si les Ecossais étaient moins nombreux, leurs armes étaient meilleures : la partie était donc égale. Le prévôt, pensant que l'issue était douteuse ou que l'affaire serait désagréable au roi, fit signe à son escorte de s'abstenir de toute violence. Ensuite, s'adressant au Balafré, qui s'était mis en avant comme chef de l'autre parti, il lui demanda : « Dans quel dessein, vous, un cavalier de la garde du roi, vous opposez-vous à l'exécution d'un criminel ?

— Ce n'est pas ce que je fais, répondit le Balafré. Saint Martin ! il y a, j'imagine, quelque différence entre l'exécution d'un criminel et l'assassinat de mon propre neveu.

— Votre neveu peut être criminel tout comme un autre, seigneur, dit le prévôt; en France, tout étranger est justiciable de la loi de France.

— Oui, mais nous avons des privilèges, nous autres archers écossais, riposta le Balafré; n'est-ce pas, camarades ?

— Oui, oui, s'écrièrent-ils tous ensemble: Privilèges ! Privilèges ! Longue vie au roi Louis... Longue vie au brave Balafré... Longue vie à la garde écossaise, et mort à quiconque enfreindrait nos privilèges !

— Soyez raisonnables, gentilshommes cavaliers, dit le prévôt, considérez les devoirs de ma charge.

— Nous ne voulons rien avoir à démêler avec vous, riposta Cunningham, ce seront nos officiers qui nous rendront justice. Nous serons jugés par la grâce du roi, ou par notre capitaine, puisque le grand connétable est absent.

— Et personne ne nous pendra, dit Lindesay, que Sandie Wilson, le prévôt de notre corps.

— Mais écoutez-moi, reprit le prévôt, ce jeune homme n'est pas des vôtres, et ne peut avoir part à vos privilèges.
— C'est mon neveu, répliqua le Balafré d'un air de triomphe.
— Mais pas archer de la garde, je crois », répondit Tristan l'Hermite.

Les archers s'entre-regardèrent indécis.

« Tenez bon, camarade, dit Cunningham tout bas au Balafré. Dites qu'il est engagé dans la garde.
— Saint Martin! voilà qui est bien dit », répondit Lesly; et il jura qu'il avait engagé le jour même son neveu dans sa suite.

Cette déclaration fut un argument décisif.

Tristan savait à quel point le roi redoutait de mécontenter sa garde; il dit donc : « Voilà qui est bien, gentilshommes; vous connaissez, comme vous dites, vos privilèges, et ce n'est pas mon devoir d'avoir des affaires avec les gardes du roi quand je puis l'éviter. Mais je vais soumettre le cas à la décision du roi lui-même; et, il est bon que vous le sachiez, en agissant ainsi, je fais preuve de plus de modération que mon devoir ne m'y autorise peut-être. »

En parlant ainsi, il donna à sa patrouille l'ordre du départ. Les archers restèrent à la même place, pour se consulter sur ce qu'il y avait à faire.

« Il faut raconter tout d'abord l'affaire à lord Crawford, notre capitaine, et faire inscrire ce jeune garçon sur la liste.
— Mais, gentilshommes, mes dignes amis et mes sauveurs, dit Quentin non sans quelque hésitation, je n'ai pas encore décidé si, oui ou non, je m'enrôlerai parmi vous.
— Eh bien! lui dit son oncle, décidez si, oui ou non, vous voulez être pendu. Car, je vous le promets, vous avez beau être mon neveu, je ne vois pas d'autre moyen pour vous d'échapper à la potence. »

C'était un argument sans réplique, et Quentin accepta ce qu'il ne pouvait refuser.

« Il faut l'emmener avec nous à notre caserne, dit Cunningham; il ne sera en sûreté que là, pendant que ces chasseurs d'hommes rôlent par ici. Et puis, par prudence, il faudra conter toute l'histoire à Olivier le Diable, qui a toujours été de nos amis. Il verra le père Louis avant le prévôt, puisqu'il le rasera demain matin.
— Oui; mais, dit le Balafré, il ne fait pas bon d'aller trouver Olivier les mains vides; et moi, pour le moment, je suis aussi sec qu'un bouleau en décembre.
— Nous en sommes tous là, répondit Cunningham. Olivier

ne fera aucune difficulté d'accepter notre parole d'honneur d'Écossais, pour une fois, et, bien sûr, nous pouvons nous engager pour une somme rondelette, payable au prochain jour de solde. S'il compte y avoir sa part, ce jour-là n'en viendra que plus tôt.

— Et maintenant au château, dit le Balafré, et, chemin faisant, mon neveu nous contera comment il s'est mis à dos Tristan l'Hermite, afin que nous sachions quelle couleur donner à l'affaire en la rapportant à Crawford et à Olivier. »

CHAPITRE VII
L'ENROLEMENT

On donna à Quentin Durward le cheval d'un des suivants, et, en compagnie de ses belliqueux compatriotes, il se dirigea rapidement vers le château, destiné à devenir un peu malgré lui un des habitants de cette forteresse, dont l'extérieur, le matin même, lui avait causé une si vive surprise.

Chemin faisant, en réponse aux questions pressantes de son oncle, il raconta l'aventure qui avait failli se terminer d'une façon si tragique. A sa grande surprise, toute la troupe se mit à rire à ses dépens.

« Après tout, il n'y a pas tant de quoi rire, dit son oncle; car, au nom du diable! qu'est-ce qui a pu pousser ce jeune fou à s'occuper de la carcasse d'un de ces maudits mécréants, d'un de ces païens, juifs, mores?

— Peu importe, dit Lindesay. Mais je pense que cela touche à notre honneur de voir Tristan et son monde prétendre confondre nos bonnets écossais avec les toques et les turbans de ces voleurs et de ces vagabonds. C'est mon idée que Tristan a fait semblant de se tromper pour mettre le grappin sur les bons Ecossais qui viennent ici voir leurs parents.

— Nous voici au château, dit Cunningham. J'offre un baril de vin pour nous réjouir entre amis, pour boire à l'Ecosse, si vous voulez venir dîner chez moi.

— Convenu! convenu! répondit le Balafré, et moi, j'offrirai un autre baril, pour boire à la santé de mon neveu et à son entrée dans notre corps. »

A leur approche, le guichet fut ouvert et le pont-levis s'abaissa. Ils entrèrent un par un. Mais lorsque Quentin se présenta, les sentinelles croisèrent leurs piques. On lui commanda de faire halte, les arcs furent bandés, et les arquebuses le visèrent du haut des murs; et pourtant le jeune étranger venait en compagnie d'une partie de la garnison; bien plus, avec les archers qui fournissaient les sentinelles. Mais telle était la consigne, et elle fut exécutée dans toute sa rigueur.

Le Balafré, qui était resté à côté de son neveu, donna les explications nécessaires. Après beaucoup d'hésitations et de délais, le jeune homme fut conduit avec une forte escorte à l'appartement de lord Crawford.

Ce noble Écossais était un des derniers survivants de cette brave troupe de lords et de chevaliers écossais qui avaient si longtemps et si fidèlement servi sous Charles VI, dans ces guerres sanglantes qui assurèrent l'indépendance de la couronne de France et procurèrent l'expulsion des Anglais. Il s'était battu, encore tout jeune, aux côtés, de Douglas et de Buchan et avait marché sous la bannière de Jeanne d'Arc. Les changements survenus dans le royaume d'Écosse, et peut-être l'habitude qu'il avait du climat et des manières de France, avaient décidé le vieux baron à y demeurer pour toujours. Il avait d'ailleurs un grand ascendant sur le roi; peu enclin à croire à l'honneur et à la vérité chez les hommes, Louis XI avait foi en la vertu et en l'honneur de Crawford.

Le Balafré et Cunningham suivirent Durward et son escorte chez lord Crawford. L'apparence pleine de dignité du vieux lord, le profond respect que lui témoignaient des soldats aussi fiers, et qui semblaient n'avoir de respect que pour lui, tout cela fit une impression profonde sur l'esprit du jeune homme.

Lord Crawford était de haute taille; le grand âge l'avait amaigri et décharné; mais, comme ses muscles avaient conservé la force sinon l'élasticité de la jeunesse, il était en état de supporter le poids de son armure pendant une marche avec autant de facilité que le plus jeune de ses archers. Il n'était pas beau : sa figure était couturée de cicatrices et hâlée : son œil, qui avait vu la mort face à face dans trente batailles rangées, exprimait un tranquille mépris du danger, plutôt que le courage féroce d'un soldat mercenaire. Sa grande taille encore droite était pour le moment drapée dans une ample robe de chambre, serrée par un ceinturon de buffle, auquel était suspendu un poignard à manche richement ciselé. Il portait au cou le collier de Saint-Michel avec les insignes. Assis sur un lit de repos recouvert d'une peau de daim, les lunettes sur le nez, il s'occupait à lire un gros manuscrit. C'était le *Rosier des guerres*, code de politique civile et militaire que Louis avait compilé pour l'instruction du dauphin, et sur lequel il voulait avoir l'opinion d'un homme aussi expérimenté.

A l'entrée de ses visiteurs inattendus, lord Crawford, d'un air assez maussade, posa le manuscrit, et leur demanda « ce que diable ils lui voulaient à présent ».

Le Balafré, avec plus de respect qu'il n'en aurait témoigné au roi lui-même, lui expliqua la situation de son neveu, et demanda pour lui la protection de Sa Seigneurerie. Le vieux lord ne put s'empêcher de sourire de la simplicité du jeune homme; mais il secoua la tête quand il entendit parler de l'altercation qui avait eu lieu entre les archers écossais et la garde du prévôt.

« Combien de fois, dit-il, m'apporterez-vous de ces écheveaux embrouillés à démêler ? Combien de fois faudra-t-il que je vous répète, et spécialement à vous, Ludovic Lesly, et à vous, archer Cunningham, qu'un soldat étranger doit se conduire modestement et décemment avec les gens du pays, s'il ne veut pas avoir tous les chiens de la ville à ses trousses ? Pourtant, s'il vous faut absolument vous faire une affaire, j'aime mieux que ce soit avec ce misérable prévôt qu'avec un autre, et je vous blâme moins pour cette attaque que pour certaines de vos frasques, Ludovic; il était tout simple et tout naturel de prendre le parti de votre parent. Il ne faut pas que cet innocent pâtisse; donnez-moi la liste de la compagnie, qui est là sur cette planche, et nous allons y écrire son nom, pour qu'il jouisse de nos privilèges. Là ! Vous faites maintenant partie, Quentin, de notre honorable corps de la Garde écossaise, comme écuyer de votre oncle, et servant sous sa lance. J'espère que vous ferez votre devoir; car vous devez être un vrai homme d'armes, si votre courage répond à votre bonne mine; et puis, vous descendez d'une noble race. Ludovic, vous veillerez à ce qu'il apprenne diligemment ce qu'il doit savoir, car nous romprons des lances un de ces jours.

— Par la garde de mon épée ! j'en suis bien content, mylord; cette paix ferait de nous tous des couards. Moi-même, je me sens l'esprit très bas, renfermé dans ce maudit donjon.

— Eh bien, un oiseau m'a sifflé à l'oreille que la vieille bannière flottera bientôt sur le champ de bataille.

— Moi, dit le Balafré, je boirai ce soir un coup de plus en l'honneur de cette bonne nouvelle.

— Toutes les nouvelles te sont prétexte à boire, riposta lord Crawford; prends bien garde de boire ta mort quelque jour. »

Lesly répondit, un peu confus, qu'il y avait longtemps que cela ne lui était arrivé; mais Sa Seigneurie savait bien qu'il était d'usage de fêter l'arrivée d'un nouveau camarade.

« C'est vrai, dit le vieux capitaine, j'avais oublié cette occasion. Je vous enverrai quelques cruches de vin pour vous tenir en joie. Mais que tout soit fini au coucher du soleil. Et puis, écoutez... que les soldats de service soient bien et dûment choisis, et qu'aucun d'eux, veillez-y, ne prenne, peu ou prou, part à votre débauche.

— Votre Seigneurie sera strictement obéie, dit Ludovic, et nous n'oublierons pas de boire à votre santé.

— Peut-être, reprit lord Crawford, irai-je faire par là un petit tour, pour être bien sûr que votre gaieté ne dépasse pas les bornes.

— Votre Seigneurie sera la très bien venue », répondit Ludovic, et tous se retirèrent en excellentes dispositions, pour veiller aux préparatifs de leur banquet militaire. Lesly invita une vingtaine de ses camarades, qui avaient l'habitude de faire table commune.

Un festin militaire ne demande pas, en général, de grands préparatifs, pourvu qu'il y ait assez à boire et à manger. Mais cette fois Ludovic se donna beaucoup de mouvement pour trouver mieux que le vin ordinaire; car, disait-il, le vieux lord, qui leur prêchait si bien la sobriété, après avoir bu à la table du roi autant de vin qu'il en pouvait boire décemment, ne perdait pas une occasion de terminer la soirée en tête-à-tête avec la cruche au vin.

« Aussi, camarades, dit-il, vous pouvez vous préparer à entendre les vieilles histoires des batailles de Verneuil et de Baugé. »

Le plus pressé, une fois qu'on eut vaqué aux apprêts du banquet, ce fut de pourvoir le nouveau venu du costume et des armes de la garde, afin qu'il parût de tout point autorisé à partager ses importants privilèges, et à braver le mauvais vouloir du prévôt.

Le banquet fut des plus gais. On chanta de vieilles chansons écossaises, on conta les exploits des anciens héros écossais. Au moment où l'enthousiasme était à son comble, la gaieté générale reçut une nouvelle impulsion par suite de l'entrée de lord Crawford. Le Balafré avait prophétisé vrai : le vieux lord avait été sur les épines pendant toute la durée du dîner du roi, et il avait saisi le premier prétexte pour se retirer et aller rejoindre ses compatriotes. Un fauteuil d'honneur lui avait été réservé au haut bout de la table. Il refusa d'abord de l'occuper, et, debout au milieu de la salle, recommanda aux banqueteurs de se tenir en joie, les regardant avec l'expression de la plus vive satisfaction.

Comme Lindesay lui offrait à boire, Cunningham lui dit tout bas : « Laissez-le tranquille, il y viendra bien tout seul. »

Le fait est que le vieux lord, après avoir refusé en souriant,

L'ENROLEMENT

et déposé la coupe sans y toucher, commença, comme par distraction, à boire quelques petites gorgées; il se souvint alors fort à propos qu'il devait faire honneur au nouveau venu et but à sa santé. La coupe vidée fut remplie de nouveau, et à plusieurs reprises. Alors, au milieu de joyeuses acclamations, le vieux chef rendit compte de sa mission auprès d'Olivier. « Et, ajouta-t-il, comme le racleur de mentons n'éprouve pas une affection bien vive pour l'allongeur de cous, il a joint ses efforts aux miens pour obtenir du roi un ordre qui enjoint au prévôt de suspendre toute procédure contre Quentin Durward, et de respecter en toute occasion les privilèges de la garde écossaise. »

Il y eut de nouvelles acclamations, on remplit les coupes jusqu'au bord et l'on but à la santé du noble lord Crawford, le brave défenseur des privilèges et des droits de ses compatriotes. Le noble lord ne pouvait se dispenser de faire raison à ses amis, et, peu à peu, comme par mégarde, il se glissa dans le fauteuil où il avait d'abord refusé de prendre place. Après de nombreuses libations, le noble lord eut la langue un peu épaisse, ce qui ne l'empêcha pas de recommander avec un grand sérieux la sobriété au jeune Quentin Durward. Tout à coup Cunningham se leva et dit : « Buvons tous au jour, le plus proche possible, où se déploiera *l'oriflamme!*

— Et à la brise de Bourgogne qui en fera flotter les plis! ajouta Lindesay.

— J'y bois de tout mon cœur, dit lord Crawford, et si vieux que je sois, je puis la voir flotter encore. Ecoutez, compagnons (le vin l'avait rendu communicatif), comme vous êtes tous de fidèles serviteurs de la couronne de France, je ne vois pas pourquoi je vous laisserais ignorer qu'un envoyé de Charles de Bourgogne est ici, chargé d'un message qui n'est pas un message de paix.

— J'ai vu, dit un autre convive, l'équipage, les chevaux et la suite du comte de Crèvecœur à l'hôtellerie du Bois de Mûriers. On dit que le roi refuse de le recevoir au château.

— Puisse le ciel lui inspirer une réponse malplaisante! s'écria Guthrie. Mais de quoi se plaint-il?

— De ce qui se passe sur la frontière! Il a mille griefs de ce côté, dit lord Crawford; et puis, il se plaint de ce que, tout dernièrement, le roi a reçu sous sa protection une dame de sa terre, une jeune comtesse, qui s'est enfuie de Dijon, parce que, sous prétexte qu'elle est sa pupille, le duc voulait la marier à son favori Campo-Basso.

— Est-ce qu'elle est venue seule ici, mylord? demanda Lindesay.
— Non, pas absolument seule, mais avec une vieille comtesse sa parente.
— Que fera le roi? demanda Cunningham.
— Le roi, selon son habitude, sera guidé par les règles de la politique; et vous savez, continua Crawford, qu'il n'a pas reçu publiquement ces deux dames, et qu'il ne les a pas placées sous la protection de ses deux filles, la dame de Beaujeu et la princesse Jeanne, ce qui prouve bien qu'il se décidera selon les circonstances.
— Mais le duc de Bourgogne, dit Cunningham, acceptera-t-il ces faux-fuyants?
— Non, répondit le vieux lord; aussi il est probable qu'il y aura de la brouille entre eux. »
C'était ce que souhaitaient ardemment tous les convives. L'un d'entre eux, nommé Arnot, communiqua aux autres une nouvelle pleine d'intérêt. Il la tenait d'un des hommes de service de l'hôtellerie de la Fleur de Lis. Cet homme avait conduit de l'hôtellerie au château deux dames, en litière fermée. C'étaient deux grandes dames qui avaient vécu secrètement à l'hôtellerie pendant plusieurs jours. Le roi leur avait rendu plusieurs visites, sans escorte, et leur avait témoigné beaucoup de respect. L'homme de service croyait que, si elles s'étaient enfuies précipitamment de l'hôtellerie au château, c'était par crainte du comte de Crèvecœur, ambassadeur du duc de Bourgogne, qui s'était fait annoncer par un courrier.

CHAPITRE VIII
L'ENVOYE

Le lendemain, dès l'aube, Quentin revêtit avec un orgueil juvénile le beau costume de la garde écossaise. Il avait si bonne grâce, que le vieux Lesly daigna lui exprimer toute sa satisfaction. « Si tu te montres aussi fidèle et aussi brave que tu es bien tourné, j'aurai un des plus beaux écuyers de la garde, ce qui ne pourra que faire honneur à la famille de la mère. Suis-moi à la salle d'audience, et vois à te tenir tout près, derrière moi. »

Alors il prit une pertuisane d'un poids considérable et longue à proportion, couverte de belles incrustations et de riches ornements; il en donna à son nouveau une toute pareille, sauf qu'elle était plus légère; ensuite ils se rendirent dans la cour intérieure du palais. Ceux de leurs camarades qui devaient être de service dans l'intérieur des appartements étaient déjà en rang, sous les armes. Les écuyers se tenaient derrière leurs maîtres, formant ainsi un second rang.

A un signal donné, ils se mirent tous en mouvement, sous les ordres du Balafré, qui remplissait ce jour-là les fonctions d'officier, et se rendirent à la salle d'audience, où le roi devait arriver immédiatement après.

Quentin s'était formé des splendeurs d'une cour les idées les plus brillantes : ausi fut-il fort désappointé du spectacle qui s'offrit à ses regards. Les officiers de la maison du roi, il est vrai, portaient de riches costumes, ainsi que les gardes et les domestiques. Mais il ne vit dans l'assemblée aucun des anciens conseillers du royaume, aucun des grands officiers de la couronne, et n'entendit aucun de ces noms qui évoquaient les souvenirs brillants de la chevalerie. Il n'aperçut aucun de ces généraux ou commandants qui, encore dans la fleur de l'âge, étaient la force de la France, ni aucun de ces nobles plus jeunes et plus ardents qui en étaient l'orgueil. Les habitudes de jalousie, les manières réservées du roi, sa politique profonde et artificieuse avaient écarté du trône ce cercle brillant, et on ne les voyait à la cour que dans certaines occasions déterminées et officielles; ils n'y venaient d'ailleurs qu'à contre-cœur et s'en retournaient avec empressement.

Les seuls personnages que l'on y vît, à titre de conseillers, étaient des hommes de basse mine, dont la physionomie exprimait quelquefois la sagacité, mais dont les manières montraient qu'on les avait appelés dans un monde pour lequel leur éducation première et leurs habitudes les avaient médiocrement préparés. Une ou deux personnes pourtant lui semblèrent avoir un air plus noble, et le respect de la discipline n'empêcha pas son oncle de lui apprendre les noms de ceux qu'il remarquait plus particulièrement.

Quentin connaissait déjà lord Crawford, qui était de service, revêtu de son riche costume, et portant en main un bâton de commandement en argent. Parmi plusieurs autres, qui paraissaient gens de qualité, le plus remarquable était le comte de Dunois, fils du célèbre Dunois, connu sous le nom de Bâtard d'Orléans, qui, sous la bannière de Jeanne d'Arc, avait joué un rôle si brillant dans la lutte qui délivra la France du joug anglais. Son fils portait dignement son nom. Malgré sa parenté avec la famille royale, malgré sa popularité héréditaire, aussi bien parmi le peuple que parmi la noblesse, Dunois, en toute occasion, avait montré une loyauté si ouverte et si franche, qu'il avait échappé à tous les soupçons, même à ceux du roi Louis, pourtant si jaloux. Louis aimait à l'avoir auprès de sa personne, et quelquefois même lui donnait accès dans ses conseils. Quoiqu'il fût accompli dans tous les exercices de la chevalerie, et qu'il eût, presque en perfection, le caractère du vrai chevalier, la personne du comte n'était pas, à beaucoup près, un modèle de beauté romantique. Sa taille était au-dessous de la moyenne, quoiqu'il fût très fort et très robuste, et il avait les jambes légèrement arquées. Ses épaules étaient larges, ses cheveux noirs, son teint brun, et ses bras remarquablement longs et nerveux. Ses traits étaient irréguliers jusqu'à la laideur; malgré cela, il avait un air de dignité et de noblesse où l'on devinait, au premier coup d'œil, le noble de haute naissance et le soldat sans peur Il portait un riche costume de chasse.

Appuyé sur le bras de son parent Dunois, marchait d'un pas lent et mélancolique le duc d'Orléans, premier prince du sang, qui fut roi depuis, sous le nom de Louis XII. En butte aux soupçons jaloux du roi, ce prince, qui, dans le cas où le fils du roi viendrait à mourir, était l'héritier présomptif du royaume, ne pouvait s'absenter de la cour ni y remplir aucun emploi.

L'ENVOYÉ

L'abattement que lui causait le sentiment de sa dégradation et de sa demi-captivité, s'accroissait en ce moment d'une cruelle angoisse. Le roi méditait à son égard un des actes les plus cruels et les plus injustes que puisse commettre un tyran. Il voulait le contraindre à épouser Jeanne de France, sa seconde fille, à laquelle il avait été engagé dès son enfance. Mais Jeanne était contrefaite, et insister sur l'accomplissement du mariage était un acte d'une abominable rigueur.

Un personnage qui avait une tout autre attitude, c'était l'orgueilleux cardinal et prélat Jean de La Balue, ministre favori de Louis à cette époque, dont la haute fortune et le caractère rappelaient ceux du cardinal Wolsey. Louis avait élevé son ministre de la condition la plus basse à la dignité ou tout au moins aux émoluments de grand aumônier de France; il l'avait comblé de bénéfices et avait obtenu pour lui le chapeau de cardinal; trop avisé pour accorder à l'ambitieux La Balue le pouvoir sans bornes et la confiance que Henri VIII avait accordés à Wolsey, il subissait néanmoins son influence plus que celle d'aucun de ses autres conseillers. Ce cardinal était tombé dans l'erreur commune à ses pareils : il se figurait que, grâce à son génie, il pouvait mettre la main dans toutes les affaires, même celles qui étaient le plus étrangères à sa profession et à ses études. Il était, de sa personne, grand et gauche, avec une affectation ridicule de galanterie.

« Le roi sait-il, dit Dunois au cardinal, que l'envoyé du duc de Bourgogne demande péremptoirement une audience ?

— Oui, répondit le cardinal, et voici venir Sa Haute Suffisance Olivier Le Daim, pour nous faire connaître, je pense, le bon plaisir du roi. »

Comme il parlait, sortit des appartements intérieurs un remarquable personnage, qui balançait dans la faveur du roi l'orgueilleux cardinal lui-même; seulement sa démarche n'avait rien de l'importance et de la prétention de celle de l'homme d'église. C'était un petit homme, maigre et pâle, habillé d'un modeste vêtement de soie noire. Il portait à la main un bassin d'argent, et une serviette jetée sur son bras indiquait la nature peu relevée de ses fonctions. Son regard était vif et pénétrant, mais il avait bien soin d'en dissimuler la pénétration et la vivacité, en tenant ses yeux obstinément fixés sur le sol. Avec le pas tranquille et furtif d'un chat, il semblait glisser modestement plutôt que marcher. Mais si la modestie peut facilement voiler le mérite, elle ne peut pas cacher la faveur de cour. L'homme avait beau se glisser à la dérobée à travers la salle d'audience, tous ses efforts étaient vains. On savait trop qu'il avait l'oreille du roi, ce célèbre barbier ou valet de chambre, Olivier le Daim, appelé aussi le Mauvais ou même le Diable, à cause de l'habileté peu scrupuleuse qu'il mettait au service du roi, pour mener à bien les plans de sa politique tortueuse. Il eut quelques instants d'entretien sérieux avec le comte de Dunois, qui sortit aussitôt, pendant que le barbier, toujours de son même pas furtif, regagnait l'appartement dont il était sorti quelques instants auparavant, chacun s'empressant de lui faire place. Il répondait à cette politesse par d'humbles révérences; cependant il fit de deux ou trois personnes un objet d'envie pour toutes les autres, en leur murmurant un seul mot à l'oreille. Et aussitôt, prétextant les devoirs de sa charge, il esquivait leurs réponses et se dérobait aux instantes sollicitations de ceux qui cherchaient à attirer son attention. Ludovic Lesly fut un des favorisés, l'autre l'ayant assuré en deux mots que son affaire était arrangée.

Immédiatement après, l'ancienne connaissance de Quentin, Tristan l'Hermite, entra et se dirigea tout de suite vers le Balafré. L'uniforme très riche de ce formidable officier faisait ressortir davantage ce que sa mine avait de bas et sa physionomie de sinistre. Quant aux paroles conciliantes qu'il prononça, elles ressemblaient aux grognements d'un ours. Il regrettait le malentendu de la veille : ce malentendu provenait de ce que le jeune homme ne portait pas le costume des archers, et n'avait pas dit qu'il appartenait à ce corps. C'est ce qui lui avait fait commettre à son égard une erreur dont il demandait pardon.

Ludovic Lesly répondit comme il convenait, et quand l'autre eut tourné le dos, il fit observer à son neveu qu'ils avaient désormais l'honneur de s'être fait un mortel ennemi du redoutable officier. « Mais nous sommes au-dessus de cela : un soldat qui fait son devoir peut se moquer du prévôt. »

Les portes s'ouvrirent alors et le roi Louis entra dans la salle d'audience.

Quentin, comme les autres, porta ses regards sur lui, et il eut un tel soubresaut, qu'il laissa presque échapper de ses mains sa pertuisane, en reconnaissant dans le roi de France ce marchand, maître Pierre, qu'il avait eu pour compagnon dans sa promenade matinale de la veille.

Il fut rappelé à lui-même par le regard sévère de son oncle, outré de ce manque de décorum dans l'accomplissement de ses fonctions. Mais quelle ne fut pas sa surprise lorsque le roi, dont l'œil perçant l'avait tout de suite découvert, vint droit à lui sans faire attention à aucun des autres assistants ! « Ainsi donc, jeune homme, dit-il, on m'apprend que vous avez eu une querelle le jour même de votre arrivée en Touraine. Mais je vous pardonne, car ç'a été surtout la faute d'un vieux fou de marchand, qui croyait que le sang d'un jeune Calédonien avait besoin d'être fouetté par un coup de vin de Beaune. Si je puis découvrir ce marchand, j'en ferai un exemple pour la gouverne de ceux qui débauchent mes gardes. Balafré, ajouta-t-il en s'adressant à Lesly, votre neveu est un gentil garçon, quoique un peu ardent ! C'est une disposition que nous aimons à entretenir, et notre intention est de traiter mieux que jamais les braves qui nous entourent. Faites écrire l'année, le jour et l'heure de la naissance de votre neveu, et donnez le papier à Olivier le Daim. »

Le Balafré s'inclina jusqu'à terre, et reprit à l'instant sa position de soldat sous les armes, pour montrer que le roi pouvait absolument compter sur lui.

Aussitôt après l'arrivée du roi, les princesses de France firent leur entrée avec les dames de leur suite. L'aînée, qui plus tard épousa Pierre de Bourbon, et est connue dans l'histoire sous le nom de dame de Beaujeu, était grande et assez belle; elle avait de l'éloquence, du talent, beaucoup de la sagacité de son père, qui avait grande confiance en elle, et l'aimait autant qu'il pouvait aimer quelqu'un.

La sœur cadette, l'infortunée Jeanne, la fiancée du duc d'Orléans, s'avança timidement à côté de sa sœur, sachant trop bien qu'elle manquait de ces qualités extérieures que les femmes sont si désireuses de posséder, ou d'avoir la réputation de posséder. Elle était pâle, maigre, d'apparence maladive, contrefaite et boiteuse. Elle avait de belles dents, des yeux pleins de mélancolie, de douceur et de résignation, avec une profusion de boucles de cheveux d'un brun clair.

« Et maintenant, à cheval ! gentilshommes et dames, dit le roi. Nous allons conduire nous-même notre fille de Beaujeu. Dieu et saint Hubert bénissent notre chasse matinale !

— Je suis, j'en ai peur, condamné à y mettre obstacle, Sire, dit le comte de Dunois. L'envoyé du duc de Bourgogne est aux portes du château et demande une audience.

— *Demande* une audience, Dunois ? répliqua le roi. Ne lui avez-vous pas répondu, d'après nos instructions transmises par Olivier, que nous n'avons pas le loisir de le voir aujourd'hui ? que demain, c'est la fête de saint Martin, et que nous ne voulons pas la troubler par des pensées terrestres? qu'après demain nous avons affaire à Amboise? mais que nous ne manquerions pas de lui donner audience aussitôt que nous le permettraient des affaires pressantes?

— Je lui ai dit tout cela, répondit Dunois; mais, Sire...

— Pasques-Dieu! l'ami, qu'est-ce qui te tient donc si fort au gosier? s'écria le roi; les expressions de ce Bourguignon doivent avoir été bien dures à digérer.

— Si je n'avais pas été retenu par mon devoir, par les ordres de Votre Grâce, et par sa qualité d'envoyé, reprit Dunois, je les lui aurais fait digérer à lui-même; car, par Notre-Dame d'Orléans! j'aurais mieux aimé lui faire manger ses paroles que de les rapporter à Votre Majesté.

— Par mon corps! Dunois, dit le roi, il est étrange que toi, l'un des hommes les plus impatients que je connaisse, tu ne montres pas plus d'indulgence pour la même infirmité chez notre grossier et ardent cousin Charles de Bourgogne. Moi, l'ami, je m'émeus de ses rodomontades comme les tours de ce château s'émeuvent des rafales du vent d'est, qui viennent de Flandre tout comme son insolent messager.

— Sachez donc alors, Sire, que le comte de Crèvecœur est en bas, avec sa suite de poursuivants et de trompettes. Il dit que, puisque Votre Majesté lui refuse l'audience qu'il a l'ordre de lui demander au nom de son maître, il y restera jusqu'à minuit, et accostera Votre Majesté à quelque heure qu'il lui plaise de sortir du château, pour affaires, pour prendre de l'exercice ou pour faire ses dévotions. Aucune considération, sauf l'emploi de la force, ne l'empêchera d'accomplir ce qu'il a résolu.

— C'est un sot, dit le roi avec beaucoup de calme. S'imagine-t-il, ce cerveau brûlé du Hainaut, que ce soit pénitence pour un homme sensé de rester vingt-quatre heures entre les murs de son château, quand il a, pour s'occuper, les affaires d'un royaume? Ces fats impatients pensent que tout le monde leur ressemble, et qu'on est malheureux quand on n'est pas en selle, le pied dans l'étrier; gentil Dunois, nous tiendrons conseil aujourd'hui, au lieu de chasser.

— Mon suzerain, répondit Dunois, vous ne vous débarrasserez pas si facilement de Crèvecœur : d'après les instructions de son maître, s'il n'obtient pas l'audience qu'il demande, il doit clouer son gantelet aux palissades, devant le château, en signe de mortel défi de la part du duc de Bourgogne, renoncer à la féauté du duc envers la France et déclarer la guerre, par ce seul fait.

— Ah ! dit Louis, sans que sa voix trahît la moindre altération, mais en fronçant les sourcils au point que ses yeux noirs et perçants devinrent presque invisibles, en est-il donc ainsi ? Notre ancien vassal nous parlera-t-il en maître ? notre cousin nous traitera-t-il d'une façon si discourtoise ? Eh bien alors, Dunois, nous déploierons l'*oriflamme,* et nous crierons : *Montjoie-Saint-Denis!*

— Ainsi soit-il de tout mon cœur ! » répondit le belliqueux Dunois. Les gardes, incapables de résister à l'impulsion qui l'avait fait parler, s'agitèrent, chacun à son poste, et l'on entendit un bruit d'armes, sourd mais distinct. Le roi promena autour de lui un regard plein de fierté, et pour un moment il eut en lui l'âme de son père héroïque et il lui ressembla.

Mais l'excitation du moment fit place aussitôt aux considérations politiques qui, à l'heure présente, rendaient une rupture ouverte avec le duc de Bourgogne particulièrement dangereuse. Edouard IV, brave et victorieux, qui avait donné de sa personne dans trente batailles, établi sur le trône d'Angleterre, était frère de la duchesse de Bourgogne et, comme on pouvait le supposer, n'attendait qu'une rupture entre Louis et son proche parent pour rentrer en France par la porte toujours ouverte de Calais.

Louis ne pouvait pas compter sur la fidélité du duc de Bretagne, et à ces considérations se joignaient bien d'autres graves sujets de réflexion. Aussi, après une pause assez longue, lorsque Louis reprit la parole, le son de sa voix était toujours le même, mais ses dispositions avaient changé : « Mais, dit-il, à Dieu ne plaise que rien, sauf la nécessité, nous porte, nous, le roi Très Chrétien, à provoquer l'effusion du sang chrétien s'il y a un moyen honorable de détourner une pareille calamité Nous songeons plutôt à la sûreté de nos sujets qu'à la légère atteinte portée à notre dignité par les paroles malsonnantes d'un ambassadeur mal appris qui a peut-être outrepassé ses instructions. Qu'on introduise l'envoyé du duc de Bourgogne en notre présence.

— *Beati pacifici!* dit le cardinal La Balue.

— C'est vrai, et Votre Eminence sait que ceux qui s'humilient seront élevés », ajouta le roi.

Le cardinal prononça un amen, qui trouva peu d'écho. Les joues pâles du duc d'Orléans s'étaient couvertes de rougeur. Quant au Balafré, il fut si peu maître de ses sentiments, qu'il laissa lourdement tomber sur le sol le talon de sa pertuisane. Ce mouvement d'impatience lui valut un reproche amer du cardinal et une leçon sur la manière de tenir ses armes en présence du souverain.

Une sonnerie de trompettes dans la cour annonça l'arrivée du noble Bourguignon. Tous ceux qui étaient dans la salle d'audience se hâtèrent de prendre les places que leur assignait le code des préséances. Le roi et ses filles demeurèrent au centre de l'assemblée.

Le comte de Crèvecœur, soldat renommé et toujours victorieux, entra dans la salle. Contrairement aux rites en usage entre puissances amies, il apparut tout armé, mais tête nue. Il portait une armure de Milan. Autour du cou, et par-dessus sa cuirasse polie, était suspendu l'ordre de son maître, la Toison d'Or, l'une des associations de chevalerie les plus honorées à cette époque dans toute la chrétienté. Un beau page tenait son casque derrière lui, un héraut le précédait, portant sa lettre de créance, qu'il présenta au roi, le genou en terre. L'ambassadeur lui-même s'arrêta au milieu de la salle. Le reste de sa suite attendait dans l'antichambre ou dans la cour.

« Approchez, seigneur comte de Crèvecœur, dit Louis, après avoir jeté un coup d'œil sur sa commission; nous n'avons pas besoin de lettre de créance de notre cousin, soit pour introduire auprès de nous un guerrier si bien connu, soit pour nous assurer du crédit bien mérité dont vous jouissez auprès de votre maître. Nous espérons que votre noble épouse, qui a dans les veines un peu du sang de nos ancêtres, est en bonne santé. Si vous l'aviez amenée avec vous, seigneur comte, nous aurions pu croire que vous portiez l'armure, contre l'usage en pareille circonstance, pour maintenir contre la galante chevalerie de France la supériorité de ses charmes. En son absence, nous ne pouvons comprendre la raison de cette panoplie.

— Sire, répliqua l'ambassadeur, le comte de Crèvecœur ne peut que déplorer son infortune et implorer votre pardon de ne pouvoir, en cette occasion, répondre avec l'humble déférence que mérite la royale courtoisie dont Votre Majesté l'a honoré. Mais, si c'est seulement la voix de Philippe Crèvecœur de Cordès qui parle, les paroles qu'il prononce doivent être celles de son gracieux seigneur et souverain, le duc de Bourgogne.

— Et qu'a à nous dire le duc de Bourgogne par la bouche de Crèvecœur? dit Louis en prenant un air de dignité. Et pourtant, arrêtez... Souvenez-vous qu'ici Philippe Crèvecœur de Cordès parle à celui qui est le souverain de son souverain. »

Crèvecœur s'inclina et répondit à haute et intelligible voix :
« Roi de France, le puissant duc de Bourgogne vous envoie

de nouveau une liste par écrit des torts commis et des oppressions pratiquées sur ses frontières par les garnisons et officiers de Votre Majesté. Ma première question doit être celle-ci. Votre Majesté est-elle disposée à donner satisfaction pour ces offenses ? »

Le roi, jetant un simple coup d'œil sur le mémorandum que le héraut lui tendait à genoux, répondit : « Il y a déjà longtemps que ces affaires ont été soumises à notre conseil. Des offenses dont on se plaint, quelques-unes sont en représailles des torts soufferts par mes sujets, d'autres sont affirmées sans preuves, quelques-unes ont été punies par les garnisons et les soldats du duc. S'il s'en rencontre d'autres qui ne rentrent dans aucune de ces catégories, en notre qualité de prince chrétien nous sommes prêt à donner satisfaction pour les torts réellement soufferts par notre voisin, encore qu'ils aient été commis, non seulement sans notre aveu, mais encore contre notre défense expresse.

— Je rapporterai la réponse de Votre Majesté à mon gracieux maître, dit l'ambassadeur; cependant, permettez-moi de le dire, comme elle ne diffère en rien des réponses évasives qui ont été déjà faites à ses justes réclamations, je n'ose espérer qu'elle contribue à rétablir la paix entre la France et la Bourgogne.

— A la grâce de Dieu! dit le roi. Ce n'est point par crainte des armes de ton maître, mais uniquement par amour de la paix, que je fais une réponse si modérée à ses reproches injurieux. Continue.

— Mon maître demande ensuite, reprit l'ambassadeur, que Votre Majesté mette un terme à ses pratiques secrètes et clandestines avec ses villes de Gand, Liège et Malines; qu'elle rappelle les agents secrets qui excitent le mécontentement de ses bons sujets des Flandres, et expulse de ses Etats, ou plutôt livre à la juste sévérité de leur seigneur les traîtres qui, après s'être enfuis du théâtre de leurs machinations, ont trouvé trop facilement refuge à Paris, à Orléans, à Tours, et autres villes françaises.

— Dites au duc de Bourgogne, répliqua le roi, que je n'ai nulle connaissance des pratiques clandestines dont il m'accuse si injurieusement; que mes sujets de France ont de fréquentes relations avec les bonnes cités de Flandre, pour le plus grand bien des deux parties, par le moyen d'un libre trafic que le duc a autant d'intérêt que moi à ne pas interrompre; que, d'autre part, beaucoup de Flamands ont leur résidence dans mon royaume et jouissent de la protection de mes lois pour la même raison, mais aucun, que je sache, en esprit de trahison ou de révolte contre le duc. Continuez, vous avez entendu ma réponse.

— Comme précédemment, reprit le comte de Crèvecœur, je le dis avec peine, cette réponse n'est pas d'une nature assez nette et assez explicite pour que le duc l'accepte en compensation d'une longue suite de machinations, qui n'en sont pas moins certaines, quoique désavouées en ce moment par Votre Majesté. Mais je continue à m'acquitter de mon message. Le duc de Bourgogne requiert en outre le roi de France de renvoyer dans ses États, sans délai, et sous bonne garde, les personnes d'Isabelle, comtesse de Croye, et de sa parente et tutrice la comtesse Hameline, pour ce que ladite comtesse Isabelle, étant de par la loi du pays, et de par la mouvance féodale de ses fiefs, la pupille dudit duc de Bourgogne, s'est enfuie de ses États, et s'est dérobée à la protection que lui, comme un soigneux tuteur, voulait étendre sur elle, et est maintenue ici en secret par le roi de France, et par lui encouragée dans sa résistance contre le duc, son seigneur et son tuteur naturel, en violation des lois divines et humaines, telles qu'elles ont toujours été reconnues dans l'Europe civilisée. Encore une fois je m'arrête pour entendre la réponse de Votre Majesté.

— Vous avez bien fait, dit le Roi avec ironie, de commencer votre ambassade de bonne heure; car si c'est votre intention de me demander compte de la fuite de tous les vassaux que la violence de votre maître peut forcer à fuir de ses États, le chapelet pourra durer jusqu'au soir. Qui peut affirmer que ces dames soient dans mes États? Et, à supposer qu'elles y soient, qui osera soutenir que je les ai encouragées à fuir, ou que je les ai reçues avec des offres de protection? Bien plus, qui osera prétendre que si elles sont en France, le lieu de leur retraite me soit connu?

— Sire, dit Crèvecœur, plaise à Votre Majesté, *j'avais* par devers moi un témoin à ce sujet, un témoin qui a vu les fugitives dans l'hôtellerie appelée la Fleur de Lis, non loin de ce château..., qui a vu Votre Majesté en leur compagnie, quoique sous le déguisement peu convenable d'un bourgeois de Tours..., qui a reçu d'elles, en votre royale présence, des messages et des lettres pour leurs amis de Flandre..., messages et lettres qu'il a fait parvenir à la connaissance du duc de Bourgogne et remettre entre ses mains.

— Faites-le comparaître, dit le roi, mettez face à face avec moi celui qui ose soutenir des mensonges aussi palpables.

— Vous en parlez à votre aise, mon seigneur, car vous savez bien que ce témoin n'existe plus. De son vivant, il s'appelait Zamet Maugrabin, et c'était un de ces Bohémiens vagabonds. Il a été exécuté hier, à ce que j'ai appris, par les gens du prévôt de Votre Majesté; on craignait sans doute de le voir comparaître ici pour confirmer ce qu'il avait dit de l'affaire au duc de Bourgogne, en présence de son conseil et de moi, Philippe Crèvecœur de Cordès.

— Par Notre-Dame d'Embrun! dit le roi, ces accusations sont si grossières, et ma conscience est si nette, que, par l'honneur d'un roi, je suis disposé plutôt à en rire qu'à m'en irriter. Les gens de mon prévôt exécutent tous les jours, comme c'est leur devoir, des voleurs et des vagabonds : l'honneur de ma couronne dépend-il donc de ce qu'il plaît à ces vagabonds et à ces voleurs de dire au bouillant duc de Bourgogne et à ses conseillers? Dites à mon cousin, je vous prie, que si de pareils compagnons sont pour lui plaire, il n'a qu'à les garder dans ses États; ce qu'ils trouveront chez nous, ce sera courte chance et longue corde.

— Mon maître n'a que faire de pareils sujets, répondit le comte d'un ton beaucoup moins respectueux, car le noble duc n'a pas accoutumé de consulter des sorcières, des vagabonds égyptiens ou autres sur la destinée de ses voisins et de ses alliés !

— Nous avons montré jusqu'ici, dit le roi en l'interrompant, assez et même trop de patience, et puisque tu sembles, en venant ici, n'avoir pas eu d'autre objet en vue que de nous insulter, nous enverrons quelqu'un, en notre nom, au duc de Bourgogne, convaincu qu'en te conduisant de la sorte envers nous, tu as outrepassé tes instructions, quelles qu'elles puissent être.

— Au contraire, répliqua Crèvecœur, car je n'ai pas encore tout dit. Oyez, Louis de Valois, roi de France..., oyez, nobles et gentilshommes qui pouvez être présents..., oyez, hommes honnêtes et francs..., et toi, Toison d'Or, ajouta-t-il en s'adressant au héraut, fais proclamation après moi. Moi, Philippe Crèvecœur de Cordès, comte de l'empire et chevalier de l'ordre honorable et princier de la Toison d'Or, au nom du très puissant seigneur et prince Charles, par la grâce de Dieu duc de Bourgogne et de Lorraine, de Brabant et de Limbourg, de Luxembourg et de Gueldre; comte de Flandre et d'Artois; comte palatin de Hainaut, de Hollande, Zélande, Namur et Zutphen; marquis du Saint-Empire; seigneur de Frise, de Salines et Malines; je vous fais assavoir, ouvertement à vous Louis, roi de France, qu'ayant refusé de réparer les différents griefs, torts et offenses causés par vous, ou par votre aide, suggestion et instigation, contre ledit duc et ses amés sujets, lui, par ma bouche, renonce à toute allégeance de féauté envers votre couronne et votre dignité, vous déclare faux et sans foi, et vous défie, comme prince et comme homme. Voici mon gage, en foi de ce que j'ai dit. »

En prononçant ces paroles, il retira le gantelet de sa main droite et le jeta sur le plancher de la salle.

Jusqu'à cet acte, qui était le comble de l'audace, un silence profond avait régné dans la salle royale pendant toute la durée de cette scène extraordinaire. Mais quand le gantelet résonna sur le sol, et que le héraut eut crié à haute voix : « Vive Bourgogne ! » il y eut un tumulte général. Pendant que Dunois, le duc d'Orléans, le vieux lord Crawford, et un ou deux autres, que leur rang autorisait à intervenir, se disputaient l'honneur de relever le gant, tous les autres assistants criaient : « Tuez-le ! Taillez-le en pièces ! Vient-il ici pour insulter le roi de France dans son propre palais ! »

Mais le roi apaisa le tumulte en criant d'une voix de tonnerre, qui intimida toute l'assemblée et la réduisit au silence : « Silence ! mes fidèles ! Que nul ne porte la main sur cet homme, et ne touche à ce gage, même du bout du doigt ! Et vous, sire comte, de quoi donc est faite votre vie, et sur quelle protection comptez-vous pour la jouer ainsi sur un coup de dés aussi périlleux ? Ou bien votre duc est donc d'un autre métal que les autres princes, pour soutenir sa prétendue querelle d'une façon si peu usitée ?

— Il est certainement d'un métal autre et plus précieux que les autres princes de l'Europe, répondit intrépidement le comte de Crèvecœur ; car, lorsque pas un d'eux n'osait vous donner asile, à vous, dis-je, roi Louis..., lorsque vous n'étiez encore que Dauphin, exilé de France, et poursuivi par toute l'amertume de la vengeance de votre père, et par toute la puissance du royaume, vous avez été reçu et protégé comme un frère par mon noble maître, dont vous avez si mal reconnu la générosité. Adieu, Sire, ma mission est terminée. »

Ayant parlé ainsi, le comte de Crèvecœur sortit brusquement, sans prendre autrement congé.

« Après lui ! après lui ! Qu'on ramasse le gant et que l'on coure après lui ! Pas vous, Dunois, ni vous, lord Crawford, qui êtes trop vieux pour une pareille mission, ni vous, d'Orléans, qui êtes trop jeune. Monseigneur le cardinal, seigneur évêque d'Auxerre, c'est votre devoir sacré de faire la paix entre les princes; ramassez le gantelet, et remontrez au comte de Crèvecœur quel péché il a commis en insultant ainsi un grand monarque dans sa propre cour, et en le forçant à appeler les misères de la guerre sur son royaume et sur celui de son voisin. »

Sur cet appel direct et personnel, le cardinal La Balue se mit en devoir de ramasser le gantelet, avec autant de précaution que si c'eût été une vipère, tant ce symbole de guerre semblait lui inspirer d'horreur; ensuite il quitta l'appartement royal pour courir après le provocateur. Louis promena ses regards en silence sur le cercle de ses courtisans. La plupart d'entre eux, étant gens de basse extraction, et choisis par le roi pour tout autre chose que leur courage et leurs faits d'armes, s'entreregardaient tout pâles; on voyait qu'ils avaient ressenti une impression fort déplaisante de la scène qui venait d'avoir lieu. Louis les regarda avec mépris, et dit tout haut : « Quoique le comte de Crèvecœur soit présomptueux et outrecuidant, il faut confesser que le duc de Bourgogne a en lui le plus hardi serviteur qui ait jamais porté message au nom d'un prince. Je voudrais bien savoir où trouver un messager aussi fidèle pour porter ma réponse.

— Sire, dit Dunois, vous faites tort à votre noblesse française; il n'est pas un de nous qui ne se chargeât volontiers de porter un défi au duc de Bourgogne à la pointe de son épée.

— Et, Sire, ajouta le vieux Crawford, vous faites tort aussi aux gentilshommes écossais qui vous servent. Moi, ou le premier venu de ceux qui me suivent, n'hésiterions pas un moment à demander raison à ce comte orgueilleux. Mon bras est encore assez vigoureux pour cela, si j'ai seulement la permission de Votre Majesté.

— Mais, continua Dunois, Votre Majesté ne veut nous employer à aucun de ces services où nous pourrions acquérir de l'honneur pour nous-mêmes, pour Votre Majesté ou pour la France.

— Dites plutôt, Dunois, répliqua le roi, que je ne veux pas donner carrière à cette téméraire impétuosité, qui, pour un point d'honneur chevaleresque, vous perdrait, et avec vous le trône, la France et tout. Il n'est pas un de vous qui ne sache combien chaque heure de paix est précieuse en ce moment pour cicatriser les blessures d'un pays si déchiré; et malgré cela, il n'est pas un de vous qui ne soit prêt à se jeter tête baissée dans la guerre pour l'amour de quelque bohémienne vagabonde ou de quelque damoiselle errante. Voici le cardinal, chargé, nous l'espérons, de nouvelles plus pacifiques. Eh bien ! monseigneur, avez-vous ramené le comte au calme et à la raison ?

— Sire, dit La Balue, ma tâche a été difficile. J'ai fait entendre à ce comte orgueilleux que, pour avoir osé adresser à Votre Majesté le présomptueux reproche qui a rompu la conférence et qui évidemment venait, non de son maître, mais de sa propre insolence, il s'était mis à la discrétion de Votre Majesté, et avait encouru tel châtiment qu'il vous conviendrait de lui infliger.

— Vous avez bien fait, répliqua le roi, et qu'a-t-il répondu ?

— Le comte, continua le cardinal, avait en ce moment le pied à l'étrier; il tourna la tête sans changer de position : Eussé-je été, dit-il, à cinquante lieues, si j'avais appris que le roi eût posé une question injurieuse pour mon prince, je serais revenu pour me soulager en lui faisant la réponse que je viens de lui faire.

— Eh bien ! messeigneurs, dit le roi en se retournant sans témoigner la moindre colère, je soutiens qu'en la personne du comte notre cousin le duc possède le plus digne serviteur qui ait jamais chevauché à la droite d'un prince. Mais vous l'avez décidé à rester ?

— Pour vingt-quatre heures, et à retirer pour ce temps-là son gage de défi, dit le cardinal; il est descendu à la Fleur de Lis.

— Voyez, dit le roi, à ce qu'on le traite noblement, et à nos frais. Un tel serviteur est un joyau pour la couronne d'un prince. Vingt-quatre heures, ajouta-t-il en s'adressant à lui-même; vingt-quatre heures, c'est bien court. Et pourtant, en vingt-quatre heures, un homme intelligent et avisé peut faire bien des choses. Bon ! En forêt ! en forêt ! mes galants seigneurs ! N'oubliez pas vos épieux : on m'a parlé d'un sanglier capable de tenir tête aux chasseurs et aux chiens. Dunois, prêtez-moi votre épieu, et prenez le mien, qui est trop lourd pour moi; mais vous, quand vous a-t-on jamais entendu vous plaindre du poids de votre lance ? A cheval ! à cheval, gentilshommes ! »

CHAPITRE IX
LA CHASSE AU SANGLIER

En dépit de la connaissance qu'il devait avoir du caractère de son maître, le cardinal commit ce jour-là une grave erreur de conduite, Sa vanité le porta à croire que nul autre à sa place n'aurait réussi comme lui à décider le comte de Crèvecœur à rester. D'autre part, comme il savait très bien quel intérêt le roi avait à reculer la rupture avec le duc de Bourgogne, il ne put s'empêcher de faire voir qu'il croyait avoir rendu à Louis le service le plus important et le plus agréable. Il s'attacha donc à la personne du roi avec plus d'insistance que d'habitude, et s'efforça d'amener la conversation sur les événements de la matinée.

A la fin Louis, qui l'avait écouté avec attention, sans rien répondre qui pût tendre à prolonger la conversation, fit signe à Dunois de venir se placer de l'autre côté de son cheval.

« Nous sommes venus ici pour prendre de l'exercice et pour nous divertir, dit-il, mais le révérend père que voilà voudrait nous faire tenir un conseil d'Etat.

— J'espère que Votre Eminence voudra bien m'excuser, dit Dunois; je suis né pour me battre au service de la France, j'ai le cœur bien placé et la main solide, mais je n'ai pas une tête propre à la servir dans ses conseils.

— Monseigneur le cardinal n'a la tête qu'à cela, Dunois, répondit Louis; il a confessé le comte Crèvecœur à la porte du château, et il nous a révélé tous les secrets de la confession, *tous*, n'est-ce pas? » ajouta-t-il, en appuyant sur le mot *tous*, et en jetant un regard au cardinal.

Le cardinal ne put s'empêcher de trembler, tout en essayant de tourner la chose en plaisanterie. « Bien que ceux de mon ordre, dit-il, soient obligés de garder les secrets de leurs pénitents en général, il n'y a pas de *sigillum confessionis* qui ne puisse fondre au souffle de Sa Majesté.

— Et comme Son Eminence, reprit le roi, est prête à nous communiquer les secrets des autres, il attend de nous des confidences réciproques, et désire, comme de juste, savoir si les dames de Croye sont présentement sur notre territoire. Nous sommes désolé de ne pouvoir satisfaire sa curiosité, ignorant nous-même en quel endroit précis des demoiselles errantes, des princesses déguisées, des comtesses dans le malheur peuvent se cacher dans un royaume, beaucoup trop vaste, grâce à Dieu et à Notre-Dame d'Embrun, pour que nous puissions répondre aisément aux questions si raisonnables de Son Eminence. Mais, à supposer qu'elles soient chez nous, que dites-vous, Dunois, de la demande péremptoire de notre cousin ?

— Je vous répondrai, mon seigneur, à condition que vous me direz si c'est la guerre ou la paix que vous voulez, répondit Dunois avec cette brusque franchise qui plaisait tant au roi.

— Par la messe, repartit Louis, je serais aussi heureux de te communiquer mon dessein que toi de le connaître, si je savais ce que je veux. Mais, mettons que je sois pour la guerre : que faire de cette jeune héritière, si belle et si riche, toujours à supposer qu'elle soit sur mes terres ?

— Donnez-la en mariage à quelque galant gentilhomme de votre suite, qui ait un cœur pour l'aimer et un bras pour la protéger, dit Dunois.

— A toi, ha ! s'écria le roi. Pasques-Dieu ! tu es plus politique que je ne l'imaginais, avec toute ta rudesse. Mais au diable tous les discours : le sanglier est signalé. Lâchez les chiens, au nom de saint Hubert ! ha, ha, tra-la-la-lira-la ! » Et la corne du roi sonna joyeusement à travers les bois, pendant qu'il se mettait en chasse, suivi de deux ou trois de ses gardes, parmi lesquels se trouvait notre ami Quentin Durward. Trait de caractère bien singulier, au plus fort de son divertissement favori, le roi, cédant à son humeur caustique, trouva moyen de s'amuser à tourmenter le cardinal.

C'était un des faibles de cet homme d'Etat de se croire qualifié pour faire le courtisan et le galant, en dépit de sa naissance obscure et de son éducation négligée. Les chevaux de race, qu'il se procurait à tout prix, ne témoignaient pas plus de respect pour Son Eminence qu'ils n'en auraient montré à son père, l'homme de métier. Le roi n'ignorait pas cette circonstance; aussi, tantôt retenant et tantôt excitant son cheval, il suscita chez celui du cardinal un tel esprit de révolte, qu'il fut bientôt évident que monture et cavalier n'allaient pas tarder à se fausser compagnie. C'est le moment que choisit malicieusement le roi pour mettre le cardinal au désespoir en lui adressant des questions sur un certain nombre d'affaires importantes, et en lui donnant à entendre qu'il était disposé à lui communiquer quelques secrets d'Etat.

On ne peut pas imaginer de situation plus étrange que celle d'un membre du conseil privé forcé d'écouter son souverain et de lui répondre, pendant que chaque nouvelle gambade de son cheval le mettait dans une situation de plus en plus précaire. Dunois riait tout haut, sans se gêner. Louis, qui avait une manière à lui de rire en dedans, reprochait doucement à son ministre cette irrésistible passion pour la chasse, qui ne lui permettait pas de consacrer quelques instants aux affaires. « Je ne vous retiendrai pas plus longtemps », dit-il enfin, en rendant la bride à son propre cheval.

Sans donner le temps à La Balue de prononcer un mot d'excuses, le cheval prit le mors aux dents, laissant derrière lui le roi et Dunois, qui, continuant à une allure plus modérée, s'amusaient de la détresse de l'homme d'Etat.

Le cheval enfila une longue allée verte, atteignit la meute, renversa deux ou trois piqueurs, autant de chiens, et excité par les exclamations et les cris des chasseurs, dépassa le sanglier lui-même, qui, couvert d'écume, fuyait grand train. Le cardinal, épouvanté de se voir si près de l'animal furieux, se mit à crier à l'aide; le cri du cardinal, et peut-être la vue du sanglier, produisit sur le cheval un effet si subit, qu'il fit un écart, et le cavalier tomba lourdement sur le sol. Le puissant homme d'Eglise n'eut rien de plus pressé que de se sauver à quatre pattes, pour se mettre hors de la voie des chiens et des chasseurs, et toute la chasse défila devant lui sans songer à lui prêter assistance : les chasseurs de ce temps-là ne s'émouvaient pas plus que ceux du nôtre de ces sortes d'infortunes.

Quand toute la chasse eut fini de passer, un cavalier isolé, qui semblait être venu là plutôt pour voir le divertissement que pour y prendre part, s'approcha avec un ou deux suivants et exprima sa surprise de voir le cardinal à pied, sans cheval et sans escorte, dans un état à faire comprendre la nature de l'accident dont il avait été victime. Le comte de Crèvecœur, car c'était lui qui se rencontrait là si à point, descendit de cheval pour offrir ses services au cardinal. Il donna ordre à un de ses suivants de céder son cheval, qui était un palefroi doux et paisible, à Son Eminence. Le comte s'étonna que les coutumes de la cour de France permissent d'abandonner aux dangers de la chasse et de laisser sans secours l'homme d'Etat le plus avisé du royaume.

Le moment était bien choisi pour tenter sur la fidélité du cardinal une de ces attaques auxquelles il avait la faiblesse de ne pas savoir toujours résister. Déjà le matin, dans l'entrevue du comte et du cardinal, il s'était passé certaines choses que la défiance de Louis avait soupçonnées, et que l'homme d'Etat n'avait pas osé confier à son maître. Cependant, quoiqu'il eût appris avec trop de plaisir quel cas le duc de Bourgogne faisait de sa personne et de ses talents, quoiqu'il se fût senti tenté quand l'autre avait parlé de la munificence de son maître et des riches abbayes de Flandre, jusque-là il n'avait péché qu'en pensée. Ce fut l'irritation que lui avait causée sa chute et la blessure faite à sa vanité qui le décidèrent, dans une heure fatale, à montrer à Louis XI qu'il n'y a pas de plus dangereux ennemi qu'un ami et un confident offensé.

Pour le moment il pria le comte de Crèvecœur de se séparer de lui, afin d'éviter tout soupçon. Mais il lui donna rendez-vous pour le soir même, à l'abbaye de Saint-Martin de Tours, après les vêpres, et d'un ton à faire comprendre au Bourguignon que son maître venait de remporter un avantage inespéré, grâce à l'exaspération du cardinal.

Cependant le roi suivait la chasse, qu'un incident inattendu avait rendue encore plus intéressante pour lui. Un sanglier de deux ans avait croisé la trace du premier, et avait entraîné après lui tous les chiens, sauf deux ou trois couples de vieux routiers qui n'avaient pas pris le change. Le roi vit avec une joie diabolique Dunois comme les autres se lancer sur la fausse piste; il se faisait une grande fête de triompher de ce chevalier accompli dans l'art de la vénerie, qui était alors aussi glorieux que l'art de la guerre. Louis, qui était bien monté, suivit de près les chiens. De sorte que quand le sanglier aux abois leur fit tête, sur un terrain marécageux, il n'y avait à portée que le roi.

Louis montra toute la bravoure et toute l'adresse d'un chasseur expérimenté. Sans songer au danger, il poussa droit au redoutable animal, qui se défendait avec fureur contre les chiens, et le frappa de son épieu. Mais, comme le cheval n'osait s'approcher, le coup n'eut pas assez de force pour tuer le sanglier ou le mettre hors de combat. Aucun effort ne put décider le cheval à charger une seconde fois. Alors le roi mit pied à terre et s'avança vers le sanglier, ayant à la main une de ces épées courtes, larges, tranchantes et pointues dont on faisait usage en pareille occurrence. Le sanglier quitta aussitôt les chiens pour se ruer sur l'homme, pendant que le roi, prenant position et s'affermissant sur ses jambes, présentait à l'animal la pointe de l'épée, avec l'intention de le frapper à la gorge ou tout au moins au défaut de l'épaule. Dans ce cas, la bête, en vertu de son poids et de l'impétuosité de son élan, devait s'enferrer elle-même. Mais comme le terrain était humide, le pied du chasseur glissa au moment où il exécutait cette manœuvre délicate et périlleuse. La pointe de l'épée n'eut point de prise sur la cuirasse de soies hérissées, et Louis tomba à plat sur le sol. Ce fut heureux pour lui, car le sanglier, emporté par son élan, manqua également son ennemi, et ne fit que déchirer légèrement la casaque du chasseur au lieu de lui découdre la cuisse. Après avoir chargé à fond de train, le sanglier se retourna et revint sur Louis au moment où il se relevait. La vie du roi fut en grand danger. Juste à ce moment Quentin Durward, qui était resté un peu en arrière par la faute de son cheval, apparut sur le lieu de la scène et perça le sanglier de son épieu.

Le roi, qui avait eu le temps de se relever, vint à son tour à l'aide de Durward, et coupa la gorge au sanglier avec son épée. Avant d'adresser une parole au jeune écuyer, le roi mesura très exactement la bête, essuya la sueur de son front et le sang de ses mains, ôta son bonnet de chasse, le mit sur un buisson, adressa ses prières aux petites images de plomb, et, seulement alors, regardant Durward, lui dit : « Est-ce toi, mon jeune Écossais ? Voilà ce que j'appelle un bon début dans la vénerie, et maître Pierre te doit un aussi bon déjeuner que celui de la Fleur de Lis. Pourquoi ne dis-tu rien ? Au contraire des autres, tu as perdu à la cour toute ton audace et tout ton feu. »

Fin comme tout bon Écossais, Durward avait compris qu'il ferait bien de ne pas abuser de la permission d'être familier avec le maître. Il répondit en quelques mots bien choisis que, s'il osait prendre la parole, ce serait pour s'excuser de la hardiesse rustique avec laquelle il s'était conduit envers Sa Majesté, alors qu'il ignorait son rang.

« Chut ! l'ami, dit le roi ; je te pardonne ton impertinence en faveur de ton courage et de ton jugement. J'ai admiré combien tu avais été près de deviner le métier de mon compère Tristan. Il a été bien près, lui aussi, de te servir un plat de son métier, à ce que l'on m'a dit. Je te conseille de prendre garde à lui. Les bracelets qu'il vend sont trop durs et ses colliers trop serrés. Aide-moi à remonter à cheval. Tu me plais et je te ferai du bien. Ne compte sur personne que sur moi, pas même sur ton oncle ou sur lord Crawford... et ne dis rien du secours que tu m'as porté si à propos. Un homme qui se vante d'avoir aidé le roi en pareille passe doit se trouver assez payé par sa propre vantardise. »

Il sonna alors de sa corne et l'on vit apparaître Dunois et quelques personnes de la suite du roi. Louis reçut sans l'ombre d'embarras leurs compliments pour avoir tué un si noble animal. Il ordonna alors à Dunois de faire porter la tête aux moines de Saint-Martin, pour améliorer leur ordinaire pendant les fêtes et le rappeler à leur souvenir quand ils feraient leurs prières.

« Et, dit Louis, qui est-ce qui a vu Son Eminence monseigneur le cardinal? Ie me semble que ç'a été montrer bien peu de courtoisie et bien peu de respect pour la sainte Eglise que de le laisser à pied dans cette forêt.

— S'il plaît à Votre Majesté, Sire, dit Quentin, quand il vit que tout le monde gardait le silence, j'ai vu Sa Seigneurie le cardinal quitter la forêt sur un cheval qu'on lui avait prêté.

— Dieu prend soin des siens, répliqua le roi. En route pour le château, messeigneurs! La chasse est finie pour aujourd'hui. Vous, sire écuyer, ajouta-t-il en s'adressant à Quentin, ramassez-moi mon couteau de chasse que j'ai laissé échapper du fourreau près de l'animal. Vous Dunois, allez devant, je vous suis à l'instant. »

Louis, dont les moindres actions étaient souvent combinées comme des stratagèmes, se donna ainsi occasion de parler à Quentin en particulier. « Mon brave Ecossais, lui dit-il, tu as l'œil bon, à ce que je vois. Peux-tu me dire qui est-ce qui a prêté un cheval au cardinal? Ce ne peut-être qu'un étranger; car, du moment où j'avais passé sans m'arrêter, il était probable que les courtisans ne seraient pas non plus pressés de s'arrêter pour l'amour du cardinal.

— Sire, répondit Quentin, je n'ai vu qu'un instant ceux qui ont aidé Son Eminence, mais je crois que c'était l'ambassadeur de Bourgogne et ses gens.

— Ha! fit Louis. Et bien, soit! France saura leur tenir tête. »

CHAPITRE X
LA SENTINELLE

Quentin venait à peine de rentrer dans sa petite chambre pour apporter quelques changements nécessaires à son costume, lorsque son digne parent le requit de lui faire savoir tout ce qui lui était arrivé à la chasse.

Le jeune homme, qui commençait à connaître son oncle, eut bien soin de laisser au roi tout l'honneur de la mort du sanglier. Le Balafré prit texte là-dessus pour se vanter; c'est lui qui se serait mieux conduit en pareille circonstance ! et il reprocha doucement à son neveu de ne s'être pas empressé de porter secours au roi, au moment où il pouvait être en péril imminent. Le jeune homme répondit prudemment qu'il s'était conformé aux règles de la vénerie, en respectant le gibier attaqué par un autre chasseur, puisqu'il n'était pas spécialement appelé à prêter son assistance.

Cette discussion à peine terminée, Quentin eut lieu à s'applaudir de sa réserve. Quelqu'un frappa doucement à la porte, qui fut immédiatement ouverte, et Olivier Le Daim entra.

Il félicita Lesly sur l'excellente conduite de son jeune parent pendant la chasse, vu que cette conduite avait appelé tout particulièrement l'attention du roi. Il s'arrêta pour attendre une réponse, les yeux obstinément baissés, sauf quand il lançait un regard de côté sur Quentin. Le Balafré répondit que Sa Majesté avait joué de malheur, en ne l'ayant pas, lui, auprès de sa personne, au lieu de son neveu. Il aurait tué la bête d'un coup d'épieu, au lieu de laisser ce soin à Sa Majesté. « Mais, ajouta-t-il, ce sera une leçon pour Sa Majesté; pourquoi ne pas mieux monter un homme comme moi ? Comment mon énorme cheval flamand aurait-il pu suivre le coureur normand de Sa Majesté ? C'est un mauvais arrangement, maître Olivier, et il faudra en faire l'observation à Sa Majesté. »

Maître Olivier, pour toute réponse, lança au hardi soudard un de ses regards lents et soupçonneux, accompagné d'un léger mouvement de la main et d'une petite inclination de tête en côté; cette pantomime pouvait être interprétée comme un muet assentiment, ou comme une prière d'en rester là. Son regard était plus perçant et plus pénétrant lorsqu'il le fixa sur le jeune homme, en lui disant avec un sourire ambigu : « Ainsi, jeune homme, c'est la coutume en Ecosse de laisser les princes en danger faute d'aide, dans des circonstances comme celle d'aujourd'hui ?

— C'est notre coutume, répondit Quentin, bien décidé à ne pas s'expliquer davantage, de ne pas les gêner de notre assistance dans des divertissements honorables, quand ils peuvent se tirer d'affaire sans aide. Nous sommes d'avis qu'à la chasse un prince doit courir les mêmes risques que les autres, et que c'est pour cela qu'il y va. Qu'est-ce que serait la chasse, sans la fatigue et le danger ? »

Comme le Balafré voulait faire de nouveau la leçon à son neveu, Olivier lui dit :

« Seigneur Balafré, vous serez heureux sans doute d'apprendre que Sa Majesté, loin d'en vouloir à votre neveu, l'a choisi pour un service.

— L'a choisi, *lui?* s'écria le Balafré au comble de la surprise. Vous voulez dire sans doute m'a choisi, *moi?*

— Je veux dire précisément ce que je dis, répliqua le barbier, d'un ton doux, mais ferme. Le roi a une mission à lui confier.

— Mais mon neveu n'est pas même un franc archer ; il n'est qu'écuyer, et sert sous ma lance.

— Pardon, répondit Olivier, le roi s'est fait apporter le registre, il y a à peine une demi-heure, et il l'a enrôlé dans sa garde. Ayez la bonté d'aider votre neveu à se mettre en tenue de service. Qu'il apporte une arquebuse, car il montera la garde. »

Le Balafré n'était pas un méchant homme, et l'on ne peut pas dire qu'il fût enclin à la jalousie. Il se mit à arranger rapidement le costume de son neveu, tout en lui donnant des instructions sur l'attitude qu'il devait avoir sous les armes ; mais il ne pouvait s'empêcher d'entremêler ces deux occupations d'exclamations de surprise.

Jamais, se disait-il, pareille chose ne s'était vue dans la garde, pas même à propos de lui, le Balafré ; mais probablement Quentin allait monter la garde devant les papegais et les paons de l'Inde, dont l'ambassadeur de Venise avait fait récemment cadeau à Sa Majesté... Ce ne pouvait pas être autre chose ; et comme un pareil service ne pouvait convenir qu'à un jeune homme sans barbe (ici il retroussa ses longues moustaches), il était content que cette aubaine échût à son beau neveu.

Une fois équipé, Quentin mit son arquebuse sur son épaule

et suivit son guide. Sans traverser aucune des cours principales, Olivier le conduisit par des passages privés, quelquefois en plein air, mais la plupart du temps à travers un dédale d'escaliers, de voûtes, de galeries, qui communiquaient ensemble par des portes secrètes, jusqu'à une grande galerie tendue de tapisseries plus remarquables par leur ancienneté que par leur beauté. Comme elles représentaient les exploits des paladins de Charlemagne, et surtout ceux de Roland, on l'appelait la galerie de Roland.

« C'est ici que vous monterez la garde, dit Olivier à voix basse.

— Quelle est la consigne et quel est le mot d'ordre? demanda Quentin.

— Votre arquebuse est-elle chargé? répliqua Olivier sans répondre à sa question.

— Ce sera bien vite fait », dit Quentin, et, ayant chargé son arme, il alluma aux cendres d'un feu de bois qui achevait de s'éteindre dans l'énorme cheminée la petite mèche qui servait à enflammer la poudre.

Alors Olivier lui dit qu'il ignorait l'un des plus grands privilèges de son corps, lequel était de ne recevoir d'ordres que du roi en personne ou du grand connétable, et non pas des officiers. « Vous êtes placé ici, jeune homme, ajouta Olivier, par ordre de Sa Majesté, et vous ne tarderez pas à savoir ce que l'on attend de vous. Adieu, et faites bonne garde. »

« Bonne garde! se dit le jeune soldat, pendant qu'Olivier disparaissait sans bruit, bonne garde! mais sur qui et contre qui? »

Aux deux extrémités opposées de cette longue galerie, il y avait deux grandes portes, ornées de lourdes architraves; ces deux portes donnaient probablement accès à différents appartements, que la galerie mettait en communication. Comme la sentinelle allait et venait de l'une à l'autre extrémité de la galerie, son oreille fut soudainement frappée par des accords musicaux qui partaient de derrière l'une des deux portes. Dans l'imagination de Quentin, ces accords semblaient produits par l'union du même luth et de la même voix qui l'avaient charmé à l'hôtellerie de la Fleur de Lis. Tous ses rêves de la veille lui revinrent à la fois. Planté à l'endroit d'où il pouvait le mieux entendre, Quentin demeurait immobile, l'arquebuse sur l'épaule, la bouche entr'ouverte, ayant bien plutôt l'air de la statue d'une sentinelle que d'une sentinelle vivante.

Tout à coup une main se posa lourdement sur son arquebuse, et une voix rude lui cria à l'oreille : « Ha! Pasques-Dieu! sire écuyer, m'est avis que vous montez la garde en dormant! »

C'était la voix basse, et en même temps mordante et ironique, de maître Pierre. Quentin, soudainement rappelé à lui-même, s'aperçut avec un mélange de honte et d'effroi que, perdu dans sa rêverie, il avait laissé Louis en personne, entré sans doute par quelque porte secrète et se glissant le long de la muraille ou derrière la tapisserie, s'approcher de lui au point de lui enlever presque son arme.

Dans sa surprise, son premier mouvement fut de dégager son arquebuse par une violente secousse, qui fit chanceler Louis et le rejeta en arrière. Alors il lui vint une autre crainte. En obéissant à cet instinct tout animal, qui pousse un homme de courage à résister à toute tentative que l'on fait pour le désarmer, il avait aggravé, par une lutte personnelle avec le roi, le mécontement qu'avait dû lui causer sa négligence. Sous cette impression, il reprit son arquebuse sans presque savoir ce qu'il faisait. L'ayant remise sur son épaule, il demeura immobile en face du roi, qu'il avait des raisons de croire mortellement offensé.

Louis se contenta de lui dire : « Ton service de ce matin rend plus qu'excusable un peu de négligence chez un soldat si jeune. As-tu dîné? »

Quentin, qui s'attendait pour le moins à être expédié au prévôt, plutôt qu'à s'entendre adresser une pareille question, répondit humblement que non.

« Pauvre garçon, dit Louis avec une douceur qui était bien rare chez lui, c'est la faim qui l'a assoupi. Je sais que ton appétit est un loup, ajouta-t-il, et je veux te sauver de cette bête sauvage comme tu m'as sauvé de l'autre; tu as été prudent aussi sur ce sujet et je t'en remercie. Peux-tu rester encore une heure à jeun ?

— Vingt-quatre, Sire, répliqua Durward; autrement je ne serais pas un vrai Écossais.

— Je ne voudrais pas, pour un second royaume, être le pâté qui aurait à subir ton attaque après un pareil jeûne, dit le roi. J'admets à ma table aujourd'hui, dans le plus grand secret, le cardinal La Balue et le Bourguignon... le comte de Crèvecœur, et le hasard peut faire... le diable a de la besogne lorsque des ennemis se rencontrent en vertu d'une trêve. »

Il s'arrêta et garda le silence : sa physionomie avait une expression de profondeur et de tristesse. Comme le roi ne se pressait pas de continuer, Quentin, à la fin, se hasarda à lui demander quel devait être son rôle dans ces circonstances.

LA SENTINELLE

« Faire bonne garde derrière le buffet avec ton arme chargée, dit Louis, et, en cas de trahison, tuer le traître.

— Trahison ! Sire, dans ce château si bien gardé ! s'écria Durward.

— Tu crois que c'est impossible, dit le roi, sans paraître s'offenser de sa franchise; mais notre histoire a prouvé que la trahison peut se glisser par le trou d'une vrille. La trahison arrêtée au passage par des gardes ! Jeune innocent que tu es ! *Quis custodiet ipsos custodes ?...*, qui gardera les gardes eux-mêmes ?

— Leur honneur écossais, répondit hardiment Durward.

— Vrai, très juste... Tu me plais, dit gaiement le roi : l'honneur écossais a toujours été fidèle; aussi je m'y fie. Mais la trahison !... » Ici il retomba dans son accès de tristesse... « Elle s'assied à nos festins, elle étincelle dans nos coupes, elle porte la barbe de nos conseillers, elle a le sourire de nos courtisans, le rire insensé de nos bouffons; mais surtout elle se cache sous l'air amical d'un ennemi réconcilié. Louis d'Orléans se fia à Jean de Bourgogne, et il fut assassiné dans la rue Barbette. Jean de Bourgogne se fia à la faction d'Orléans, et il fut assassiné au pont de Montereau. Je ne me fierai à personne. Ecoute : j'aurai l'œil sur ce comte insolent, et aussi sur cet homme d'Eglise, que je ne crois pas très fidèle. Quand je dirai : *Ecosse, en avant !* tue Crèvecœur sur place.

— C'est mon devoir, répondit Quentin, du moment que la vie de Votre Majesté est menacée.

— Certainement, dit le roi, c'est bien comme cela que je l'entends. Suis-moi. »

Louis fit passer le jeune garde par la porte de côté qu'il avait prise lui-même pour s'introduire dans la salle. Il lui dit en la lui montrant : « Celui qui veut réussir à la cour doit connaître les portes secrètes et les escaliers dérobés, et les trappes et les pièges de la place aussi bien que les entrées principales, les portes à deux battants et les porches. »

Après avoir fait plusieurs détours et traversé plusieurs passages, le roi entra dans une petite pièce voûtée où il y avait une table avec trois couverts. L'ameublement de cette pièce était simple jusqu'à la pauvreté. Un grand buffet, portant quelques pièces de vaisselle d'or et d'argent, était le seul objet qui pût rappeler à peu près que l'on était dans le palais d'un roi. Derrière ce buffet, et complètement dissimulé par lui, était le poste assigné à Quentin Durward. Louis ajouta ces quelques mots à ses instructions : « Si ton arquebuse rate, saute sur

Crèvecœur et sers-toi de ton couteau. Olivier et moi nous nous chargeons du cardinal. »

Ayant ainsi parlé, il siffla; le coup de sifflet fit paraître Olivier, qui était premier valet de chambre, aussi bien que barbier; Olivier était accompagné deux vieux domestiques, destinés à faire à eux seuls le service de la table royale.

Le roi accueillit ses visiteurs avec un degré de cordialité que Quentin eut bien de la peine à mettre d'accord avec les instructions qu'il avait reçues : rien ne pouvait être plus digne et en même temps plus courtois que ses manières. Quentin fut tenté de supposer ou bien que toute sa conversation avec Louis était un rêve, ou bien que le respect du cardinal et les allures franches, ouvertes et aimables du noble Bourguignon avaient dissipé tout ses soupçons.

Ayant entièrement oublié en apparence le langage tenu par Crèvecœur devant toute sa cour, Louis s'entretenait avec lui du bon vieux temps, des événements qui avaient eu lieu pendant son propre exil en Bourgogne; il s'enquérait de tous les nobles avec qui il avait été familier, comme si cette période eût été la plus heureuse de sa vie, et comme s'il eût été animé des sentiments les plus affectueux et les plus reconnaissants envers ceux qui avaient contribué à adoucir son exil.

« A l'ambassadeur de toute autre nation, disait-il, j'aurais fait une réception d'apparat. Mais à un vieil ami, qui s'est assis à ma table au château de Genappes, j'ai voulu me montrer moi-même tel que je suis, le vieux Louis de Valois, aussi simple et aussi bourgeois qu'aucun de nos badauds parisiens. Mais j'ai donné des ordres pour qu'on nous fît meilleure chère qu'à l'ordinaire, sire comte, car je connais votre proverbe bourguignon : *Mieux vaut bon repas que bel habit*. Quant à notre vin, vous savez que c'est l'objet d'une vieille émulation entre la France et la Bourgogne; nous allons tâcher de mettre aujourd'hui les deux pays d'accord. Car je boirai à votre santé, sire comte, avec du bourgogne, et vous à la mienne avec du champagne. Ici, Olivier, versez-moi une coupe de *vin d'Auxerre* », et il fredonna une chanson bien connue à cette époque :

Auxerre est la boisson des Rois.

— Sire comte, je bois à la santé du noble duc de Bourgogne, notre bon et aimé cousin. Olivier, remplissez cette coupe d'or de *vin de Reims* et présentez-la au noble comte, le genou en terre... : il représente notre aimé frère. Monseigneur le Cardinal, nous remplirons votre coupe nous-même.

— Vous l'avez déjà remplie jusqu'à la faire déborder, dit le cardinal, avec cette mine basse des favoris qui s'adressent à un maître indulgent.

— Parce que nous savons que Votre Eminence peut la porter d'une main ferme. Mais quel parti prenez-vous dans cette grande controverse... Sillery ou Auxerre, France ou Bourgogne?

— Je resterai neutre, sire, dit le cardinal, et je boirai de l'auvernat.

— La position des neutres a ses périls, reprit le roi »; mais, voyant que le cardinal rougissait légèrement, il changea de sujet et dit : « Vous préférez l'auvernat, parce que c'est un noble vin qui ne souffre pas l'eau. Vous, comte, vous hésitez à vider votre coupe. J'espère que vous n'avez trouvé au fond aucune amertume nationale?

— Je voudrais, sire, dit le comte de Crèvecœur, voir toutes les querelles de nation à nation se terminer aussi agréablement que la lutte entre nos crus.

— Avec le temps, sire comte, répondit le roi, avec le temps, juste le temps que vous avez mis à boire votre champagne. Et maintenant que vous avez vidé la coupe, gardez-la comme un gage de notre affection. »

Le comte répondit comme il convenait, et Louis se livra sans contrainte à cette verve de plaisanterie satirique qui égayait quelquefois son caractère, généralement sombre. Il tint naturellement le dé de la conversation. Ses remarques, toujours fines et caustiques, souvent même spirituelles, n'étaient jamais d'une gaîté inoffensive, et les anecdotes qui lui servaient à les mettre en lumière étaient plus plaisantes que délicates. Mais pas une seule fois il ne laissa deviner la disposition d'esprit d'un homme qui, craignant d'être assassiné, a derrière lui un soldat armé, avec consigne d'empêcher ou de prévenir toute attaque contre sa personne. Au bout d'une heure et demie, le festin terminé, le roi, prenant avec courtoisie congé de ses hôtes, leur fit comprendre ainsi qu'il désirait être seul.

Aussitôt que tous eurent disparu, même Olivier, il fit sortir Quentin de sa cachette. Quentin remarqua que sa voix était faible, et, en s'approchant de lui, il put observer qu'il s'était produit aussi un grand changement dans sa physionomie.

« Ta faction n'est pas finie, dit le roi; rafraîchis-toi, il y a de quoi sur cette table. Pendant ce temps-là, je te ferai savoir ce que j'attends encore de toi. »

Alors il se rejeta sur son siège, se couvrit le front de sa main, et garda le silence

CHAPITRE XI
LA GALERIE DE ROLAND

Avec une patience que beaucoup d'autres princes auraient trouvée dégradante, la patience d'un homme qui s'amuse, le roi de France attendit que son garde du corps eût satisfait les exigences d'un appétit de vingt ans. On peut supposer d'ailleurs que Quentin eut le bon sens et la prudence de ne pas faire mettre la patience du roi à une trop longue épreuve. Plusieurs fois il voulut interrompre son repas, ce fut Louis qui l'en empêcha. « Je vois dans ton œil, lui disait-il d'un ton de bonne humeur, que ton courage n'est pas seulement à moitié dompté. En avant ! Dieu et Saint-Denis ! Encore une charge ! Ah ! maintenant, n'oublie pas ton *bénédicite* et suis-moi. »

En suivant le même chemin, le roi le ramena dans la galerie de Roland.

« Fais bien attention, dit le roi d'un ton de commandement : tu n'as pas quitté ce poste un seul instant, c'est ce que tu as à répondre à ton parent et à tes camarades. Et puis, écoute bien, pour fixer ce souvenir dans ta mémoire, je te donne cette chaîne d'or. » Et il lui jeta sur le bras une chaîne d'or d'une valeur considérable. « Si ma mise est des plus simples, ceux en qui j'ai confiance ont toujours les moyens de faire figure. Mais quand une chaîne comme celle-ci ne suffit pas pour lier la langue d'un homme, mon compère l'Hermite a une amulette pour la gorge, qui opère des merveilles. Et maintenant, attention ! Aucun homme, sauf Olivier et moi, n'entre ici ce soir. Mais il viendra des dames, par une des portes, peut-être par l'autre, peut-être une par chaque porte. Tu peux leur répondre, si elles t'adressent la parole ; seulement, comme tu es de garde, ta réponse doit être brève. Mais tu ne dois pas leur adresser la parole, ni engager avec elles une conversation prolongée. Seulement écoute ce qu'elles disent. Tes oreilles sont à mon service aussi bien que tes mains. Je t'ai acheté, corps et âme. En conséquence, si tu entends quelque chose de leur conversation, garde-le dans ta mémoire jusqu'à ce que tu me l'aies communiqué, après quoi tu l'oublieras. Maintenant que j'y pense, il vaudra mieux qu'on te prenne pour une recrue écossaise, arrivant tout droit de ses montagnes et ne sachant pas encore un mot de notre langue. Bon. Si on te parle, ne réponds pas; cela mettra les gens à leur aise et ils parleront plus librement devant toi. Tu me comprends. Adieu. Sois prudent, et tu as un ami. »

Quentin se mit à réfléchir. Évidemment la dame au luth était une des personnes sur lesquelles le roi avait appelé son attention. Il se promit donc de suivre en partie les instructions du roi, et d'écouter chaque parole qui tomberait de ses lèvres, pour savoir si la magie de sa conversation allait de pair avec le charme de sa musique. Mais il se jura non moins sincèrement de ne rapporter au roi que les paroles qui ne pourraient faire aucun tort à la dame de ses pensées.

A la fin, il entendit craquer et crier une porte. Mais hélas! ce n'était pas celle derrière laquelle il avait entendu la musique. La porte s'ouvrit donc, et une femme entra, escortée de deux autres, auxquelles elle fit signe de ne pas la suivre. Rien qu'à sa démarche inégale, Quentin reconnut la princesse Jeanne. Avec le respect dû à son rang, le jeune garde se redressa, prit une attitude de silencieuse vigilance, et abaissa son arquebuse devant elle, lorsqu'elle passa pour gagner l'autre extrémité de la galerie. Elle lui rendit son salut par une gracieuse inclination de tête, et il eut le temps de la voir plus distinctement que le matin.

Pendant qu'il la suivait du regard, avec un mélange de curiosité et de compassion, deux dames apparurent à la porte vers laquelle elle se dirigeait.

L'une d'elles était la jeune fille qui, sur l'ordre de Louis, était venue lui servir des fruits pendant que Quentin faisait honneur au fameux déjeuner à la Fleur de Lis. Il la trouva beaucoup plus belle que la veille, sans doute parce qu'il avait appris depuis que c'était une comtesse, une riche héritière, et non pas la fille d'un hôtelier. Sa toilette pourtant était toujours aussi simple; c'était un costume de grand deuil, sans ornements.

Quand il aurait dû lui en coûter la vie, Durward n'aurait pu s'empêcher de rendre à la jeune comtesse et à sa compagne le même hommage qu'il avait rendu à la princesse de sang royal. Elles reçurent son salut comme des personnes habituées au respect des inférieurs et le lui rendirent avec courtoisie. Le jeune soldat se figura, et peut-être était-ce une simple illusion, que la jeune dame, au moment où elle répondait à son salut militaire, avait rougi légèrement en baissant les yeux.

Sa compagne, en grand deuil comme elle, était arrivée à cet âge où les femmes tiennent plus que jamais à leur réputation de beauté. On voyait qu'elle n'avait pas encore renoncé à plaire. Elle était grande et gracieuse, avec une démarche peut-être un peu hautaine. Elle rendit à Quentin son salut avec un sourire de gracieuse condescendance. L'instant d'après, elle dit tout bas à sa compagne quelques mots à l'oreille; la jeune fille se tourna vers le soldat, par complaisance, et répondit quelques mots à l'autre dame, mais sans lever les yeux. Quentin ne put s'empêcher de croire que l'aînée des deux dames avait fait allusion à sa bonne mine.

Mais il n'eut bientôt d'yeux et d'oreilles que pour la rencontre de la princesse Jeanne avec les deux étrangères. A leur apparition, elle était restée immobile pour les recevoir, et comme embarrassée de sa personne. L'aînée des deux dames, ignorant encore à qui elle parlait, prenait les airs d'une personne qui confère un honneur au lieu d'en recevoir un.

« Je suis heureuse, madame, dit-elle avec un sourire de condescendance et d'encouragemnt, qu'on nous octroie enfin la société d'une personne aussi respectable que vous paraissez l'être. Je dois dire que ma nièce et moi nous n'avons pas eu jusqu'ici grandement à nous louer de l'hospitalité du roi Louis. Non, ma nièce, ne me tirez pas par la manche, je suis sûre que je lis dans les regards de cette jeune dame de la sympathie pour notre situation. Depuis notre arrivée, belle madame, nous n'avons pas été beaucoup mieux traitées que des prisonnières. Après nous avoir invitées mille fois à mettre notre cause et nos personnes sous la protection de la France, le roi Très Chrétien nous a donné d'abord pour résidence une vulgaire auberge, et ensuite un recoin de ce vieux château, d'où l'on ne nous permet de sortir qu'au coucher du soleil, comme si nous étions des chauves-souris ou des hiboux.

— Je regrette, dit la princesse, embarrassée au point de bégayer, que nous ayons été empêchés jusqu'ici de vous recevoir selon vos mérites. Votre nièce, j'en suis sûre, est plus satisfaite.

— Beaucoup, beaucoup plus que je ne puis l'exprimer, répondit la jeune comtesse. Je ne demandais qu'une chose, être en sûreté, et j'ai trouvé par surcroît le secret et la solitude.

— Silence, petite sotte, dit l'autre dame; parlons selon notre conscience. Je l'avoue, ce voyage ne me laisse que des regrets. Je comptais sur une magnifique réception, tournois, carrousels, fêtes de toute espèce; au lieu de cela, je n'ai trouvé que la reclusion et l'obscurité. La meilleure société que le roi nous ait présentée, ç'a été un bohémien vagabond, pour nous servir d'intermédiaire dans notre correspondance avec nos amis de Flandre. Qui sait? Peut-être songe-t-il à nous tenir en cage pour le reste de notre vie, afin de se saisir de nos Etats, après l'extinction de l'ancienne famille de Croye. Le duc de Bourgogne n'était pas si cruel : il offrait à ma nièce un mari, un mauvais mari, il est vrai.

— J'aurais cru le voile préférable à un mauvais mari, dit la princesse, qui avait eu beaucoup de peine à trouver l'occasion de placer un mot.

— On voudrait au moins avoir le choix, madame, répliqua la dame qui parlait avec tant de volubilité. C'est, Dieu le sait, pour le compte de ma nièce que je parle; car, pour moi, il y a longtemps que j'ai renoncé à l'idée de changer de condition. Vous souriez? eh bien! par la messe, c'est vrai; mais ce n'est pas là une excuse pour le roi, dont la conduite, comme la personne me fait songer plutôt à ce vieux Michaud, le changeur de Gand, qu'au successeur de Charlemagne.

— Arrêtez! dit la princesse, non sans quelque âpreté, souvenez-vous que vous parlez de mon père.

— De votre père! s'écria la dame fort surprise.

— De mon père, répéta la princesse avec dignité. Je suis Jeanne de France. Mais ne craignez rien, madame, reprit-elle avec sa douceur habituelle, vous n'aviez pas l'intention de m'offenser et je ne me sens pas offensée. Usez de mon influence pour rendre plus supportable votre exil et celui de votre charmante nièce. Hélas! c'est bien peu de chose que ce que je puis offrir, mais je l'offre de bon cœur. »

Ce fut avec une profonde révérence que la comtesse Hameline de Croye (tel était le nom de la tante) reçut l'offre obligeante de la princesse.

La princesse Jeanne s'assit avec une dignité qui lui allait fort bien, et pria les deux étrangères de s'asseoir à leur tour, l'une à sa droite, l'autre à sa gauche. La plus jeune accepta cette offre avec une timidité qui n'était point jouée; la tante avec une affectation de profonde humilité et de profonde déférence. Elles entamèrent alors une conversation; mais elles parlaient si bas, que la sentinelle ne pouvait rien entendre.

Les dames causaient depuis un quart d'heure à peine, quand une porte s'ouvrit, livrant passage à un homme qui avait les épaules couvertes d'un manteau de cavalier. Se conformant aux ordres du roi, Quentin marcha droit à lui, et lui enjoignit de se retirer immédiatement.

« Par ordre de qui ? demanda l'étranger, d'un ton de dédaigneuse surprise.

— Par ordre du roi, répondit Quentin avec fermeté.

— La consigne ne concerne pas le duc d'Orléans », dit le duc, en se dépouillant de son manteau.

Le jeune homme hésita un instant; mais comment employer la force contre le premier prince du sang, sur le point, à ce que l'on disait, de s'allier à la famille même du roi ?

— Votre Altesse, dit-il, est un trop grand personnage pour que je m'oppose à son bon plaisir. J'espère que Votre Altesse voudra bien me rendre ce témoignage, que j'ai fait mon devoir, dans la mesure où me le permettait sa volonté.

— On ne vous blâmera pas, jeune soldat », dit d'Orléans; et passant outre, il rendit ses devoirs à la princesse, avec cet air de contrainte qui ne le quittait jamais quand il s'adressait à elle.

« Il avait dîné, dit-il, avec Dunois; et, apprenant qu'il y avait de la société dans la galerie de Roland, il avait osé prendre la liberté de se présenter. »

La pauvre princesse rougit, ce qui la rendit presque jolie, et se hâta de présenter le prince aux deux comtesses de Croye, qui l'accueillirent avec le respect dû à son rang. La princesse, lui montrant une chaise, l'engagea à prendre part à la conversation.

Le duc déclina l'offre qui lui était faite et refusa la liberté de s'asseoir sur un siège en si haute société; mais, prenant un coussin sur un des bancs, il le déposa aux pieds de la jolie comtesse de Croye, et s'assit dessus de façon à lui accorder la plus grande part de son attention, sans avoir l'air de négliger la princesse.

Le compliments qu'il lui prodiguait ne faisaient réellement plaisir qu'à une seule personne de la société : la comtesse Hameline. Elle voyait déjà en espérance la dignité d'une alliance entre le premier prince du sang et sa nièce, dont la naissance, la beauté et la richesse auraient pu justifier une pareille ambition, si l'on avait pu mettre de côté les projets de Louis XI. La jeune comtesse n'écoutait les galanteries du duc qu'avec un mélange d'inquiétude et d'embarras, et de temps à autre jetait un regard suppliant à la princesse, comme pour lui demander de venir à son aide. Mais l'offense faite aux sentiments de Jeanne et sa timidité naturelle la rendaient incapable de tout effort pour rendre la conversation générale.

Bientôt, sauf quelques interjections polies de dame Hameline, le dé de la conversation fut tenu uniquement par le duc, qui avait pris pour texte de ses compliments la beauté de la jeune fille.

A la fin, la comtesse Isabelle fit un effort décisif pour couper court à une scène d'autant plus pénible pour elle qu'elle souffrait du chagrin de la princesse Jeanne.

Quant à la princesse, incapable de supporter plus longtemps de se voir négligée par son fiancé, elle se renversa en soupirant contre le dossier de sa chaise. Ce soupir rappela le duc de la région des romans; dame Hameline demanda aussitôt si Son Altesse se trouvait mal.

« Un élancement soudain au front, dit la princesse, en essayant de sourire; mais cela sera passé dans un instant. »

Mais sa pâleur croissante donnait un démenti à sa parole; la comtesse Hameline demanda de l'aide, car la princesse était sur le point de s'évanouir.

Le duc, se mordant la lèvre, et maudissant la folie qui l'empêchait de veiller sur sa langue, s'élança pour aller avertir les suivantes de la princesse, qui se tenaient dans la pièce voisine. Lorsqu'elles accoururent, avec les remèdes ordinaires, le prince ne put se dispenser, en sa qualité de cavalier et de gentilhomme, de prêter son assistance pour la soutenir et la faire revenir à elle.

CHAPITRE XII

LE POLITIQUE

Louis, entrant alors dans la galerie, fronça les sourcils et lança un regard perçant sur toutes les personnes présentes.

Ce fut au duc d'Orléans qu'il s'adressa tout d'abord :

« Vous ici, mon beau cousin ? » dit-il; puis, se tournant vers Quentin, il lui dit sévèrement :

« Et ta consigne ?

— Pardonnez à ce jeune homme, dit le duc; il n'a pas négligé son devoir; mais j'avais été averti que la princesse se trouvait dans la galerie.

— Et Jeanne a été souffrante, à ce que je vois ? reprit le roi; mais ne vous inquiétez pas, Louis; cela sera bientôt passé; offrez-lui votre bras jusqu'à son appartement, pendant que je reconduirai ces dames étrangères au leur. »

C'était presque un ordre : aussi le duc d'Orléans sortit avec la princesse par une des extrémités de la galerie, pendant que le roi, dégantant sa main droite, conduisit courtoisement la comtesse Isabelle et sa parente à leur appartement, qui s'ouvrait à l'autre extrémité. Il s'inclina profondément pendant qu'elles entraient, et resta immobile sur le seuil une minute après qu'elles eurent disparu. Ensuite, avec le plus grand calme, il ferma la porte, donna un tour à la grosse clef, et l'ayant retirée, la suspendit à sa ceinture.

D'un pas lent, tout pensif, les yeux baissés, il se dirigea vers Quentin Durward, qui, pensant avoir encouru le déplaisir du roi, le vit s'approcher non sans anxiété.

« Tu as eu tort, dit le roi, en levant les yeux et en les fixant sur lui, tu as manqué à ton devoir et tu mérites la mort. Pas un mot pour te défendre. Qu'as-tu affaire de ducs et de princesses ! Qu'avais-tu à t'occuper d'autre chose que de mes ordres ?

— Plaise à Votre Majesté, dit le jeune soldat, que pouvais-je faire ?

— Ce que tu pouvais faire lorsque l'on forçait ta consigne ? répondit dédaigneusement le roi; à quoi peut servir l'arme que tu as sur l'épaule ? Tu n'avais qu'à viser, et si le présomptueux rebelle ne se retirait à l'instant, il fallait le tuer sur place ! Sors par cette porte, elle donne sur un grand escalier qui te conduira dans une des cours intérieures; tu y trouveras Olivier et tu me l'enverras; ensuite tu retourneras à ta caserne. Pas un mot de ce tu as vu ou entendu, si tu tiens à ta vie. »

Heureux de s'en tirer à si bon compte, et révolté en même temps de la froide cruauté que le roi exigeait des gens dans l'accomplissement de leur devoir, Quentin se hâta de suivre les instructions de son maître et de lui envoyer Olivier.

Quand le domestique favori entra dans la galerie de Roland, il y trouva Louis, assis tout pensif sur la chaise que sa fille venait de quitter. Connaissant à fond le caractère de son maître, il se glissa sans bruit de façon à passer à portée de son rayon visuel pour l'avertir de sa présence, après quoi il se retira modestement à l'écart pour attendre son bon plaisir.

Les premières paroles du roi furent des paroles de reproche. « Ainsi, Olivier, vos beaux projets s'en vont fondant comme la neige au souffle du vent du sud.

— J'ai appris avec peine que tout ne va pas bien, sire, répondit Olivier.

— Pas bien! s'écria le roi, qui se leva et se mit à marcher d'un pas agité; tout va mal, l'ami; à peu près aussi mal que possible. Faut-il que j'aie prêté l'oreille à tes jolis conseils romanesques! faut-il que moi, précisément, j'aie été me faire le protecteur de demoiselles en détresse! Je te dis que Bourgogne arme en ce moment, et qu'il est sur le point de conclure alliance avec l'Angleterre. Et Édouard, qui n'a rien de mieux à faire, va lancer sur nous ses armées par cette malheureuse porte de Calais. Séparés, je pourrais les flatter ou les défier, mais réunis, réunis...; et puis, avec cela, le mécontentement et la perfidie de ce traître de Saint-Pol. Et tout cela par ta faute, Olivier, car c'est toi qui m'as conseiller de recevoir ces femmes, et d'employer ce damné Bohémien pour porter leurs messages à leurs vassaux.

— Monseigneur, dit Olivier, vous savez mes raisons Les domaines de la comtesse sont situés entre la Bourgogne et la Flandre, son château est presque imprenable, ses droits sur les domaines voisins sont tels, que, convenablement soutenus, ils peuvent causer beaucoup d'ennui au duc de Bourgogne, dans le cas où la dame aurait épousé un ami de la France.

— C'est, oui, c'est une amorce bien faite pour tenter, dit le roi; si nous avions pu seulement cacher sa présence ici, nous aurions trouvé moyen de lui faire faire un mariage profitable à la France. Mais ce maudit Bohémien! comment as-tu pu me recommander un païen de cette espèce pour une mission de confiance !

— Qu'il vous plaise, dit Olivier, de vous souvenir que c'est Votre Majesté elle-même qui lui a témoigné trop de confiance, plus de confiance que je ne le recommandais. On pouvait se fier à lui pour porter une lettre de la comtesse à son parent, avec ordre de bien garder le château et promesse de le secourir promptement; mais Votre Majesté a voulu mettre à l'épreuve sa science prophétique, et c'est ainsi qu'il a connu des secrets qui valaient la peine d'être vendus au duc de Bourgogne.

— J'en ai honte, j'en ai honte, reprit Louis. Le Bohémien a eu ce qu'il méritait, et la paix soit avec lui. Mais ces dames... Non seulement Bourgogne nous menace de la guerre si nous leur donnons asile, mais leur présence peut mettre obstacle à mes projets dans ma propre famille. Mon pauvre cousin d'Orléans a à peine entrevu cette demoiselle, et je me hasarderai à prophétiser que ce simple coup d'œil suffira peut-être pour le rendre rétif à cette alliance avec Jeanne.

— Votre Majesté, répondit le conseiller, peut renvoyer les dames de Croye au duc de Bourgogne et faire ainsi sa paix avec lui. Certaines gens pourraient murmurer sous prétexte que ce n'est pas honorable; mais si la nécessité réclame ce sacrifice...

— S'il y avait profit à faire le sacrifice, Olivier, il serait accompli sans hésitation. Mais ce qui serait pire que le manque à l'honneur, ce serait, en renvoyant ces dames à Bourgogne, de détruire toutes les chances de profit qui nous ont décidé à leur donner asile. Quel crèvecœur de manquer l'occasion de planter un de nos amis et un ennemi de Bourgogne au centre même de ses domaines, et si près des remuantes cités de Flandre. Olivier, je ne puis renoncer aux avantages que semble nous promettre le mariage de cette petite fille avec un ami de notre maison.

— Votre Majesté, dit Olivier après un moment de réflexion, pourrait accorder sa main à quelque ami sûr et fidèle, qui prendrait tout le blâme sur lui et servirait secrètement Votre Majesté, tandis qu'en public vous pourriez le désavouer.

— Mais où trouver un pareil ami ? demanda Louis. Supposons que je donne sa main à l'un de nos nobles mutins et mal disciplinés, ne serait-ce pas le rendre indépendant ? Et ma politique n'a-t-elle pas été depuis des années de les empêcher de le devenir ? Dunois peut-être..., c'est le seul à qui je pourrais me fier. Il combattrait pour la couronne de France, si haut qu'on l'eût élevé. Mais les honneurs et la richesse changent la nature des hommes..., je ne pourrais pas me fier même à Dunois.

— Votre Majesté pourrait en trouver d'autres, dit Olivier de sa voix la plus douce et la plus insinuante, des hommes entièrement à la merci de votre grâce et de votre faveur, des hommes qui ne pourraient pas plus subsister sans votre soutien qu'ils ne pourraient vivre sans soleil et sans air; gens de tête plutôt que d'action, des hommes qui...

— Des hommes comme toi, ha! dit le roi Louis. Non, Olivier, par ma foi, voilà une flèche qui a parti trop vite! Et quoi! parce que je veux bien t'accorder ma confiance et te permettre de lever quelques petits tributs sur mes vassaux, crois-tu que cela te rende digne d'épouser cette belle damoiselle, et de devenir un comte de premier ordre par-dessus le marché? Toi, toi, dis-je, dont la naissance est basse, l'éducation négligée, dont la sagesse est tout au plus une sorte de finasserie, et dont le courage est plus que douteux?

— Votre Majesté m'impute une présomption dont je ne suis pas coupable, dit Olivier, en supposant que j'aie des visées si hautes.

— Je suis heureux de te l'entendre dire, l'ami, répliqua le roi, et, en vérité, je n'en ai que meilleure opinion de ton jugement, puisque tu désavoues de pareils rêves. Mais, à mon avis, ton langage pouvait prêter à cette interprétation. Eh bien! revenons à nos moutons. Je n'ose pas marier la comtesse à l'un de mes sujets..., je n'ose pas la renvoyer en Bourgogne..., je n'ose pas la faire passer en Angleterre ou en Allemagne, où elle risquerait d'épouser quelque galant plus disposé à s'allier avec la Bourgogne qu'avec la France, et qui aimerait mieux décourager les honnêtes mécontents de Gand et de Liège que de les soutenir contre Charles le Téméraire, ceux de Liège surtout. A eux seuls, bien excités et bien soutenus, ils donneraient du fil à retordre à mon beau cousin pour plus de douze mois. Et s'ils avaient derrière eux un belliqueux comte de Croye... Oh! Olivier! c'est un plan qui promet trop pour qu'on y renonce sans coup férir. Ta cervelle matoise ne peut-elle imaginer quelque biais? »

Olivier réfléchit longtemps et finit par répondre : « Eh bien! si l'on pouvait fiancer Isabelle de Croye et ce jeune Adolphe, duc de Gueldre?

— Quoi! s'écria le roi avec surprise; la sacrifier, elle, une si charmante créature, à ce misérable, à ce fou furieux, qui a déposé, emprisonné son père, et plus d'une fois l'a menacé de l'assassiner! Et puis, il réside trop loin de nous, et il est détesté des gens de Gand et de Liège. Non, non, je ne veux pas entendre parler d'Adolphe de Gueldre; cherchez-en un autre.

— Sire, dit le conseiller, je suis à bout d'invention.

— Eh bien, reprit le roi, puisqu'il faut que je cherche aussi, pourquoi pas Guillaume de La Mark ?

— Par la messe, sire, dit Olivier, La Mark ? le Sanglier des Ardennes ! c'est le plus fieffé voleur et meurtrier qui soit au monde. Le pape l'a excommunié pour ses milliers de crimes.

— Nous le ferons relever de son excommunication, ami Olivier. La sainte Eglise est miséricordieuse.

— Il est au ban de l'Empire, continua Olivier, en vertu d'une ordonnance de la Chambre de Ratisbonne.

— Nous ferons annuler cette sentence, ami Olivier, continua le roi, toujours du même ton; la Chambre Impériale entendra raison.

— S'il est de noble naissance, objecta Olivier, il a les manières, la figure et l'extérieur aussi bien que l'âme d'un boucher flamand... Elle ne l'acceptera jamais.

— Si je ne m'abuse, répliqua le roi, il saura lui faire sa cour de façon à ne pas lui laisser le choix.

— Sur ma vie, dit Olivier, les crimes d'Adolphe sont presque des vertus, comparés à ceux de La Mark ? Et puis, où pourra-t-il se rencontrer avec sa fiancée ? Votre Majesté sait bien qu'il ose à peine s'écarter de sa forêt des Ardennes.

— On y songera, reprit le roi; et d'abord il faut avertir en particulier ces dames qu'elles ne peuvent pas demeurer plus longtemps ici sans faire éclater la guerre entre la France et la Bourgogne, et que, sans avoir la moindre intention de les livrer à son beau cousin de Bourgogne, je désire qu'elles s'éloignent secrètement de mes domaines.

— Elles demanderont à être conduites en Angleterre, dit Olivier; et nous les verrons retourner en Flandre en compagnie d'un lord insulaire, avec une figure ronde, un teint clair, de longs cheveux bruns, et trois mille archers à sa suite.

— Non, non, répliqua le roi, nous n'osons pas; vous m'entendez bien, offenser notre cousin de Bourgogne au point de les laisser passer en Angleterre. Ce serait attirer sa colère aussi sûrement que si je les gardais ici. Non... non ! c'est à l'Eglise seule que nous voulons confier le soin de sa sûreté; et tout ce que nous pouvons faire, c'est de fermer les yeux si les dames Hameline et Isabelle de Croye partent déguisées, avec une suite peu nombreuse, pour aller chercher asile auprès de l'évêque de

Liège, qui placera pour quelque temps la belle Isabelle à l'abri des murs d'un couvent.

— Et si ce couvent la protège contre Guillaume de La Mark, quand il saura les intentions bienveillantes de Votre Majesté, c'est que je ne connais pas l'homme.

— Eh bien oui, répondit le roi, grâce à nos subsides secrets, La Mark a levé une jolie poignée de soldats peu scrupuleux. Avec cette bande il arrive à se maintenir dans ses bois, de façon à se rendre redoutable à la fois au duc de Bourgogne et à l'évêque de Liège. Que lui manque-t-il ? Un peu de terre qui lui appartienne en propre. Avec une si belle occasion de s'établir par un mariage, je crois, Pasques-Dieu ! qu'il trouvera bien moyen de se faire épouser, sur une simple insinuation de notre part. Et alors le duc de Bourgogne aura dans le flanc une épine dont je le défie bien de se débarrasser. Qu'est-ce que vous dites de mon plan, Olivier ? ha !

— Je le trouverais parfait, répondit Olivier, s'il ne condamnait pas cette dame à épouser le Sanglier des Ardennes.

— Voyons maintenant à notre affaire, dit Louis. Il faut que je décide les dames de Croye à partir secrètement et vite, avec un guide sûr, cela ne sera pas difficile, je n'ai qu'à leur offrir à demi-mot l'alternative d'être livrées au duc de Bourgogne. Il faut que tu trouves moyen de mettre La Mark au courant de leurs mouvements, pour qu'il puisse choisir son heure. J'ai l'homme qu'il me faut pour les conduire.

— Puis-je demander à Votre Majesté à qui elle confie une mission aussi importante ?

— A un étranger, bien sûr, répondit le roi, à quelqu'un qui n'a ni parenté ni intérêts en France de nature à l'empêcher d'exécuter ce que j'ai résolu ; qui connaît trop peu le pays et ses factions pour deviner de mon dessein plus qu'il ne me plaira de lui en faire savoir ; en un mot, c'est à ce jeune Ecossais qui vient de vous envoyer ici.

— Votre Majesté, objecta Olivier, a accordé sa confiance à un étranger plus vite qu'elle ne l'accorde d'habitude.

— J'ai mes raisons, répondit le roi. Tu connais (et il se signa) ma dévotion pour le bienheureux saint Julien. L'avant-dernière nuit, je lui avais adressé une oraison, et comme c'est le protecteur des voyageurs, je lui avais humblement demandé d'envoyer à mon service tous ceux de ces étrangers errants qu'il croirait le plus en état d'établir dans notre royaume un dévouement sans bornes à notre volonté. Je promis en échange au bon saint de les accueillir, de bien les traiter et de les entretenir.

— Et, dit Olivier, est-ce saint Julien qui vous a envoyé cet Écossais aux longues jambes, en réponse à vos prières ?

— Drôle ! dit le roi, on a bien raison de t'appeler le Diable, toi qui oses te divertir de ton maître et des bienheureux saints ! Je te le dis, si tu m'étais moins nécessaire, je te ferai pendre à ce vieux chêne, devant le château, pour servir d'exemple à tous ceux qui bafouent les choses saintes ! Sache donc, esclave infidèle, que je venais à peine de fermer les yeux quand saint Julien se montra à moi, conduisant un jeune homme qu'il me présenta, disant que son sort serait d'échapper à l'épée, à la corde, à l'eau, de porter chance au parti qu'il embrasserait et aux entreprises où il serait engagé. Le lendemain matin j'allai me promener, et je rencontrai ce jeune homme dont j'avais vu l'image en rêve. Dans son pays, il a échappé à l'épée, au milieu du massacre de toute sa famille ; ici, il a échappé à l'eau et à la corde, et de plus il m'a déjà rendu un service très important. Je le reçois comme un envoyé de saint Julien, destiné à me servir dans les entreprises les plus difficiles, les plus dangereuses et les plus désespérées.

— Alors, dit Olivier, si j'ose ajouter un mot, les traits de cet Écossais ressemblent à ceux du jeune homme que vous avez vu en songe ?

— Absolument, répondit le roi, qui, comme toutes les personnes superstitieuses, s'en imposait facilement à lui-même. D'ailleurs j'ai fait tirer son horoscope par Galeotti Martivalle, et j'ai parfaitement compris, grâce à sa science et à la mienne, que la destinée de ce jeune homme sans amis est sous la même constellation que la mienne. »

Olivier se contenta d'exprimer l'espoir que ce jeune homme se montrerait fidèle dans l'accomplissement d'une tâche aussi délicate.

« Nous veillerons à ce qu'il ne puisse pas faire autrement, dit Louis ; car il ne sera au courant de rien ; tout ce qu'il saura, c'est qu'il est chargé d'escorter les dames de Croye jusqu'à la résidence de l'évêque de Liège. A propos de l'intervention probable de Guillaume de La Mark, il n'en saura pas plus long qu'elles-mêmes. Nul ne connaîtra ce secret que le guide. Ce sera affaire à Tristan ou à toi de me trouver quelqu'un qu'on puisse charger de cette mission.

— Mais dans ce cas-là, reprit Olivier, à en juger par sa nationalité et son extérieur, il est probable que le jeune homme se battra bravement, et il est possible qu'il soit tué.

— Si on me le tue, dit tranquillement Louis, saint Julien,

béni soit son nom! peut m'en envoyer un autre à sa place. Cependant nous allons presser le départ de ces dames, et nous persuaderons au comte de Crèvecœur qu'il a eu lieu sans notre connivence, que notre intention était de les renvoyer à notre cousin, et que la soudaineté de leur fuite nous en a malheureusement empêché.

— Le comte est peut-être trop fin et son maître trop prévenu pour le croire.

— Sainte Mère! dit Louis, combien cela prouverait peu de foi chez des chrétiens! Mais, Olivier, il faut qu'ils nous croient. Nous mettrons dans toute notre conduite envers notre beau cousin le duc Charles une confiance si complète, qu'il faudrait qu'il fût pire qu'un infidèle pour ne pas nous croire. Je te le dis, je suis si sûr de donner au duc de Bourgogne telle opinion qu'il me plaira sur mon propre compte, que si cela était nécessaire pour dissiper ses doutes, je m'en irais désarmé, monté sur un simple palefroi, le visiter sous sa tente, sans autre escorte que la tienne.

— Et moi, dit Olivier, qui ne me pique pas de manier le fer sous une autre forme que le rasoir, j'aimerais mieux charger un bataillon de piquiers suisses que d'accompagner Votre Seigneurie dans une visite d'amitié à Charles de Bourgogne, quand il a tant de raisons de croire à votre haine.

— Olivier, reprit le roi, tu n'est qu'un sot avec toutes tes prétentions à la sagesse, et tu ne te doutes pas que le fin mot de la politique est souvent de se donner les apparences de la plus extrême simplicité. Si cela était nécessaire, je ferais ce que je dis, sous la protection des saints et sur la foi des constellations, si elles prédisaient une heureuse issue à un pareil exploit. »

S'étant séparé de son conseiller, Louis se rendit ensuite à l'appartement des dames de Croye. Il n'eut pas à faire grands frais d'éloquence pour leur persuader de quitter la cour : elles n'attendaient que sa permission; mais il fut plus malaisé de les amener à choisir Liège pour leur retraite. Elles demandèrent avec instance à être conduites en Bretagne ou à Calais : là, sous la protection du duc de Bretagne ou du roi d'Angleterre, elles pourraient attendre en sûreté que la colère du duc de Bourgogne se fût apaisée. Mais aucune de ces places de refuge ne convenait aux plans de Louis, et il finit par faire adopter ses vues aux deux fugitives.

L'évêque de Liège était en état de les défendre, cela ne faisait pas l'ombre d'un doute; la difficulté était d'atteindre sa petite cour sans être molesté. Louis se chargea de pourvoir à la sûreté des deux dames de Croye en répandant le bruit qu'elles avaient fui secrètement, par crainte d'être livrées au duc de Bourgogne, et qu'elles se dirigeaient vers la Bretagne. Il leur promit en outre une escorte, peu nombreuse mais sûre, avec des lettres de recommandation pour les gouverneurs de villes et de forteresses.

Les dames de Croye, tout en ressentant le manque de générosité et de courtoisie du roi, qui leur refusait un asile après le leur avoir promis, loin de se plaindre d'être forcées de partir si précipitamment, prévinrent ses désirs en lui demandant l'autorisation de partir la nuit même.

CHAPITRE XIII
AVANT LE DEPART

Quentin, mandé en hâte dans l'appartement de son capitaine, lord Crawford, ne fut pas médiocrement surpris d'y rencontrer le roi. Quelques mots sur l'honneur qu'on lui faisait et la confiance que l'on avait en lui firent craindre à Quentin que cette confiance n'aboutît à le faire cacher derrière un buffet, ou à le charger de quelque mission encore plus opposée à ses sentiments. Ce fut donc un soulagement pour lui, ou plutôt une grande joie, de savoir qu'il avait été choisi avec quatre autres dont il serait le chef, pour servir d'escorte aux dames de Croye depuis Tours jusqu'à Liège. On lui remit un papier où l'on avait couché par écrit ses instructions, avec les noms des endroits où il devrait s'arrêter; c'étaient en général des villages obscurs, des couvents solitaires, et des endroits à l'écart des grandes villes; il y était fait mention aussi des précautions qu'il aurait à prendre, surtout en approchant de la frontière de Bourgogne. On lui fit savoir en outre ce qu'il avait à dire et à faire pour jouer le rôle de maître d'hôtel de deux dames anglaises de haut rang, qui, après avoir fait un pèlerinage à Saint-Martin de Tours, s'en allaient visiter la ville sainte de Cologne, et adorer les reliques des Rois Mages.

Quentin sentit son cœur bondir de joie à l'idée d'approcher de si près la jeune fille de la tourelle, et dans une situation qui lui donnait des droits à sa confiance. Il aurait bien voulu quitter aussitôt le roi, pour réfléchir à son aise à cet heureux coup du sort.

Mais le roi n'en avait pas encore fini avec lui. Il lui restait à prendre une dernière consultation de son astrologue. Il conduisit donc l'impatient Quentin au logis de ce personnage. Dans une tour isolée du château, au milieu de toutes les aises de la vie et de la plus grande magnificence, était installé le célèbre astrologue, poète et philosophe Galeotti Marti, ou Martius, ou Martivalle, originaire de Narni en Italie, auteur du fameux traité : *De Vulgo Incognitis* (sur les choses inconnues du vulgaire), l'objet de l'admiration de son siècle et des panégyriques de Paul Jove. Il avait longtemps résidé à la cour du fameux

Mathias Corvin, roi de Hongrie. Louis avait trouvé moyen de l'attirer auprès de lui.

Martivalle ne ressemblait en rien aux adeptes de la science mystique de cette époque : il n'était ni ascétique, ni macéré, ni pâle, il ne s'usait pas les yeux à veiller la nuit sur ses fourneaux, et ne pâlissait pas à contempler longuement l'étoile polaire. Il prenait part à tous les divertissements de la cour, et jusqu'au moment où l'embonpoint l'avait envahi, il avait excellé dans tous les exercices du corps, aussi bien que dans le maniement des armes.

Les appartements de ce sage, à la fois homme de cour et homme de guerre, surpassaient en magnificence tout ce que Quentin avait pu voir jusque-là.

Le sage lui-même, assis dans un grand fauteuil, était en train d'examiner avec curiosité un spécimen de l'art récemment inventé de l'imprimerie, qui sortait des presses de Francfort. Galeotti Martivalle était grand et gros, et malgré cela imposant. Ses traits, un peu trop massifs, ne manquaient ni de dignité ni de noblese, et un santon aurait pu lui envier sa longue barbe noire. Il était vêtu d'une magnifique robe de chambre en velours de Gênes à larges manches, agrafée avec des agrafes d'or, doublée de fourrure, et serrée à la taille par une large ceinture de parchemin vierge, sur laquelle les signes du zodiaque étaient tracés en rouge. Il se leva et s'inclina devant le roi, mais en homme qui est familier avec les grands de la terre, et sans compromttre sa dignité d'astrologue.

« Vous êtes occupé, père, dit le roi, à examiner, ce me semble, cet art nouveau de multiplier les manuscrits à l'aide de la mécanique. Un esprit comme le vôtre peut-il s'intéresser à des objets aussi terrestres et aussi grossiers, quand le firmament a déroulé ses volumes célestes devant vos regards ?

— Mon frère, répliqua Martivalle, croyez-moi, en considérant les conséquences de cette invention, je puis prédire, aussi clairement qu'à l'aide des combinaisons des corps célestes, les changements les plus étranges et les plus menaçants.

— Ces changements, demanda Louis, sont-ils pour arriver de notre temps ?

— Non, mon royal frère, répondit Martivalle; cette invention peut être comparée à un arbre nouvellement planté, mais destiné, dans la suite des générations, à porter un fruit aussi fatal et aussi précieux que celui de l'arbre de l'Éden : je veux dire la science du bien et du mal. »

Louis répondit après quelques instants de silence : « Que

AVANT LE DEPART

l'avenir s'occupe de l'avenir; nous, hommes du présent, bornons-nous au présent. Dites-moi, avez-vous poussé plus loin cet horoscope que je vous ai envoyé, et dont vous m'avez déjà dit quelques mots. Je vous amène la personne qui en est l'objet, afin que vous puissiez recourir à la chiromancie, si tel est votre bon plaisir. L'affaire est urgente. »

L'astrologue se leva de son siège et, s'approchant du jeune soldat, fixa sur lui ses grands yeux noirs et perçants, comme pour épeler et disséquer chacune des lignes de son visage. Tout rouge et tout intimidé, Quentin baissa les yeux et ne les releva que pour obéir au commandement de l'astrologue : « Lève les yeux et n'aie pas peur, mais donne-moi ta main. »

Martivalle, après avoir examiné la paume selon les règles de son art, tira le roi à part.

« Mon royal frère, dit-il, la physionomie de ce jeune homme, en même temps que les lignes de sa main, confirment merveilleusement les résultats de l'horoscope. Tout promet que ce jeune homme sera brave et fortuné.

— Et fidèle ? demanda le roi, car la valeur et la fortune ne vont pas toujours avec la fidélité.

— Fidèle aussi, répondit l'astrologue. Cependant...

— Cependant quoi ? dit le roi. Père Galeotti, pourquoi ne continuez-vous pas ?

— Les oreilles des rois, reprit l'astrologue, sont comme le palais de ces patients délicats qui ne peuvent supporter l'amertume des remèdes destinés à leur rendre la santé.

— Ni mes oreilles ni mon palais n'ont cette délicatesse, dit Louis. Je sais entendre un sage conseil et avaler une médecine salutaire.

— Alors franchement, sire, reprit Galeotti, si à propos de cette mission vous avez dans l'esprit quelque chose de nature à... bref, à révolter une conscience scrupuleuse..., ne le confiez pas à ce jeune homme..., ou du moins attendez que quelques années passées à votre service lui aient ôté ses scrupules, comme aux autres.

— Et c'est là ce que vous hésitiez à me dire, mon bon Galeotti ? Et tu t'imaginais que tes paroles pouvaient m'offenser ? dit le roi. Tu le sais aussi bien que moi, les rois ne peuvent pas se conduire comme les particuliers sont tenus de le faire, d'après les maximes abstraites de la religion et de la morale. Soyez-en bien assuré, bon père, tout ce qui dans l'entreprise pourrait produire sur sa conscience l'effet que vous dites, ce n'est pas lui qui l'exécutera; il n'en aura même pas connaissance. Et dites-moi, la douzième heure de la présente nuit sera-t-elle propice pour commencer un voyage périlleux ? Vous voyez la position de la lune par rapport à Saturne et l'ascendant de Jupiter. Cet ensemble, je crois, selon les règles de votre art, présage un heureux succès pour celui qui envoie l'expédition à une pareille heure.

— Pour *celui qui l'envoie*, oui, mais pas pour ceux qu'il envoie; ceux-là sont menacés de danger et d'infortune. J'en conclus que l'affaire peut être périlleuse ou même fatale à ceux qui vont voyager. Violence et captivité : voilà ce que je crois lire.

— Violence et captivité pour ceux qu'on envoie, reprit le roi, mais succès pour celui qui envoie. N'est-ce pas là le sens de la conjonction, mon docte père ?

— Assurément », répondit l'astrologue.

Le roi alors tira un papier de sa poche et en lut tout haut le contenu à Martivalle.

« Une personne a sur les bras un grave différend qui aboutira probablement à un débat, et ce débat sera vidé soit par la loi, soit par la force des armes. Cette personne désire, pour le moment, entrer en arrangement par une entrevue personnelle avec son antagoniste. Elle voudrait savoir quel jour serait propice pour l'exécution de son dessein; de plus, quel serait le succès probable d'une pareille négociation; si son adversaire sera porté à répondre avec bonté et avec gratitude à la confiance qu'on lui témoignera ou si, au contraire, il abusera de l'occasion et de l'avantage que peut lui procurer une semblable rencontre. »

— Ceci est une question importante, dit Martivalle quand le roi eut achevé sa lecture. Il faudra que j'y consacre de mûres et profondes réflexions.

— Soit! mon bon père en savoir, et tu saurais ce que c'est que d'obliger un roi de France. Nous sommes décidé, si les constellations ne s'y opposent pas..., et si notre humble savoir nous autorise à penser qu'elles approuvent notre dessein..., à hasarder quelque chose, même au péril de notre personne..., pour mettre un terme à ces guerres antichrétiennes.

— Puissent les saints, répondit l'astrologue, favoriser votre pieux dessein et garder votre personne sacrée ! »

Se retournant alors vers Durward, le roi dit :

— Suis-moi, mon brave Ecossais, comme un homme choisi par la destinée et par un monarque pour accomplir une entreprise hardie. Que tout soit prêt pour que tu puisses mettre le pied à l'étrier quand la cloche de Saint-Martin sonnera minuit. Une minute trop tôt, une minute trop tard, et nous n'aurions plus pour nous l'aspect des constellations qui sourit à notre entreprise. »

Ayant prononcé ces paroles, le roi sortit, suivi de son jeune garde du corps.

CHAPITRE XIV
LE VOYAGE

Sans dire un mot à personne, d'après la recommandation du roi, Quentin Durward se revêtit à la hâte d'une solide cuirasse toute simple, de cuissards et de brassards, et se coiffa d'un bon casque d'acier sans visière. Il y ajouta une élégante casaque en peau de chamois, brodée aux coutures, comme celles que portaient les officiers supérieurs dans les maisons nobles.

Ces différents objets lui avaient été apportés dans son appartement par Olivier. Le barbier, avec ses manières patelines et son sourire insinuant, lui apprit que l'on avait posté son oncle en sentinelle pour le mettre dans l'impossibilité de le questionner sur sa mission.

Quelques minutes avant minuit, Quentin, selon ses instructions, se rendit dans la seconde cour et se posta sous la tour du Dauphin, qui avait été assignée aux dames de Croye comme demeure temporaire. Il trouva au lieu du rendez-vous les hommes de sa suite à cheval, avec deux mules chargées de bagages, trois palefrois pour les deux comtesses et une fidèle suivante, et un vigoureux destrier pour le chef de l'expédition. La selle bardée de fer brillait à la pâle lumière de la lune. On n'échangea pas une seule parole. Les hommes se tenaient immobiles sur leurs chevaux. Quentin remarqua avec plaisir qu'ils étaient armés et portaient de longues lances. Ils n'étaient que trois, mais l'un d'eux, avec un fort accent gascon, dit tout bas à Quentin que leur guide les rejoindrait au delà de Tours.

Des lumières brillaient çà et là aux fenêtres de la tour, comme si l'on se hâtait, à l'intérieur, de faire les derniers préparatifs. A la fin une petite porte s'ouvrit, et Quentin en vit sortir trois femmes, escortées d'un homme enveloppé dans un manteau. Elles montèrent en silence sur les palefrois, l'homme au manteau se plaça à la tête de la petite troupe, donnant le mot de passe aux sentinelles. C'est ainsi qu'ils sortirent de la formidable forteresse. Alors l'homme à pied qui avait jusque-là servi de guide, s'arrêta, et parla tout bas aux deux dames qui étaient en tête.

« Que le ciel vous bénisse, sire, dit une voix qui fit tressaillir le jeune Ecossais, et qu'il vous pardonne si vos desseins sont plus intéressés que vos paroles ne donnent à le croire. Tout ce que je désire, c'est d'être en sûreté sous la protection du bon évêque de Liège. »

Au bout d'un quart d'heure de marche, la petite troupe se trouva hors du parc, et à peu de distance de la ville de Tours.

Malgré l'étrangeté de l'aventure, Quentin promenait des regards de ravissement sur la beauté de ce paysage de Touraine, si différent de ceux de son pays; il fut arraché à cette contemplation par la voix de l'aînée des deux dames, qui demandait à parler au chef de la troupe. Piquant des deux, Quentin rejoignit les voyageuses et dame Hameline lui fit subir un interrogatoire en règle.

Quel était son nom et quel était son rang?

Il dit son nom et son rang.

Connaissait-il parfaitement le chemin?

Il ne pouvait se vanter de le connaître parfaitement, mais on lui avait remis des instructions détaillées et, à la première halte, ils rencontreraient un guide en état de les conduire. En attendant, un cavalier qui venait de les rejoindre servirait de guide.

« Et pourquoi, jeune gentilhomme, vous a-t-on choisi pour cette mission? demanda la dame. On me dit que c'est vous qui étiez de garde dans la galerie où nous avons rencontré la princesse de France. Vous semblez bien jeune et bien peu expérimenté pour le devoir que vous avez à remplir. De plus, vous n'êtes pas Français, car vous parlez la langue du pays comme un étranger.

— Je suis tenu, madame, d'obéir aux ordres du roi, et je n'ai pas qualité pour les discuter, répondit le jeune soldat.

— Etes-vous noble?

— Je puis l'affirmer sans craindre un démenti, répondit Quentin.

— Et, dit la plus jeune dame avec un accent de timidité, n'est-ce pas vous que j'ai vu à l'hôtellerie, lorsque j'ai été appelée pour servir le roi? »

Quentin, un peu intimidé lui aussi, répondit affirmativement.

« Alors, ma cousine, reprit la comtesse Isabelle en s'adressant à l'autre dame, il me semble que nous serons en sûreté sous la garde de ce jeune gentilhomme; il n'a pas l'air, du moins, d'un homme que l'on oserait charger d'exécuter un dessein perfide et cruel, conçu contre deux femmes sans défense.

— Sur mon honneur, madame, dit Durward, par la renommée

de ma maison, par les os de mes ancêtres, je ne pourrais pas, au prix même de la France et de l'Ecosse réunies, me rendre coupable de perfidie ou de cruauté envers vous. »

Alors Quentin, avec la politesse naturelle d'un homme bien élevé, craignant d'être indiscret, partit en avant et rejoignit le guide, comme pour lui adresser des questions sur la route à suivre.

Les dames cependant continuèrent leur voyage en silence, jusqu'au moment où le jour commença à poindre. Comme elles étaient à cheval depuis plusieurs heures, Quentin, craignant pour elles un excès de fatigue, demanda avec impatience combien il y avait encore jusqu'à la première halte.

— Je vous montrerai l'endroit dans une demi-heure, lui répondit le guide.

— Et c'est alors que vous nous remettrez aux mains d'un autre ?

— Oui, seigneur archer », répondit l'homme.

Depuis longtemps la lune avait disparu derrière l'horizon, et le ciel, à l'est, commençait à se teindre de vives couleurs, reflétées par la surface d'un petit lac que la troupe côtoyait depuis quelque temps. On commençait à pouvoir distinguer les objets. Quentin, ayant jeté les yeux sur son compagnon, reconnut, malgré l'ombre projetée par les larges bords rabattus d'une sorte de sombrero espagnol, les traits du facétieux Petit-André. Il éprouva un sentiment d'aversion, non sans mélange de crainte (car, dans son pays, le bourreau inspire une horreur presque superstitieuse). D'ailleurs le souvenir de son aventure au bord du Cher, et du rôle qu'y avait joué Petit-André, n'était pas pour atténuer cette horreur et cette crainte. Aussi Durward, instinctivement, détourna la tête de son cheval vers la droite, et d'un coup d'éperon fit faire à l'animal une demi-volte qui augmenta de huit pieds la distance qui le séparait de son odieux compagnon.

« Ho, ho, ho ! s'écria Petit-André, par Notre-Dame de la Grève, notre jeune soldat se souvient de nous. Quoi ! camarade, vous ne me gardez pas rancune, je pense ? Chacun est obligé de gagner son pain dans ce pays-ci, et je me flatte de bien gagner celui que je mange. »

En prononçant ces paroles, il fit faire à son cheval un mouvement pour se rapprocher de Quentin.

« Arrière, misérable ! s'écria Quentin, ou je serai obligé de vous apprendre la distance qui doit exister entre les gens d'honneur et les drôles de votre espèce.

— Là, là! quelle impétuosité! dit l'autre; si vous aviez dit les gens *honnêtes*, vous auriez été plus près de la vérité; quant aux gens *d'honneur*, il m'en passe beaucoup tous les jours par les mains, comme vous avez été bien près d'y passer vous-même. Mais la paix soit avec vous, et tenez-vous compagnie à vous-même. Je vous aurais offert un flacon d'auvernat pour faire disparaître tout souvenir déplaisant; mais vous faites fi de ma politesse. Bon! montrez-vous aussi grossier qu'il vous plaira; je ne me querelle jamais avec mes pratiques. La première fois que vous tomberez entre les mains de Petit-André, vous verrez comme il sait pardonner les injures. »

En parlant ainsi, il combla la mesure en adressant à Quentin un clignement d'yeux provocateur, après quoi il suivit le côté du chemin, laissant le jeune homme digérer ses affronts aussi bien que le lui permettait la chaleur de son sang écossais. Quentin fut presque aussitôt tiré de sa réflexion par deux cris que les deux dames poussèrent en même temps : « Regardez derrière vous! Regardez! Pour l'amour de Dieu, prenez garde à vous et à nous..., nous sommes poursuivis! »

Quentin se retourna vivement et vit deux hommes armés qui les poursuivaient en effet, et d'un pas à les rejoindre bien vite. « Ce sont peut-être seulement, dit-il, quelques-uns de ces hommes du prévôt qui font leur ronde en forêt. Regarde, ajouta-t-il, en s'adressant à Petit-André, et vois qui cela peut être. »

Petit-André obéit et, toujours facétieux, se balança sur sa selle après avoir observé les arrivants. « Ceux-là, beau sire, dit-il, ne sont ni vos camarades ni les miens; car je crois qu'ils portent des heaumes, visières baissées, et des gorgerins. Foin de ces gorgerins et des autres pièces d'armure! Il m'est arrivé de perdre plus d'une heure à en défaire les attaches!

— Voulez-vous, gracieuses dames, dit Durward sans faire attention à Petit-André, prendre les devants, pas assez vite pour donner à penser que vous fuyez, mais assez pour prendre avantage de l'obstacle que je vais placer entre vous et ces gens qui nous suivent. »

La comtesse Isabelle ayant jeté un regard sur le guide, dit quelques mots tout bas à sa tante, qui parla ainsi à Durward : « Nous avons confiance en vous, bel archer, et nous aimons mieux courir la chance de ce qui peut nous advenir en votre compagnie que de prendre les devants en compagnie de cet homme. Nous trouvons que sa mine n'est pas d'un bon augure.

— Qu'il soit fait selon votre volonté, dit le jeune homme.

Ils ne sont que deux; et fussent-ils chevaliers, comme leurs armes semblent l'indiquer, s'ils ont quelque mauvais dessein, ils apprendront comment un gentilhomme écossais sait faire son devoir sous les yeux et pour la défense de personnes telles que vous. Qui de vous, ajouta-t-il en s'adressant aux gardes qu'il commandait, veut me servir de second et rompre une lance avec ces galants ? »

Deux des hommes manquèrent visiblement de résolution, mais le troisième, nommé Bertrand Guyot, jura que, *cap de Diou!* quand ces galants seraient des chevaliers de la Table ronde du roi Arthur, il ferait l'épreuve de leur valeur pour l'honneur de la Gascogne.

Cependant les deux chevaliers avaient atteint l'arrière-garde, composée de Durward et de son hardi compagnon. Ils étaient armés de pied en cap, d'armures en acier poli, sans aucune devise qui pût les faire reconnaître.

L'un d'eux cria à Quentin : « Place, sire écuyer ! nous venons vous relever de votre mission, qui est au-dessus de votre rang et de votre condition. Vous ferez bien de laisser ces dames à nos bons soins, car nous sommes mieux que vous en état de veiller sur elles; d'autant qu'entre vos mains elles sont, comme qui dirait, prisonnières; nous le savons.

— En réponse à votre demande, messeigneurs, répliqua Quentin, sachez que je m'acquitte d'un devoir, à moi imposé par mon présent souverain; ensuite que, malgré mon indignité, ces dames désirent demeurer sous ma protection.

— Place, coquin ! cria l'un des deux champions; misérable mendiant, oserais-tu te mettre sur le pied de résister à un chevalier ceint du baudrier?

— J'ai lieu certainement de résister, dit Quentin, puisque c'est pour m'opposer à votre attaque insolente et illégale; et s'il y a entre nous une différence de rang, ce que j'ignore jusqu'à présent, votre manque de courtoisie l'a effacée. Tirez votre épée, ou, si vous préférez la lance, prenez du champ. »

Pendant que les chevaliers faisaient volte-face et s'éloignaient pour prendre du champ, Quentin, se tournant vers les dames, s'inclina profondément, comme pour leur demander de faire des vœux pour lui. Au moment où elles agitaient leurs mouchoirs en signe d'encouragement, les deux chevaliers avaient parcouru l'espace nécessaire pour prendre du champ.

Criant au Gascon de se conduire en homme, Durward piqua des deux. Les quatre cavaliers se rencontrèrent vers le milieu de la distance qui les avait séparés d'abord. Le choc fut fatal au pauvre Gascon; son adversaire, le visant à la face, l'atteignit à l'œil droit; le fer ayant pénétré dans le cerveau, le malheureux tomba de cheval, tué du coup.

Quentin, quoiqu'il n'eût pas non plus la figure protégée par une visière, manœuvra si adroitement que la lance de l'ennemi lui passa par-dessus l'épaule droite après lui avoir légèrement écorché la joue. Son adversaire, atteint en pleine poitrine, vida les étriers. Quentin sauta à terre pour lui enlever son casque; mais l'autre cavalier, qui n'avait pas encore prononcé une parole, voyant la déconfiture de son compagnon, sauta à terre encore plus vivement que Durward, et, se penchant sur son ami qui ne donnait plus signe de vie, s'écria :

« Au nom de Dieu et de saint Martin, remonte à cheval, mon brave garçon, et va-t'en avec ces femmes! Ventre-saint-gris! elles ont causé assez de mal ce matin!

— Avec votre permission, sire chevalier, dit Quentin, outré du ton de menace avec lequel cet avis lui était donné, je veux voir d'abord à qui j'ai eu affaire, et qui doit répondre de la mort de mon camarade.

— Cela, de ta vie tu ne le sauras et ne pourras le redire, répondit le chevalier. Retire-toi en paix, mon brave garçon. Si nous avons été des sots de vous barrer le passage, nous sommes punis de notre sottise; car tu as fait plus de mal que n'en pourrait réparer ta vie et celle de tous ceux qui sont avec toi. Ah! tu veux en tâter, ajouta-t-il, pendant que Durward s'avançait vers lui l'épée à la main; eh bien! reçois ceci pour ta peine. »

En parlant ainsi, il assena sur le casque du jeune Ecossais un de ces coups d'épée comme Quentin n'en avait vu jusque-là que dans les romans; et pourtant il était d'un pays où les bons coups ne sont pas rares. Le coup tomba comme la foudre, rabattant l'épée que Quentin avait mise en garde pour se défendre, et fendit le casque, mais sans entamer la peau. Pendant ce temps-là, Durward, étourdi de la force du coup, un genou en terre, se trouvait à la merci de son adversaire. Soit compassion pour sa jeunesse, soit admiration pour son courage, soit loyauté chevaleresque, l'adversaire n'abusa pas de ses avantages. Durward, revenu à lui-même, bondit et attaqua son antagoniste avec l'énergie d'un homme décidé à vaincre ou à mourir, et, en même temps, avec toute la présence d'esprit nécessaire pour faire tourner la chance de son côté. Profitant de ce qu'il était plus agile et plus légèrement armé que l'autre, il le harassait en attaquant de tous les côtés à la fois, avec une soudaineté et une rapidité de mouvements telles, que le chevalier n'arrivait à se défendre qu'au prix de beaucoup de fatigue.

En vain, ce généreux adversaire criait à Quentin qu'ils n'avaient plus aucune raison de se battre, et que, quant à lui, il serait aux regrets d'être contraint à lui donner quelque mauvais coup. Acharné à effacer la honte d'une défaite momentanée, Durward continuait à l'assaillir avec la rapidité de l'éclair, le menaçant tantôt de la pointe et tantôt du tranchant de son épée, ayant l'œil sur les moindres mouvements de son adversaire, prêt à sauter en arrière ou en côté, pour éviter les coups de sa terrible épée.

« Que le diable t'emporte, fou acharné et présomptueux ! murmura le chevalier; tu ne seras content que quand je t'aurai cassé la tête. » Alors il changea sa manière de combattre, et, se tenant sur la défensive, guetta le moment où le jeune homme serait hors d'haleine ou ferait un faux mouvement, pour en finir d'un seul coup.

Il est probable qu'il aurait réussi, mais au moment où le combat était le plus animé, une troupe de cavaliers arriva au galop en criant : « Arrêtez, au nom du roi ! » Les deux champions firent un pas en arrière, et Quentin vit avec surprise que son capitaine, lord Crawford, était à la tête de la troupe qui avait interrompu le combat. Il y avait là aussi Tristan l'Hermite, avec deux ou trois de ses acolytes; en tout, une vingtaine de cavaliers.

CHAPITRE XV
LE GUIDE

Alors le chevalier, ôtant son casque, rendit promptement son épée à Crawford, en lui disant : « Crawford, je me rends. Mais venez ici, un mot à l'oreille... Sauvez le duc d'Orléans !

— Comment ! Quoi ! le duc d'Orléans ! s'écria le vieux lord. Comment cela est-il arrivé, de par tous les diables ? Cela va le perdre à jamais auprès du roi.

— Pas de questions, dit Dunois (car c'était Dunois en personne). Tout cela est arrivé par ma faute. Voyez, il fait un mouvement. Je suis venu ici pour enlever la demoiselle, l'épouser et devenir riche en terres; et voyez comme la chose a tourné. Tenez votre canaille à l'écart..., que personne ne le regarde de près. » En parlant ainsi, il leva la visière du duc d'Orléans et lui jeta de l'eau à la figure.

Quentin Durward demeura immobile, comme un homme frappé de la foudre. Ainsi donc il avait désarçonné le premier prince du sang, et il avait croisé le fer avec le célèbre Dunois ! C'étaient certainement deux exploits honorables. Mais était-ce bien là ce que l'on pouvait appeler de bons services, et le roi les considérerait-il comme tels ? C'était une autre question.

Le duc avait recouvré ses sens, et il pouvait se tenir assis et prêter attention à ce qui se passait entre Crawford et Dunois. Dunois soutenait avec énergie qu'il n'y avait pas lieu de mentionner le nom du duc d'Orléans dans toute cette affaire; il était prêt à en assumer tout le blâme et à affirmer que si le duc avait pris part à cette équipée, c'était uniquement par amitié pour lui.

Crawford écoutait, les yeux baissés; et de temps à autre soupirait et secouait la tête. A la fin, levant les yeux, il dit : « Tu sais, Dunois, que pour l'amour de ton père, et pour l'amour de toi-même, je voudrais de tout mon cœur te rendre service.

— Je ne demande rien pour moi, répondit Dunois. Tu as mon épée, et je suis ton prisonnier ? Que te faut-il de plus ? Mais il s'agit de ce noble prince, le seul espoir de la France, dans le cas où Dieu rappellerait le Dauphin à lui. Il n'est venu ici que pour me rendre service..., pour m'aider à faire ma fortune..., par une tentative que le roi avait à moitié encouragée.

— Dunois, répliqua Crawford, si un autre m'avait dit que tu as entraîné le noble prince dans une pareille échauffourée en vue de ton intérêt personnel, je lui aurais répondu qu'il en avait menti. Maintenant que tu l'affirmes toi-même, j'ai peine à croire que ce soit par amour de la vérité.

— Noble Crawford, dit d'Orléans, votre caractère ressemble trop à celui de Dunois pour que vous ne lui rendiez pas justice. Eh bien oui ! c'est moi qui l'ai entraîné ici, bien malgré lui, emporté moi-même par une folle passion. Me voie qui voudra, ajouta-t-il en se levant et en se tournant du côté des soldats : je suis le duc d'Orléans, et je suis prêt à porter la peine de ma propre folie. J'espère que le roi ne punira que moi, ce n'est que justice. Comme un fils de France ne peut rendre son épée à personne..., pas même à vous, brave Crawford..., adieu, fidèle acier ! »

En parlant ainsi, il tira son épée du fourreau et la jeta dans le lac. Tous les assistants demeuraient immobiles, indécis et étonnés, en présence d'un coupable de si haut rang et d'un caractère si estimé. En même temps, tous savaient que cette folle entreprise entraînerait probablement sa ruine, si l'on considérait les vues que le roi avait sur lui.

Ce fut Dunois qui parla le premier, et du ton d'un ami offensé et méconnu. « Ainsi donc, dans la même matinée, Votre Altesse a jugé bon de rejeter sa meilleure épée, la faveur du roi, et de se jouer de l'amitié de Dunois ?

— Très cher parent, dit le duc, quand et comment ai-je pu me jouer de votre amitié, en disant la vérité lorsqu'il était de mon devoir de la dire pour votre sûreté et pour mon honneur ?

— Qu'avez-vous à voir avec ma sûreté, très princier cousin, je voudrais bien le savoir ? répondit brusquement Dunois. Qu'est-ce que cela pouvait vous faire si mon idée était d'être pendu, ou étranglé, ou jeté dans la Loire, ou poignardé, ou rompu sur la roue, ou suspendu dans une cage de fer, ou enseveli vivant dans un cul de basse-fosse, ou arrangé de telle autre façon qui eût convenu au roi, pour se débarrasser de son fidèle sujet ? — Vous n'avez que faire de m'adresser des clignements d'yeux et de froncer les sourcils en me désignant Tristan l'Hermite... Je vois le drôle aussi bien que vous. — Eh bien ! tout cela m'aurait fait moins de peine. Voilà pour ce qui regarde ma sûreté; et quant à votre honneur, par la rougeur de sainte Madeleine ! je crois que l'honneur eût été de ne point entreprendre cette expédition, ou de l'avoir tenue plus secrète. Voilà que

Votre Altesse s'est laissé désarçonner par un jeune sauvage Ecossais.

— Tut! tut! fit lord Crawford; ne faites point honte de cela à Son Altesse; ce n'est pas la première fois qu'un jeune Ecossais rompt une bonne lance... Je suis heureux que ce garçon se soit si bien comporté.

— Je ne dis pas le contraire, répliqua Dunois; malgré cela, si Votre Seigneurie fût arrivée un peu plus tard, il aurait bien pu y avoir une vacance dans le corps des Archers.

— Oui, oui, répondit lord Crawford, je reconnais votre écriture sur ce morion fendu. Que quelqu'un donne au jeune homme, en échange, un bonnet doublé de fer. Et maintenant, plaise à Votre Seigneurie, votre armure porte aussi la signature de notre jeune garçon. Mais, Dunois, je dois requérir maintenant le duc d'Orléans et vous de monter à cheval et de m'accompagner, car j'ai charge et mission de vous conduire à un endroit bien différent de celui que je choisirais pour vous.

— Ne puis-je dire un mot, mylord Crawford, à ces belles dames, là-bas? demanda le duc d'Orléans.

— Pas une syllabe, répondit Crawford; je suis trop l'ami de Votre Altesse pour permettre un tel acte de folie. »

Alors s'adressant à Quentin, il ajouta : « Vous, jeune homme, vous avez fait votre devoir. Continuez et obéissez aux ordres que vous avez reçus.

— Pardon, monseigneur, dit Tristan avec sa brutalité habituelle, il faut que le jeune homme trouve un autre guide. Je ne puis pas me passer de Petit-André en ce moment, où il y aura probablement de la besogne pour lui.

— Le jeune homme, répondit Petit-André, n'a qu'à suivre tout droit le sentier qui est devant lui, il arrivera sans faute à un endroit où il trouvera l'homme qui doit lui servir de guide. Je ne voudrais pas, pour mille ducats, n'être pas sous la main de mon chef aujourd'hui. » Et il lança un regard significatif du côté du duc d'Orléans.

Lord Crawford tourna brusquement le dos à Tristan, et pria le duc d'Orléans et Dunois de chevaucher, l'un à sa droite et l'autre à sa gauche. Puis, ayant adressé de loin un salut d'adieu aux deux dames, il dit à Quentin : « Dieu te bénisse, mon enfant, tu as vaillamment commencé ton service, mais pour une cause malheureuse. » Il allait s'éloigner, lorsque Quentin entendit Dunois dire tout bas à Crawford : « Est-ce que vous nous emmenez au Plessis ?

— Non, mon pauvre ami, répondit Crawford avec un soupir, je vous conduis à Loches.

— A Loches ! » Le seul nom de ce château, ou plutôt de cette prison, plus redoutée que le Plessis même, fit frisonner le jeune Ecossais.

Lorsque Quentin, à la tête de sa petite troupe, poursuivit son voyage en suivant le sentier indiqué, dame Hameline lui dit :

« Si je ne me trompe, beau sire, vous regrettez la victoire que vous venez de remporter en notre honneur. »

Il y avait quelque ironie dans le ton de la dame, mais Quentin eut le tact de répondre simplement et en toute sincérité.

« Je ne puis rien regretter de ce qui se fait au service de dames telles que vous. Mais si votre sûreté n'eût été en jeu, j'aurais mieux aimé périr de la main d'un soldat comme Dunois que de contribuer à l'envoyer, lui et son malheureux chef le duc d'Orléans, à ces terribles prisons de Loches.

— C'était donc bien le duc d'Orléans ! dit la dame la plus âgée en se tournant vers sa nièce. Je l'avais reconnu, même à la distance où nous étions. Vous voyez, parente, quel cas l'on eût fait de nous si ce monarque sournois nous avait permis de nous montrer à sa cour. Songez donc : le premier prince du sang, et le vaillant Dunois dont le nom est aussi connu que celui de son brave père. Ce jeune gentilhomme a bravement rempli son devoir; mais, à mon avis, c'est pitié qu'il n'ait pas succombé avec honneur, puisque sa bravoure a été un obstacle entre nous et ces deux princes qui accouraient à notre aide. »

La comtesse Isabelle répondit d'un ton ferme, et où l'on sentait percer le déplaisir :

« Madame, si je ne savais pas que vous plaisantez, je dirais que vous vous montrez ingrate envers notre brave défenseur, car nous lui devons plus que vous ne l'imaginez. Si ces gentilshommes avaient triomphé de votre escorte, n'est-il pas évident qu'à l'arrivée de la Garde Royale nous aurions été emmenées prisonnières avec eux. Pour moi, j'accorde des larmes à ce brave homme qui a été tué en nous défendant et je ferai dire des messes pour le repos de son âme. Quant à celui qui survit, ajouta-t-elle non sans quelque timidité, j'espère qu'il voudra bien accepter mes remerciements et l'expression de ma reconnaissance. »

Quentin s'étant tourné vers elle pour la remercier à son tour, elle vit le sang qui lui coulait le long de la joue, et s'écria :

« Sainte Vierge! il est blessé! il saigne! Descendez de cheval, sire écuyer, que l'on bande votre blessure. »

Durward eut beau prétendre que ce n'était rien, il fut forcé de descendre de cheval, de s'asseoir sur un talus et d'ôter son casque. Comme toutes les femmes de cette époque, les dames de Croye s'entendaient un peu en chirurgie. Elles lavèrent donc la blessure, étanchèrent le sang et bandèrent la plaie avec le mouchoir de la jeune comtesse.

« Ma nièce, dit dame Hameline, vous a fait don d'un mouchoir pour votre blessure; moi je vais vous faire un autre don pour votre bravoure. »

Alors elle lui donna un mouchoir richement brodé, bleu et argent. Puis appelant l'attention de Durward sur le harnais de son palefroi et sur les plumes de sa coiffure de voyage, elle lui fit observer que les couleurs en étaient les mêmes que celles du mouchoir.

Selon les usages de l'époque, il n'y avait qu'une manière de recevoir un don de cette nature. Quentin, se conformant à l'usage, noua le mouchoir autour de son bras.

Ils continuèrent leur voyage. Quentin désormais chevauchait en la compagnie des dames, qui l'y avaient tacitement autorisé. Il ne parlait pas beaucoup, la comtesse Isabelle encore moins : c'était donc dame Hameline qui soutenait à elle seule la conversation; et elle n'eut garde de la laisser tomber. Sous prétexte d'initier, comme elle disait, le jeune archer aux principes et à la pratique de la chevalerie, elle lui conta tout au long une certaine passe d'armes qui avait eu lieu à Hafflinghem, et où elle avait été chargée de distribuer les prix aux vainqueurs.

J'ai le regret de le dire, Quentin ne s'intéressait pas outre mesure à la description de cette scène de magnificence, ni aux armes et devises des chevaliers allemands et flamands, que la dame lui blasonnait sans pitié par le menu; il avait autre chose en tête. Il commençait à se demander, non sans alarme, s'ils n'avaient pas dépassé l'endroit où le guide devait les attendre. C'eût été un véritable désastre, gros de conséquences fâcheuses.

Il était en train de réfléchir s'il n'enverrait pas en arrière quelqu'un de sa suite pour voir ce qu'il en était, quand il entendit le son d'une corne, et regarda du côté d'où provenait ce son. Il vit alors un cavalier qui s'avançait rapidement vers eux. La petite taille du cheval, son ardeur, ses longs poils, sa demi-sauvagerie, rappelèrent à Quentin les chevaux de son propre pays; mais celui-là avait les attaches plus fines et les allures plus rapides. La tête en particulier, qui dans le poney écossais semble massive et lourde, était fine et bien posée sur le cou de l'animal, les joues étaient minces, les yeux brillants et les naseaux largement ouverts.

L'apparence du cavalier était encore plus singulière que celle du cheval. Il avait les pieds passés dans des étriers aussi larges que des pelles, et les courroies de ces étriers étaient si courtes, que ses genoux remontaient presque à la hauteur du pommeau de sa selle; malgré cela, il dirigeait sa monture avec une grande adresse. Il portait un petit turban rouge, orné d'une plume fripée retenue par une agrafe d'argent, et une tunique dont la forme avait de l'analogie avec celle des Estradiots; cette tunique verte était ornée de broderies d'or, très voyantes. Il avait un large pantalon bouffant qui lui descendait jusqu'aux genoux; ce pantalon, de couleur blanche, n'était pas d'une propreté irréprochable. Ses jambes bronzées étaient nues, sauf l'entrelacement compliqué des courroies qui assujettissaient ses sandales à ses pieds. Dans une ceinture cramoisie, ce singulier cavalier portait un poignard à droite, et à gauche un petit cimeterre moresque recourbé. Au baudrier terni qui lui passait sur l'épaule était suspendue la corne dont il venait de tirer quelques notes. Son visage était bronzé et hâlé; il avait une barbe peu épaisse, des yeux noirs très perçants, la bouche et le nez d'une forme irréprochable. On l'aurait trouvé beau, sans les boucles incultes de cheveux noirs qui encadraient son visage amaigri, et lui donnaient quelque chose de sauvage.

— C'est encore un Bohémien! se dirent les deux dames l'une à l'autre. Sainte Marie! est-ce que le roi va encore placer sa confiance dans ces bandits?

— Je vais le questionner, si vous le désirez, dit Quentin, et m'assurer autant que possible, de sa fidélité. »

« Es-tu venu ici pour nous chercher? » lui demanda-t-il d'abord.

L'étranger fit un signe d'assentiment.

« Quelle raison t'amène? »

— Je dois vous conduire au palais de l'homme de Liège.

— De l'évêque? »

Le Bohémien fit un second signe d'assentiment.

« Quelle preuve peux-tu me donner que nous devons avoir confiance en toi?

— Pas d'autre que la vieille chanson qui dit :

Le seigneur en eut la gloire.
Le page tua le sanglier,

— Elle est suffisante, dit Quentin; marche devant, mon brave garçon. Nous allons causer plus longuement tout à l'heure. »

Alors, revenant vers les dames, il leur dit :

« Cet homme, j'en suis convaincu, est bien le guide que nous attendions; car il m'a dit un mot de passe que je crois connu seulement du roi et de moi. Je vais aller causer avec lui, et tâcher de découvrir jusqu'à quel point nous pouvons nous fier à lui »

CHAPITRE XVI
LE VAGABOND

Tout le temps que le Bohémien marcha seul en avant, il ne fit que se retourner sur sa selle, avec des contorsions de singe, pour voir ce qui se passait derrière lui. Ces allures ne furent pas du goût de Quentin, qui ne se fit pas faute de le lui dire aussitôt qui l'eût rejoint.

« Je crois, l'ami, qu'il vaudrait autant pour nous avoir pour guide un aveugle, si tu regardes la queue de ton cheval et non pas ses oreilles.

— Quand bien même je serais aveugle, répondit le Bohémien, je pourrais vous guider dans n'importe quelle partie du royaume de France et de ceux qui l'entourent.

— Et pourtant vous n'êtes pas Français de naissance.

— Non, répondit le guide.

— De quel pays êtes-vous, alors? lui demanda Quentin.

— D'aucun pays, répondit le guide.

— Comment! D'aucun pays? répéta l'Ecossais.

— Non, répondit le Bohémien, d'aucun. Je suis un Zingaro, un Bohémien, un Egyptien ou tel autre nom qu'il plaît aux Européens de donner à notre peuple; mais je n'ai pas de pays.

— Etes-vous chrétien? » demanda l'Ecossais.

Le Bohémien fit signe que non.

« Chien! s'écria Quentin (car l'esprit de tolérance n'était pas celui du catholicisme à cette époque), est-ce que tu adores Mahoun?

— Non! répondit laconiquement le guide, avec la plus parfaite indifférence. Il ne paraissait ni surpris ni blessé de la violence de langage de son compagnon.

— Etes-vous païen, alors, ou bien qu'êtes-vous?

— Je n'ai pas de religion », répondit le Bohémien.

Durward recula de surprise. Il avait bien entendu parler de Sarrasins et d'idolâtres, mais jamais il ne lui serait venu à la pensée qu'il pût exister une réunion d'hommes ne pratiquant aucun culte. Revenu de sa surprise, il demanda au guide où il vivait d'ordinaire.

« Là où je me trouve pour le moment, répondit le Bohémien, je n'ai pas de foyer.

— Mais comment faites-vous pour mettre en sûreté ce que vous possédez ?

— Excepté les vêtements que je porte et le cheval que je monte, je ne possède rien.

— Et pourtant vos vêtements sont riches, et vous êtes bien monté, dit Durward. Quels sont donc vos moyens d'existence ?

— Je mange quand j'ai faim, et je bois quand j'ai soif; je n'ai pas d'autres moyens d'existence que ceux que m'offre le hasard, répliqua le vagabond.

— Sous quelles lois vivez-vous ?

— Je n'obéis à personne, sinon quand j'y trouve mon compte, soit en vue de mon plaisir, soit en vue de mes besoins.

— Quel est votre chef ? qui vous commande ?

— Le père de notre tribu, s'il me plaît de lui obéir, dit le guide. Autrement je n'ai pas de chef.

— Alors, reprit Quentin de plus en plus surpris, vous êtes dépourvu de tout ce qui réunit les hommes en sociétés... Vous n'avez ni loi, ni chef, ni moyens fixes d'existence, ni maison, ni foyer, ni religion.

— J'ai la liberté, dit le Bohémien; je ne rampe devant personne..., je n'obéis à personne..., je ne respecte personne... Je vais où je veux, je vis comme je peux, je meurs quand mon jour est venu.

— Mais le bon plaisir d'un juge peut vous faire mourir à la minute même ?

— Soit, répondit le Bohémien, ce n'est que mourir un peu plus tôt.

— Et quand on vous met en prison, dit l'Ecossais, où est cette liberté si vantée ?

— Dans ma pensée, que rien ne peut enchaîner, riposta le Bohémien. La vôtre, même quand votre corps est libre de tous liens, demeure enchaînée par vos lois et par vos superstitions, par vos rêves creux d'attachement à un lieu, par vos visions fantastiques de civilisation. Mes pareils sont libres en esprit, quand leur corps est dans les fers. Vous, votre esprit est enchaîné, même quand votre corps est en liberté.

— Mais la liberté de votre pensée, dit l'Ecossais, n'empêche pas vos fers de vous meurtrir la chair.

— La souffrance, on peut l'endurer un certain temps, répliqua le vagabond; si dans la durée de cette période je ne réussis pas à me délivrer moi-même, si mes camarades ne viennent pas à mon secours, je puis toujours mourir, et la mort, c'est la liberté. »

Il y eut alors un assez long silence, que Quentin finit par rompre en reprenant la suite de ses questions.

« Votre race est une race errante, inconnue des nations de l'Europe. D'où tire-t-elle son origine?

— Je ne puis vous le dire, répondit le Bohémien.

— Quand délivrera-t-elle ce royaume de sa présence en retournant au pays d'où elle est venue?

— Au jour où son pèlerinage sera accompli, répondit le guide.

— N'êtes-vous pas issus des tribus d'Israël qui furent emmenées en captivité au delà du grand fleuve de l'Euphrate? demanda Quentin, qui n'avait pas oublié l'enseignement des moines d'Aberbrothick.

— Si nous venions d'elles, répondit le Bohémien, nous aurions suivi leur foi et pratiqué leurs rites.

— Toi, quel est ton nom?

— Mon vrai nom n'est connu que de mes frères; les autres hommes m'appellent Hayreddin Maugrabin, c'est-à-dire Hayreddin le More d'Afrique.

— Tu parles trop bien pour avoir vécu dans ta misérable horde, dit l'Ecossais.

— Quand j'étais tout petit, répondit Hayreddin, notre tribu fut pourchassée par des chasseurs de chair humaine. Ma mère eut la tête traversée d'une flèche et mourut. Je fut pris par ceux qui la poursuivaient. Une prêtre me tira par ses prières des mains des archers du prévôt, et m'éleva pendant quelques années comme un Français.

— Comment l'avez-vous quitté?

— Je lui volai de l'argent, et même le Dieu qu'il adorait, répondit Hayreddin le plus tranquillement du monde; il découvrit le vol et me battit. Je le tua d'un coup de couteau, et je m'enfuis dans les bois, où je retrouvai ma tribu.

— Misérable! s'écria Durward, vous avez réellement assassiné votre bienfaiteur?

— De quel droit m'imposait-il le fardeau de ses bienfaits? Le petit Zingaro n'était pas un chien domestique pour le suivre le nez sur ses talons, et pour ramper sous ses coups, en échange d'un peu de nourriture. C'était un louveteau emprisonné, qui saisit la première occasion de briser sa chaîne, de déchirer son maître et de s'en retourner dans les bois.

— N'est-il pas vrai, reprit Quentin, que votre race, malgré son ignorance, prétend connaître l'avenir?

— Oui, dit Hayreddin, nous avons cette prétention très justifiée. D'après les lignes de la figure et celles de la main de ceux qui nous consultent, nous pouvons leur prédire leur destinée à venir.

— Je doute de votre science, et je vous mets au défi de m'en donner des preuves.

— Ne me défiez pas, sire écuyer, dit Hayreddin Maugrabin. Dites ce que vous voudrez de votre religion, mais la déesse que vous adorez chevauche en cette compagnie.

— Paix ! fit Quentin stupéfait; sur ta vie, pas un mot de plus, sauf pour répondre à mes questions. Es-tu capable d'être fidèle ?

— Je le suis..., tous les hommes le sont, dit le Bohémien.

— Mais seras-tu fidèle ?

— M'en croirais-tu davantage, si je te le jurais ? répondit Maugrabin avec un ricanement.

— Ta vie est entre mes mains, dit le jeune Ecossais.

— Frappe, et tu verrais si j'ai peur de la mort, répondit le Bohémien.

— L'argent ferait-il de toi un guide fidèle ?

— Si je n'étais pas fidèle sans cela, non ! répliqua le païen.

— Alors, comment t'attacher ? demanda l'Ecossais.

— Par la bonté, répondit le Bohémien.

— Faut-il que je te jure de le traiter avec bonté, si tu te montres fidèle dans ce pèlerinage ?

— Non, ce serait peine perdue. Je suis déjà lié à toi.

— Comment ? s'écria Durward plus surpris que jamais.

— Souviens-toi du châtaignier des bords du Cher. La victime dont tu as coupé la corde était mon frère, Zamet le Maugrabin. »

Là-dessus, Durward le quitta pour rejoindre le reste de l'escorte, assez mal satisfait du personnage, et peu disposé à avoir foi dans ses promesses de reconnaissance.

Il sonda alors les deux autres hommes que l'on avait mis sous ses ordres, et fut fort désappointé de les trouver stupides, et aussi peu capables de lui donner un bon conseil à l'occasion qu'ils l'avaient été de lui donner un coup de main lors de l'attaque des deux chevaliers.

« Tant mieux, se dit-il enfin, sentant croître son courage en proportion des difficultés qui menaçaient de l'assaillir, cette charmante jeune dame me devra tout. J'ai le droit de compter sur ce que peuvent un bras et une tête. J'ai vu brûler la maison paternelle; j'ai vu mon père et mes frères étendus morts au milieu des flammes. Je n'ai pas reculé d'un pouce et je me suis battu jusqu'à la fin. Maintenant j'ai deux ans de plus, et j'ai à défendre la meilleure et la plus belle cause qui ait jamais enflammé le courage d'un homme. »

Sa résolution une fois prise, Durward, pendant tout le reste du voyage, montra tant d'activité et d'attention, qu'il semblait avoir le don d'ubiquité. Néanmoins son poste favori était à côté des dames. Sensibles aux soins diligents qu'il prenait de leur sûreté, elles commencèrent à parler avec lui sur le ton de l'amitié familière. Ce qui leur plaisait surtout en lui, c'était le singulier mélange de naïveté et de sagacité qu'il montrait dans la conversation. Mais le plaisir qu'il trouvait dans leur société ne lui ôtait rien de sa vigilance et de son activité.

Ils voyagèrent ainsi pendant plus d'une semaine, cheminant par les sentiers détournés, à travers des districts peu fréquentés, afin d'éviter les grandes villes. Il ne leur était rien arrivé de remarquable, sinon de rencontrer assez fréquemment des troupes de Bohémiens en voyage, des soldats débandés ou plus exactement des bandits ou des patrouilles de la maréchaussée; mais les Bohémiens les respectaient, les voyant sous la conduite d'un des leurs; les bandits passaient leur chemin, les trouvant en force. La maréchaussée s'inclinait devant un laisser-passer que Louis XI avait remis de sa propre main à Quentin Durward.

Ils faisaient halte principalement dans les monastères, dont la plupart étaient tenus, par les règles mêmes de leur institution, de recevoir les pèlerins. Les comtesses de Croye prétextaient généralement les fatigues du voyage pour se retirer immédiatement dans leurs chambres. Quentin, leur prétendu maître d'hôtel, arrangeait toutes choses avec une intelligence et une activité qui accroissaient chaque jour leur reconnaissance.

C'était, dans ces occasions, la personne du guide qui causait le plus d'embarras au chef de l'expédition. Païen, vagabond infidèle, adonné aux sciences occultes (comme tous ceux de sa tribu), on considérait généralement Maugrabin comme indigne de l'hospitalité d'un couvent; et ce n'est qu'avec une extrême répugnance qu'on le logeait dans les dépendances extérieures. Ce qui embarrassait Quentin, c'est que, d'une part, il fallait éviter de blesser un homme qui connaissait le secret de l'expédition, et de l'autre le surveiller sans en avoir l'air, pour l'empêcher d'avoir des communications avec le dehors. Cette surveillance devenait impossible quand on reléguait Maugrabin hors des murs du couvent où les voyageurs faisaient halte; et Durward ne pouvait s'empêcher de penser que le Bohémien préférait cet arrangement, et s'ingéniait même pour n'être point admis dans l'enceinte sacrée. Au lieu de demeurer tranquille dans le logis qu'on lui assignait, il s'étudiait par sa conversation, ses tours et ses chansons à dissiper les novices et les jeunes frères et à scandaliser les vieux moines. Trop souvent il fallait l'autorité et les menaces de Quentin pour réprimer ses plaisanteries intempestives, et son intervention auprès des supérieurs pour empêcher ce chien de païen d'être jeté à la porte.

Mais vers le dixième ou douzième jour du voyage, sur le territoire flamand, aux approches de la ville de Namur, tous les efforts de Quentin furent insuffisants pour prévenir les conséquences d'un scandale causé par son guide païen. Le lieu de la scène était un couvent de Franciscains réformés, dont la règle était très sévère, et dont le prieur mourut plus tard en odeur de sainteté. Quentin, comme il fallait s'y attendre, avait eu à vaincre plus de scrupules que jamais pour faire loger son odieux Bohémien dans un bâtiment extérieur, habité par un frère lai faisant office de jardinier. Les dames s'étaient retirées dans leur appartement, comme d'habitude. Le prieur, qui se trouvait avoir en Ecosse quelques amis et quelques parents éloignés, et qui aimait à entendre les étrangers parler de leur pays, invita Quentin à un petit repas monastique dans sa propre cellule. Comme ce Père était un homme intelligent, Quentin en profita pour se faire renseigner sur l'état des affaires dans le pays de Liège. Pendant les derniers jours il avait appris certaines choses qui lui donnaient des appréhensions sur la sécurité des comtesses de Croye. Il doutait même que l'évêque fût en état de les protéger, après qu'elles auraient été conduites saines et sauves jusqu'à sa résidence. Les réponses du Père n'étaient pas pour diminuer ses appréhensions.

« Les gens de Liège, disait-il, avaient eu à plusieurs reprises des disputes avec le duc de Bourgogne, à propos d'impôts et d'immunités. Ils en étaient venus plusieurs fois à une mutinerie ouverte. Le duc en avait conçu une violente colère, et il avait juré par saint George qu'à la première provocation, il traiterait Liège comme on avait traité autrefois Babylone et Tyr, et en ferait un objet de honte et de reproche pour tout le territoire de Flandre.

— Et, dit Quentin, d'après ce que l'on rapporte de lui, il est prince à accomplir ses menaces. Aussi, probablement, les gens de Liège se tiendront pour avertis.

— C'est à espérer, reprit le prieur, et c'est l'objet des prières de toutes les personnes pieuses du pays. Le bon évêque de Liége travaille nuit et jour à maintenir la paix, comme il convient à un serviteur de l'autel. Mais les gens de Liège sont poussés sous main à leurs fréquentes révoltes par des hommes de Bélial, qui prétendent, à tort je l'espère, avoir derrière eux notre Roi Très Chrétien. Et puis, il y a dans le pays un noble de bonne naissance, qui a la réputation d'un bon homme de guerre. Mais, pour le reste, c'est, pour ainsi dire, *Lapis offensionis et petra scandali* pour les pays de Bourgogne et de Flandre. Il s'appelle Guillaume de La Marck.

— L'homme à la barbe, dit le jeune Ecossais, ou le Sanglier des Ardennes.

— Un vrai sanglier, mon fils, reprit le prieur : il est toujours prêt à piétiner les gens et à les déchirer de ses défenses.

— Ce qui m'étonne, dit Quentin, c'est que le duc de Bourgogne, un prince si fort et si puissant, ne donne pas la chasse à ce sanglier, dont j'ai si souvent entendu parler.

— Hélas ! mon fils, repartit le prieur, le duc de Bourgogne est présentement à Péronne, assemblant le ban et l'arrière-ban de ses fidèles pour faire la guerre à la France. Et pendant que le ciel sème la discorde entre deux grands princes, le pays est en proie à des oppresseurs d'ordre inférieur. Mais le duc prend mal son temps pour négliger ces plaies intérieures; car Guillaume de La Marck entretient depuis quelque temps des communications à ciel ouvert avec Rouslaer et Pavillon, les deux chefs des mécontents de Liège, et très probablement il les poussera d'ici peu à quelque entreprise désespérée.

— Mais, mon bon Père, dit Quentin, est-ce que l'évêque de Liège n'est pas assez puissant pour étouffer ces germes de révolte ?

— L'évêque, mon enfant, répondit le prieur, a l'épée de saint Pierre aussi bien que ses clefs. Il a de la puissance comme prince séculier, et de plus la protection de la puissante maison de Bourgogne. Il a encore l'autorité spirituelle comme prélat, avec une force raisonnable de bons soldats et d'hommes d'armes pour soutenir sa double dignité. Ce Guillaume de La Marck a été élevé dans sa maison, et est son obligé pour de nombreux bienfaits. Mais déjà pendant son séjour chez l'évêque il a donné carrière à sa violence sanguinaire, et il a été chassé de sa cour pour homicide commis sur la personne d'un des principaux serviteurs de l'évêque. Depuis ce jour-là, il a été son ennemi implacable. Et maintenant, j'ai le regret de le dire, il a ceint ses reins, et aiguisé ses cornes pour se ruer sur lui.

— Vous considérez donc la situation du digne prélat comme dangereuse ? demanda Quentin avec anxiété.

— Hélas! mon fils, dit le bon Franciscain, qui n'est pas en danger en ce moment? Dieu me préserve cependant de dire que le révérend prélat est dans un danger imminent. Il a un trésor bien rempli, des conseillers sûrs et de bons soldats; d'ailleurs un messager qui a passé ici hier, s'en allant dans l'est, a dit que le duc de Bourgogne avait dépêché, à la requête de l'évêque, cent hommes d'armes pour lui venir en aide. C'est une force suffisante pour tenir tête à Guillaume de La Marck, que Dieu confonde! Amen. »

Leur conversation fut interrompue par l'arrivée du sacristain, qui, d'une voix étranglée par la colère, accusa le Bohémien de toutes sortes d'abominations : il avait enivré les plus jeunes frères, en versant dans leurs coupes, au repas du soir, un cordial dix fois plus énergique que le vin le plus capiteux. Plusieurs des frères avaient succombé à l'ivresse, et l'on pouvait voir à l'éclat de sa figure enflammée et à la difficulté de sa parole que lui-même avait subi l'influence du cordial diabolique. De plus, le Bohémien avait chanté des chansons sur les vanités du monde et ses plaisirs impurs; il avait tourné en dérision le cordon de saint François et ses miracles, et traité les frères de son ordre de sots et de coquins paresseux.

Le Père prieur écouta quelque temps sans rien dire, comme frappé d'une muette horreur. Quand le sacristain eut tout dit, le prieur descendit dans la cour du couvent et ordonna aux frères lais, sous les peines les plus sévères en cas de désobéissance, de chasser le païen du couvent à coup de fouet et de manche à balai. La sentence fut donc exécutée en présence de Quentin Durward, qui, malgré sa contrariété, jugea inutile de se mêler de l'affaire.

La discipline administrée au coupable était, malgré les exhortations du supérieur, plutôt grotesque que terrible. Le Bohémien courait çà et là à travers la cour, au milieu des cris et du bruit des coups, dont beaucoup ne l'atteignaient pas, parce que l'on faisait exprès de frapper à côté. Ceux qui lui étaient réellement destinés, il les esquivait à force d'agilité; quant à ceux qui lui tombaient sur le dos et sur les épaules, il les recevait sans rien dire et sans chercher à se défendre. Le bruit et le désordre étaient au comble, parce que les moines, peu rompus à l'exercice du bâton, frappaient les uns sur les autres plus souvent que sur lui. Pour mettre fin à une scène plus scandaleuse qu'édifiante, le prieur fit ouvrir la petite porte, et le Bohémien, rapide comme un trait, s'élança au dehors, à la clarté de la lune.

Pendant cette scène, un soupçon, que Durward avait déjà conçu précédemment, se présenta à son esprit avec plus de force que jamais. Le matin même, Hayreddin lui avait promis de se conduire avec plus de décence, et il avait manqué à sa promesse. Il y avait probablement quelque chose là-dessous; car, quoi qu'en pût reprocher au Bohémien, il ne manquait ni de bon sens ni de retenue, quand il lui plaisait d'en avoir. Peut-être désirait-il communiquer soit avec sa horde, soit avec quelque complice. Empêché pendant le jour par la surveillance continuelle de Quentin, n'avait-il pas eu recours à ce stratagème pour se faire mettre à la porte du couvent?

A peine Durward eut-il conçu ce soupçon, qu'il décida de l'éclaircir aussitôt. En conséquence, dès que le Bohémien eut pris la clef des champs, Quentin, en deux mots, expliqua au prieur la nécessité où il était d'avoir l'œil sur son guide, et il s'élança à sa poursuite.

CHAPITRE XVII
L'ESPION EPIE

Il le vit, de loin, traverser le petit village et ensuite une prairie.

N'ayant ni son manteau ni son armure, le montagnard écossais suivit sans peine de fuyard, à distance raisonnable pour ne point attirer son attention. Le Bohémien allait droit devant lui, preuve qu'il avait un but déterminé d'avance; il ne regardait même pas en arrière. Au bout de la prairie, auprès d'un petit ruisseau bordé d'aunes et de saules pleureurs, il s'arrêta. Alors il tira de sa corne une note discrète, à laquelle répondit un sifflement à quelque distance.

« C'est un rendez-vous », pensa Quentin. Aussitôt il descendit dans le lit du ruisseau et s'avança lentement, caché dans l'ombre des arbres; le murmure du ruisseau couvrait le bruit de ses pas. Il put donc s'approcher sans être aperçu. Bientôt, sans distinguer les paroles, il entendit le son de deux voix. Se trouvant alors sous un énorme saule pleureur, il saisit une des maîtresses branches et monta sur l'arbre, où il s'assit parmi les branches centrales, caché ainsi à tous les regards.

D'où il était, il reconnut que l'interlocuteur de Hayreddin était un individu de sa tribu, et découvrit, à son grand désappointement, qu'il ne comprenait pas une de leurs paroles. Ils riaient beaucoup; et comme Hayreddin faisait le mouvement de sauter dans tous les sens et se frottait ensuite l'épaule avec sa main, Durward se tint pour assuré qu'il racontait à l'autre comme quoi il avait reçu la bastonnade avant de pouvoir s'échapper du couvent.

Tout à coup, un autre appel de sifflet se fit entendre à distance. Hayreddin y répondit par deux notes discrètes de sa corne. Aussitôt un homme grand et fort, d'apparence martiale, apparut sur le lieu de la scène. Il avait, passé par-dessus l'épaule, un large baudrier qui soutenait une grande épée; il portait un haut-de-chausses à crevés et un justaucorps de buffle, sur la manche droite duquel était brodée en argent une tête de sanglier, cimier de son capitaine. Un tout petit chapeau était posé coquettement de côté sur sa tête. De nombreuses boucles frisées encadraient sa large figure et se mêlaient avec sa barbe, longue de quatre pouces. Il portait à la main une longue lance. C'était un de ces aventuriers allemands que l'on appelait alors des lansquenets.

« Eh, l'ami ! dit-il avec un fort accent allemand; pourquoi m'avez-vous fait croquer le marmot trois nuits de suite ?

— Je n'ai pas pu venir plus tôt, Meinherr, dit Hayreddin d'un ton très humble. Tous nos mouvements sont surveillés par un jeune Écossais dont l'œil est aussi vif que celui d'un chat sauvage. Il me soupçonne déjà, et si ses soupçons étaient confirmés, il me tuerait sur place et ramènerait les femmes en France.

— Nous sommes trois, riposta le lansquenet; nous les attaquerons demain et nous emmènerons les femmes, sans attendre plus longtemps. Vous m'avez dit que les deux valets sont des couards; vous et votre camarade, vous pouvez vous en arranger, et que le diable m'emporte si je ne fais pas mon affaire de votre chat sauvage d'Écosse !

— Alors, vous serez embuscade à la Croix des Trois-Rois, dit Hayreddin, ou bien il faut renoncer à l'aventure.

— Renoncer... renoncer à l'aventure quand il s'agit d'une riche fiancée pour notre noble capitaine ! Diable, je ferais plutôt une trouée à travers l'enfer ! Par mon âme ! nous serons tous princes et ducs, et nous ferons un tour à la cave, et nous empocherons les vieilles pièces d'or de France !

— L'embuscade à la Croix des Trois-Rois tient toujours ? dit le Bohémien.

— Mein Gott, oui..., vous allez jurer de les y conduire... Et quand ils seront tous à genoux devant la croix, descendus de leurs chevaux, comme tout le monde en descend sauf les noirs païens comme toi, nous tombons dessus, et ils sont à nous.

— Oui; mais si j'ai promis cette vilenie nécessaire, c'est à une condition, dit Hayreddin. Je ne veux pas qu'on touche à un cheveu de la tête du jeune homme. Si vous me le jurez par vos trois morts de Cologne, je vous jurerai par les sept rôdeurs de nuit que je vous servirai fidèlement en tout le reste. Et quand on viole son serment, les sept rôdeurs de nuit vous réveillent sept nuits de suite, et, la huitième, ils vous étranglent pour vous dévorer.

— Mais, tonnerre ! dit l'Allemand, pourquoi prendre tant de souci de la vie de ce garçon, puisqu'il n'est pas de votre sang ?

— Peu vous importe, honnête Heinrich, il y a des gens qui aiment à couper des gorges, d'autres qui préfèrent les maintenir intactes. Ainsi donc, jurez-moi que vous ne toucherez pas à un cheveu de sa tête, ou, par la brillante étoile Aldébaran, restons-en là. »

Le soudard jura, et les dignes amis se séparèrent.

La première idée de Quentin lorsqu'il avait entendu le Bohémien avouer sa trahison, avait été de le tuer aussitôt qu'ils seraient seuls. Mais, touché du soin que l'autre prenait de sa vie, il résolut de l'épargner, et même de se servir encore de lui comme guide, mais en prenant ses précautions. Il s'arrangerait pour éviter l'embuscade de la Croix des Trois-Rois, et remettrait les deux comtesses à la garde de l'excellent évêque de Liège.

Et pourquoi lui-même ne prendrait-il pas du service auprès du prince-évêque, qui devait avoir besoin, dans les circonstances présentes, de serviteurs vaillants et fidèles ? Le roi Louis l'avait, de sang-froid, condamné à la mort ou à la captivité : il se croyait donc suffisamment délié de ses engagements envers la couronne de France. Les dames de Croye le recommanderaient à l'évêque, surtout la tante, et qui, sait ? l'évêque lui confierait peut-être l'honorable mission de les conduire dans un autre asile, s'il ne les croyait pas en sûreté auprès de lui. De toutes ces circonstances il pourrait peut-être résulter quelque chose.

Restait maintenant à régler le détail de sa conduite avec le Bohémin. Le tuer, il n'y songeait plus. Le congédier vivant, c'était envoyer au camp de Guillaume de La Marck un traître bien au courant des mouvements de sa petite troupe. Il le garderait donc et agirait selon l'inspiration du moment et le cours des circonstances.

Il rentra au couvent en faisant un grand détour pour ne pas rencontrer le Bohémien. Quand il frappa discrètement à la porte, un frère aposté par le prieur la lui ouvrit; il lui apprit que les moines étaient au chœur, et qu'ils y resteraient jusqu'au point du jour, priant le ciel de pardonner à la communauté les différents scandales de la soirée.

Le bon frère lui offrit d'aller au chœur, mais Durward déclina cette offre; il aimait mieux sécher ses vêtements humides au feu de la cuisine, afin que le soupçonneux Bohémien, le lendemain matin, les voyant en leur état ordinaire, ne pût avoir la moindre idée de l'escapade de son chef.

Le frère ayant offert à Durward de lui tenir compagnie, le jeune Ecossais accepta avec empressement. Dans sa conversation avec le lansquenet, le Bohémien avait parlé de deux routes différentes que l'on pouvait prendre pour gagner Liège; peut-être le frère pourrait-il lui donner quelques renseignements là-dessus. Le frère lui apprit que l'une de ces routes suivait la rive droite et l'autre la rive gauche de la Meuse. Mais, comme ces dames accomplissaient un pèlerinage, elles étaient tenues de prendre la rive droite pour aller prier à la Croix des Trois-Rois.

Quentin répondit que ces dames avaient l'intention de s'arrêter à toutes les stations consacrées, avec la plus scrupuleuse ponctualité, et visiteraient certainement celle de la Croix, soit en allant à Cologne, soit au retour; mais elles avaient entendu dire que la rive droite n'était pas sûre en ce moment, parce qu'on y signalait la présence des soldats du féroce Guillaume de La Marck.

« Dieu nous préserve, dit le moine, de voir le Sanglier des Ardennes faire sa bauge si près de nous! Dans tous les cas, la Meuse serait une barrière suffisante entre lui et nous.

— Mais, objecta l'Écossais, ce ne serait pas une barrière suffisante entre ces dames et les maraudeurs, si nous traversions la rivière pour voyager sur la rive droite.

— Dieu protège les siens, jeune homme », dit le frère.

En sa qualité de bon catholique, Quentin était tout disposé à croire en la protection spéciale de Melchior, de Gaspar et de Balthasar; mais il n'osait y compter dans le cas présent, puisque le pèlerinage n'était qu'une feinte. Il résolut donc de ne pas placer les dames de Croye en situation d'avoir à compter sur une intervention miraculeuse. En même temps, il se promit à lui-même de faire, de sa personne, un pèlerinage à la Croix des Mages, si son entreprise tournait à bien.

CHAPITRE XVIII

LA CHIROMANCIE

Le lendemain, à l'heure du départ, le Bohémien n'avait pas reparu. Le prieur donna sa bénédiction aux voyageurs, et félicita Quentin d'être débarrassé de son guide païen. « Car, disait cet homme vénérable, il vaut mieux faire un faux pas en chemin que d'être soutenu par le bras d'un voleur ou d'un brigand. »

Quentin n'était pas tout à fait de son avis. Sans doute il tenait le Bohémien pour un homme dangereux; mais il croyait pouvoir user de ses services, et en même temps déjouer sa trahison, maintenant qu'il savait à quoi s'en tenir. Les inquiétudes de Quentin à ce sujet ne furent pas de longue durée. La petite cavalcade était à peine à cent pas du monastère et du village, quand Maugrabin la rejoignit, monté sur son ardent petit cheval sauvage.

« Où as-tu passé la nuit, profane coquin? lui demanda Quentin.

— Vous n'avez qu'à me regarder pour le deviner, répondit le Bohémien en désignant son vêtement tout couvert de foin.

— Une meule de foin, dit Quentin, c'est encore trop bon pour un astrologue, pour un païen qui ose se moquer de notre sainte religion et de ses ministres.

— Klepper s'en est arrangé mieux que moi, y trouvant le vivre et le couvert, dit Hayreddin en donnant de petites tapes d'amitié sur le cou de son cheval. Ces vieux sots de tondus l'ont mis à la porte aussi. Heureusement qu'il connaît mon coup de sifflet et me suit comme un chien. »

Quentin lui tourna le dos pour aller prendre sa position habituelle à côté des dames. Il fut, sans s'en apercevoir, plus silencieux que d'habitude. Dame Hameline l'en plaisanta, et l'accusa même d'avoir passé une trop joyeuse nuit en compagnie des moines; il s'en défendit plus sérieusement qu'il n'était nécessaire.

« Alors, répliqua dame Hameline, vous êtes préoccupé de quelque danger qui nous menace.

— Voilà une heure que je l'ai deviné à l'expression de ses

regards, s'écria la comtesse Isabelle. Vierge sainte, que va-t-il advenir de nous ?

— Rien de fâcheux, j'espère, répondit Quentin. Et maintenant, je suis obligé de vous adresser une question... Nobles dames, croyez-vous pouvoir vous fier à moi ?

— Nous fier à vous ? répondit la comtesse Hameline; certainement; mais pourquoi cette question ?

— Moi, dit la comtesse Isabelle, je me fie à vous sans réserve. Si vous étiez capable de nous tromper, Quentin, je ne croirais plus à la vérité sur cette terre.

— Noble dame, répondit Quentin au comble du ravissement, vous ne faites que me rendre justice. Mon intention est de changer de route, et de vous conduire à Liège par la rive gauche de la Meuse, au lieu de traverser la rivière à Namur. C'est contraire aux ordres du roi et aux instructions données à notre guide. Mais on parle de maraudeurs sur la rive droite, et d'un corps de soldats bourguignons lancés à leur poursuite. Ces deux circonstances m'inspirent des inquiétudes pour votre sûreté. Me permettez-vous ce changement de route ?

— Sans réserve, dit la comtesse Isabelle.

— Cousine, reprit dame Hameline, je suis sûre comme vous que les intentions de ce jeune homme sont excellentes; mais nous désobéissons au roi, qui, à plusieurs reprises, a insisté sur ses recommandations.

— Que nous importent ses recommandations ? reprit la comtesse Isabelle. Dieu merci ! je ne suis pas sa sujette; et comme suppliante, je ne lui dois rien non plus : il a forfait à sa parole. Je ne voudrais pas outrager ce jeune gentilhomme en hésitant une seule minute entre sa parole et les injonctions d'un vieux despote rusé et égoïste.

— Dieu vous bénisse, madame, pour ce que vous venez de dire ! s'écria Quentin, le cœur plein de joie, et si je ne m'en rendais pas digne, je mériterais d'être écartelé en ce monde et damné dans l'autre. »

Là-dessus il piqua des deux et rejoignit le Bohémien.

« Honnête Hayreddin, dit-il, voici dix jours que nous voyageons ensemble, et tu ne nous as encore donné aucun échantillon de ton savoir-faire comme diseur de bonne aventure.

— C'est que vous ne m'en avez jamais demandé, répondit Hayreddin. Vous êtes comme tous les autres, vous vous contentez de tourner en ridicule des mystères que vous ne pouvez pas comprendre.

— Eh bien ! donne-moi immédiatement des preuves de ton

savoir », dit Quentin; et, retirant son gantelet, il tendit sa main au Bohémien.

Hayreddin considéra avec attention les lignes qui s'entrecroisaient sur la paume du jeune Ecossais, et aussi les petites protubérances et les petites dépressions à la naissance des doigts.

« Voici une main, dit-il, qui parle de fatigues endurées et de dangers bravés. Elle a fait connaissance de bonne heure avec la garde de l'épée et aussi avec les fermoirs du livre de messe.

— Cette partie de mon passé, quelqu'un peut te l'avoir révélée, objecta Quentin; parle-moi plutôt de l'avenir.

— Cette ligne, dit le Bohémien, qui part de la colline de Vénus, et qui, au lieu de s'interrompre brusquement, suit et accompagne la ligne de vie, présage sans faute une grande fortune par suite de mariage; la personne en question sera élevée au rang des riches et des nobles par l'influence d'un amour heureux.

— Ces promesses-là, vous les faites à tous ceux qui vous consultent, reprit Quentin; cela fait partie de votre art.

— Ce que je vous prédis est aussi certain que ce que je lis encore dans les lignes de votre main; dans peu vous serez menacé d'un grand danger, coup d'épée ou autre violence, et vous serez tiré de ce danger par l'attachement d'un ami fidèle.

— Toi, eh? dit Quentin, indigné de voir le chiromancien abuser de sa crédulité, et chercher à fonder sa réputation en prédisant les conséquences de sa propre perfidie.

— Mon art, répondit le Zingaro, ne m'apprend rien sur ce qui me concerne moi-même.

— Sur ce point, alors, dit Quentin, les voyants de mon pays dépassent votre science si vantée, car ils peuvent prévoir les dangers dont ils sont menacés. J'ai moi-même, à un certain degré, le don de seconde vue. Hayreddin, le danger qui me menace est sur la rive droite de la Meuse, et je l'éviterai en suivant la rive gauche pour gagner Liège. »

Le guide l'écouta avec un calme qui surprit Quentin. « Dans ce cas-là, dit-il, ce n'est plus vous, c'est moi que le danger menacera.

— Je croyais, riposta Quentin, que vous ne pouviez pas vous dire la bonne aventure à vous-même?

— Pas comme vous l'entendez, répondit Hayreddin; mais il n'est pas nécessaire de connaître bien à fond Louis de Valois pour deviner qu'il fera pendre votre guide, parce qu'il vous aura plu de changer de route.

— Le seul fait d'avoir atteint le but, dit Quentin, sera une excuse suffisante.

— Sans doute, répliqua le Bohémien, si vous êtes sûr que le roi attendait de ce pèlerinage le résultat qu'il vous a fait entrevoir.

— Qu'en pouvait attendre? demanda Quentin, et de quel droit lui supposez-vous d'autres intentions que celles qu'il m'a fait connaître?

— De quel droit! répliqua le Zingaro; quand on connaît un peu le Roi Très Chrétien, on sait que quand il a une chose à cœur, c'est celle-là qu'il cherche à tenir secrète. Si le roi Louis envoie douze ambassades, on peut être sûr que pour onze, au moins, il est resté au fond de l'encrier beaucoup plus que la plume n'a écrit sur les lettres de créance.

— Je méprise tes odieux soupçons, répondit Quentin. Mon devoir est net et péremptoire, conduire ces dames à Liège; et je suis sûr de m'y conformer en suivant la rive gauche de la Meuse. Cette route est aussi directe que l'autre. Traverser la rivière, ce serait une perte de temps et une fatigue inutile. Alors pourquoi la traverser?

— Parce que les pèlerins, ou prétendus tels, quand ils s'en vont à Cologne, dit Hayreddin, ne descendent pas d'habitude la Meuse jusqu'à Liège; et l'on trouvera qu'en prenant la rive gauche, ces dames donnent un démenti à leurs propres affirmations.

— Si l'on nous cherche noise à ce sujet, reprit Quentin, nous alléguerons la présence sur la rive droite du duc de Gueldres, de Guillaume de La Marck, des écorcheurs et des lansquenets.

— Comme il vous plaira, mon bon seigneur, répliqua le Bohémien. Je suis prêt à vous servir de guide sur l'une et l'autre rive. Vous vous arrangerez avec votre maître. »

La petite troupe suivit donc la rive gauche de la Meuse, et, le lendemain matin, arriva sans encombre au terme de son voyage. L'évêque de Liège, pour raison de santé, à ce qu'il disait, mais probablement pour éviter d'être surpris par la population séditieuse de la ville, avait établi sa résidence dans son beau château de Schonwaldt, à environ un mille de Liége.

Comme les voyageurs approchaient du château, ils virent le prélat qui revenait, à la tête d'une longue procession, de la ville, où il était allé dire la grand'messe. Le cortège se composait de religieux, de soldats et de personnages de condition civile.

En arrivant au château même, les voyageurs s'aperçurent que, malgré tout ce déploiement de pompe et de puissance, il régnait aux alentours un sentiment d'inquiétude et d'alarme. Tout autour du palais et dans le voisinage, on voyait postés de forts détachements de soldats de la garde du prélat. Pour que le palais d'un homme d'église eût pris un aspect aussi martial, il fallait que l'évêque se crût en danger. Aussitôt que Quentin eut annoncé les dames de Croye, elles furent introduites dans la grande galerie, avec tout le respect dû à leur rang. L'évêque, à la tête de sa petite cour, leur fit la plus cordiale réception : il ne voulut pas leur permettre de lui baiser la main, et leur souhaita la bienvenue par un salut des plus gracieux.

Louis de Bourbon, prince-évêque de Liège, était bon et généreux; s'il n'avait pas toujours montré l'austérité que l'on attend d'un prêtre, du moins il avait toujours maintenu le caractère de franchise et d'honneur de la maison de Bourbon.

En prenant de l'âge, le prélat avait adopté des habitudes plus conformes à sa dignité de prince de l'Église; les princes ses voisins l'aimaient comme un noble ecclésiastique, généreux et magnifique dans sa manière de vivre. Son caractère n'avait rien d'ascétique, et il gouvernait avec une négligence aimable, faite plutôt pour encourager que pour réprimer les rébellions de la populeuse et riche cité de Liège.

Il y avait entre l'évêque et le duc de Bourgogne une alliance si étroite, que le duc allait presque jusqu'à réclamer sa part de souveraineté dans l'évêché. Comme le prélat acceptait avec son nonchaloir habituel une revendication qu'il eût pu facilement disputer, le duc de Bourgogne, en toute occasion, prenait son parti avec cet emportement furieux qui faisait le fond de son caractère.

Le prélat promit aux dames de Croye d'user de toute son influence auprès de la cour de Bourgogne, au mieux de leurs intérêts. Il comptait d'autant plus sur le succès, que Campo-Basso ne tenait plus un si haut rang dans la faveur de Charles. Il les assura en outre de sa protection; mais le soupir avec lequel il leur donna cette assurance prouvait que sa puissance était précaire, plus précaire qu'il n'eût voulu l'avouer en paroles.

« A tout événement, mes très chères filles, dit l'évêque, le ciel m'est témoin que je n'abandonnerai pas l'agneau au loup dévorant, ou de nobles dames à l'oppression des félons. Je suis un homme de paix, quoique ma maison retentisse du bruit des armes; mais soyez sûres que je veillerai à votre sûreté comme à la mienne. Si les choses prenaient une tournure plus menaçante, je vous donnerais un sauf-conduit pour l'Allemagne. La volonté même de notre frère et protecteur Charles de Bourgogne ne saurait nous contraindre à disposer de vous contre votre gré. Nous ne pouvons faire droit à votre requête de vous envoyer dans un couvent; car, hélas! telle est l'influence des fils de Bélial parmi les habitants de Liège, que nous ne connaissons pas de retraite sur laquelle s'étende notre autorité, en dehors des limites de notre propre château. Mais vous êtes les très bienvenues ici, et votre suite y sera traitée honorablement, surtout ce jeune homme que vous nous recommandez si particulièrement, et auquel nous donnons spécialement notre bénédiction. »

Quentin s'agenouilla, comme c'était son devoir, pour recevoir la bénédiction épiscopale.

« Quant à vous, mes filles, continua le bon prélat, vous résiderez ici avec ma sœur Isabelle, chanoinesse de Trèves. »

CHAPITRE XIX
LA CITÉ

Une fois dans l'appartement qui lui avait été assigné, Quentin se sentit tout triste et tout isolé. Mais il secoua sa tristesse en écrivant au roi Louis que les dames de Croye étaient heureusement arrivées à Liège. Il dépêcha Charlet, l'un des valets de l'escorte, pour porter la lettre au roi.

A la fin, toute son ardeur et toute sa gaieté lui furent rendues par la vue d'un vieux roman, récemment imprimé à Strasbourg, qu'il avait trouvé sur l'appui de sa fenêtre. Le titre du roman disait ceci :

*Comment l'Ecuyer d'humble fortune
Aima la fille du roi de Hongrie.*

Pendant qu'il méditait sur ces paroles, quelqu'un lui toucha légèrement l'épaule. Levant les yeux, il vit le Bohémien debout devant lui.

La vue de Hayreddin, qui ne l'avait jamais charmé, lui était odieuse depuis sa tentative de trahison; aussi il lui demanda avec dureté comment il osait prendre la liberté de toucher un chrétien et un gentilhomme?

« Simplement, répondit le Bohémien, parce que je désirais savoir si le gentilhomme chrétien avait perdu le sentiment aussi bien que la vue et l'ouïe. Il y a cinq minutes que je vous parle, sans que vous leviez les yeux de ce grimoire.

— Eh bien! que me veux-tu? Parle, et va-t'en.

— Je demande mon dû, répondit Hayreddin, mes dix couronnes d'or pour avoir amené les dames ici.

— De quel front oses-tu me demander autre chose que d'épargner ta misérable vie? dit Durward avec emportement; tu sais bien que ton dessein était de les trahir en route.

— Mais je ne les ai pas trahies, répondit Hayreddin; si je l'avais fait, ce ne serait ni à elles ni à vous que je demanderais mon salaire; je le demanderais à celui qui aurait profité de ma trahison. C'est à ceux que j'ai servis de me payer.

— Que ton salaire périsse donc avec toi, traître! s'écria Quentin en lui jetant les pièces d'or. Va retrouver le Sanglier des

Ardennes ou le diable! Mais dorénavant évite ma présence, de peur que je ne t'envoie le retrouver avant ton heure.

— Le Sanglier des Ardennes! répéta le Bohémien avec plus de surprise qu'il n'en montrait d'habitude. Ce n'est donc pas un vague pressentiment qui vous a fait changer de route? Croirai-je au don de seconde vue? Mais non, je comprends! Sot que j'étais, j'y suis. J'ai remarqué, au passage, que vous regardiez certain saule pleureur! Une autre fois je donnerai mes rendez-vous en rase campagne. Ha! ha! L'Ecossais a battu le Zingaro avec ses propres armes. Mais sache-le, Quentin, si tu m'as battu, c'est au détriment de ta propre fortune; la fortune que je t'avais prédite en étudiant les lignes de ta main se serait accomplie de point en point, n'eût été ta propre obstination.

— Par saint André, dit Quentin, ton impudence me fait rire malgré moi; comment et en quoi le succès de ton infâme trahison aurait-il pu me servir?

— Inutile d'insister là-dessus, répliqua Hayreddin, car je veux vous surprendre par ma gratitude. Si vous m'aviez refusé mon dû, nous aurions été quittes, et je vous aurais abandonné à votre propre aveuglement. Mais maintenant je reste votre débiteur pour ce que vous avez fait là-bas, sur les bords du Cher.

— Il me semble que je me suis déjà payé de mes propres mains en te maudissant et en t'insultant.

— Bonnes ou mauvaises paroles, dit le Zingaro, ne sont que du vent et ne pèsent pas dans la balance. Ah! si vous m'aviez frappé, au lieu de me menacer...

— Je me payerai probablement de cette monnaie-là, si tu continues à me provoquer.

— Je ne vous le conseillerais pas, répliqua le Zingaro. Ce genre de payement pourrait excéder la dette, et cet excédent, je ne serais homme ni à l'oublier ni à le pardonner. Et maintenant, adieu! mais pas pour longtemps... Je m'en vais prendre congé des dames de Croye.

— Toi? s'écria Quentin stupéfait. Toi, être admis en la présence de ces dames, et ici, où elles sont en quelque sorte des recluses sous la protection de la sœur de l'évêque, une noble chanoinesse? c'est impossible.

— Néanmoins Marthon m'attend pour me conduire en leur présence, dit le Zingaro avec un ricanement. Et je vous prie de m'excuser, si je vous quitte un peu brusquement. »

Au moment de sortir, il revint sur ses pas, et dit avec un

ton de sérieuse emphase : « Je connais vos espérances..., elles sont audacieuses...; mais elles ne seront pas vaines, si je m'en mêle. Je connais vos craintes..., elles devraient vous enseigner la prudence, et non pas la timidité. Il n'est pas de femme qu'on ne puisse gagner. Comte, c'est un sobriquet qui siérait aussi bien à Quentin que le sobriquet de duc à Charles, ou celui de roi à Louis. »

Sans laisser à Quentin le temps de répondre un seul mot, le Bohémien disparut. Quentin le suivit aussitôt; mais comme il connaissait mieux que lui les passages du palais, Hayreddin conservait de l'avance; l'autre le perdit de vue au moment où il descendait un petit escalier. Durward continua à le poursuivre, sans trop savoir pourquoi. L'escalier aboutissait à une porte qui s'ouvrait sur une allée du jardin. Il aperçut de nouveau le Bohémien, qui suivait à pas pressés une allée en charmille.

Sur deux de ses côtés, le jardin était entouré par les bâtiments du château; les deux autres avaient pour clôture deux hautes murailles crénelées. En suivant les allées jusqu'à une autre partie du château, le Zingaro arriva à une poterne qui s'ouvrait derrière un énorme arc-boutant massif envahi par le lierre. Là Hayreddin se retourna et agita sa main d'un air de triomphe, en manière d'adieu à celui qui le poursuivait. Quentin vit Marthon lui ouvrir la poterne et introduire le vil Bohémien dans l'intérieur du logis qui devait être celui des dames de Croye. Il se mordit les lèvres d'indignation, et se reprocha sévèrement de n'avoir pas fait connaître à ces dames l'infamie du caractère d'Hayreddin et ses machinations contre leur sûreté. L'arrogance avec laquelle le Bohémien lui avait promis de favoriser ses projets ajoutait encore à sa colère et à son dégoût; il lui semblait que la main même de la comtesse Isabelle serait profanée par un tel patronage, à supposer même qu'il pût jamais l'obtenir. « Mais, se dit-il, tout cela n'est que jonglerie. Il s'est procuré accès auprès de ces dames sous quelque faux prétexte et avec quelque intention pernicieuse. Il est bon que j'aie découvert où elles logent. Je vais guetter Marthon et solliciter une entrevue, ne fût-ce que pour les mettre sur leurs gardes. »

Comme Marthon ne se montrait pas et que Quentin craignait d'attirer l'attention en restant trop longtemps au jardin, il résolut, pour se distraire, d'aller visiter la ville de Liège. En peu de temps, il se trouva dans les murs de cette cité, la plus riche du pays de Flandre, et par conséquent du monde entier.

Au bout de quelques minutes, la curiosité de Quentin fut si vivement excitée par la variété des objets qui se présentaient en foule à sa vue dans les rues affairées de Liège, qu'il en oublia pour un temps l'existence de la comtesse Isabelle et du Bohémien.

Mais il ne tarda pas à s'apercevoir qu'il excitait autant de curiosité qu'il en pouvait éprouver lui-même. Des groupes de gros bourgeois florissants le regardaient avec autant d'attention que d'intérêt. Ils chuchotaient entre eux en le regardant, et ces chuchotements devinrent bientôt le bourdonnement sourd et continu d'une foule compacte, car les curieux s'amassaient rapidement; tous avaient les yeux fixés sur le jeune Écossais, et dans leur curiosité il y avait un certain mélange de respect.

Quentin regarda autour de lui, et remarquant un gros homme de bonne mine, avec un pourpoint de velours et une chaîne d'or, un bourgeois d'importance, un magistrat peut-être, il lui dit : « Voyez-vous dans ma personne quelque chose de particulier, de nature à attirer l'attention publique ? ou bien est-ce la coutume, en ce pays, de s'attrouper autour des étrangers ?

— Assurément non, mon bon seigneur, répondit le bourgeois : les gens de Liège ne sont pas assez badauds pour cela; et il n'y a rien de particulier dans votre costume et dans votre personne, sauf une chose que nos citadins sont heureux de voir et désireux d'honorer.

— Voilà qui est fort poli, digne sire, répondit Quentin; mais, par la croix de saint André, je ne me doute pas de ce que vous voulez dire.

— Votre exclamation, beau sire, répondit le marchand de Liège, me prouve que notre conjecture est juste.

— Par mon patron saint Quentin ! reprit Durward, je vous comprends de moins en moins.

— Encore ! répliqua le bourgeois. Ce n'est certainement pas à nous de chercher pourquoi, mon digne seigneur, vous trouvez à propos de dissimuler. Mais pourquoi jurer par saint Quentin, si vous tenez à ce que je ne devine pas. Nous savons que le bon comte de Saint-Pol, qui veut du bien à notre cause, réside à Saint-Quentin.

— Sur ma vie, dit Quentin, vous devez avoir la berlue... Je ne sais rien de Saint-Pol.

— Non, nous ne vous ferons pas de questions, dit le bourgeois; mais écoutez, un mot à l'oreille... : je m'appelle Pavillon.

— Et qu'ai-je à y voir, seigneur Pavillon ? demanda Quentin.

— Non, rien...; seulement, je croyais que cela vous prouverait qu'on peut se fier à moi. Voici aussi mon collège Rouslaer. »

Rouslaer s'avança; c'était un dignitaire corpulent, dont le ventre arrondi et proéminent ouvrait la foule devant lui. Il recommanda tout bas la prudence à son collègue, et lui dit d'un ton de reproche : « Vous oubliez, mon bon collègue, que nous sommes en place publique. Le seigneur va venir chez vous ou chez moi boire un verre de vin sucré et nous en dire plus long sur notre bon ami et allié, que nous aimons de tout notre cœur, comme d'honnêtes Flamands.

— Je n'ai à vous donner de nouvelles de personne, s'écria Quentin avec impatience; je ne boirai point de vin sucré; tout ce que je vous demande, puisque vous êtes des hommes respectables et considérés, c'est de permettre à un étranger de sortir de votre ville aussi paisiblement qu'il y est entré.

— Eh bien, dit Rouslaer, puisque vous tenez tant à garder l'incognito, même avec nous à qui l'on peut se confier, permettez-moi de vous demander rondement pourquoi vous portez l'insigne de votre compagnie, si vous tenez à n'être pas reconnu à Liège!

— Mais quel insigne? quelle compagnie? dit Quentin; vous m'avez l'air de deux hommes respectables et de deux graves bourgeois, et cependant, sur mon âme, ou bien vous êtes fous vous-mêmes, ou bien vous cherchez à me rendre fou.

— Sapperment! s'écria l'autre bourgeois, ce jeune homme ferait jurer saint Lambert. Eh bien! qui donc porte des bonnets avec la croix de Saint-André et la fleur de lis, sinon les archers écossais de la garde du roi Louis?

— Supposé que je sois archer de la garde écossaise, que trouvez-vous de surprenant à ce que je porte l'insigne de ma compagnie? dit Quentin avec impatience.

— Il l'a avoué! il l'a avoué! s'écrièrent Rouslaer et Pavillon, en se tournant vers les bourgeois qui donnèrent aussitôt des signes de vive satisfaction. Il a avoué qu'il est archer de la garde de Louis, de Louis le protecteur des libertés de Liège! »

La multitude tout entière se mit à pousser des acclamations. « Vive Louis de France! Vive la garde écossaise! Vive le vaillant archer! Nos libertés, nos privilèges ou la mort! Pas d'impôt! Vive le vaillant Sanglier des Ardennes! A bas Charles de Bourgogne! et confusion à Bourbon et à son épiscopat! »

A moitié étourdi par ce tumulte, qui ne cessait d'un côté que pour recommencer de l'autre, Quentin eut néanmoins le temps de soupçonner quelle en était la cause, et de se tracer une règle de conduite.

Il avait oublié qu'après son escarmouche avec Orléans et Dunois un de ses camarades, sur l'ordre de lord Crawford, avait remplacé le morion fendu par son bonnet doublé de fer. Or ces bonnets étaient connus de tous pour appartenir à l'équipement de la garde écossaise. En voyant un archer de cette garde dans les rues d'une ville prête à se mutiner à l'instigation des agents de Louis, les bourgeois en avaient conclu que Louis s'était décidé à les soutenir ouvertement. Ce soldat isolé devait faire partie d'un corps en marche, qui en ce moment peut-être entrait par une des portes de la ville.

Détromper cette foule affolée, c'était chose impossible, peut-être dangereuse, et dangereuse sans aucune utilité. Il se décida donc tout de suite à temporiser et à se tirer de là du mieux qu'il pourrait. Il forma cette résolution pendant qu'on le conduisait à la maison d'Etat, où les notables s'assemblaient, d'abord pour apprendre les nouvelles qu'il apportait, ensuite pour lui offrir un magnifique banquet.

Ses deux amis, qui étaient *schoppen* ou syndics de la cité, le tenaient chacun par un bras. Dans son embarras, Quentin s'adressa à Rouslaer et à Pavillon, dont il était pour ainsi dire le prisonnier, au milieu d'une foule immense. Il leur expliqua en quelques mots comment il s'était coiffé, sans y prendre garde, du bonnet écossais, après un accident arrivé à son casque. Cette circonstance avait suffi pour faire deviner aux Liégeois, renommés par leur sagacité, qui il était et quelles nouvelles il apportait. Si on le conduisait à la maison d'Etat, il serait obligé, à son grand regret, de communiquer à l'assemblée des notables ce qu'il avait compté réserver pour les oreilles de ses excellents compères, Meinhers Rouslaer et Pavillon, de Liége.

Cette dernière allusion produisit un effet magique sur les deux citoyens qui étaient les chefs reconnus des bourgeois mécontents, et qui, comme tous les démagogues de leur espèce, désiraient avoir le maniement exclusif de toutes les affaires, autant que possible. Ils décidèrent sommairement que Quentin sortirait de la ville à l'instant et qu'il y rentrerait de nuit, pour conférer avec ses deux compères, chez Rouslaer, près de la porte la plus éloignée de Schonwaldt.

Quentin n'hésita pas à laisser connaître qu'il résidait pour le moment au palais de l'évêque, sous prétexte d'apporter des dépêches de la cour; tandis que sa mission réelle était, comme ils l'avaient si bien conjecturé, d'entrer en communication avec les bourgeois de Liège.

LA CITÉ

Presque aussitôt après que Quentin leur eut donné cet éclaircissement, la procession arriva en face de la maison de Pavillon. Cette maison, située dans une des rues principales, communiquait avec la Meuse par un vaste jardin et par une tannerie; car le bourgeois patriote était tanneur de son métier.

Il était naturel que Pavillon désirât faire les honneurs de sa maison au prétendu envoyé de Louis, et la multitude ne s'en émut pas; au contraire elle poussa un vivat en l'honneur de Meinheer Pavillon quand il introduisit chez lui son hôte distingué. Quentin échangea aussitôt son trop remarquable bonnet contre celui d'un tanneur, et jeta un manteau sur ses épaules. Pavillon le munit d'un passeport, pour qu'il pût revenir de nuit ou de jour à son gré, et chargea sa fille, la jolie Trudchen, de faire évader le bel étranger par le jardin. Puis le tanneur s'en alla rejoindre son compère Rouslaer, pour l'aider à amuser les autres notables avec les meilleures excuses qu'ils pourraient imaginer pour expliquer sa disparition.

Trudchen, aussitôt après le départ de son père, conduisit l'étranger jusqu'au bord de l'eau. Là, deux vigoureux Flamands se tenaient tout prêts dans une barque; aussitôt que Quentin y fut monté après avoir gracieusement remercié la jolie fille du tanneur, les deux rameurs se mirent à l'œuvre.

Pendant que la barque remontait le cours de la Meuse et dépassait les défenses de la place, Quentin réfléchissait; en quels termes raconterait-il son aventure, une fois rentré au palais de Schonwaldt? Dédaignant de trahir ceux qui avaient eu confiance en lui, encore que ce fût par suite d'un malentendu, ou de cacher au prélat les sentiments de rébellion de sa capitale, il résolut d'en dire juste assez pour mettre l'évêque sur ses gardes, sans désigner personne à sa vengeance.

Ses compagnons le débarquèrent à un demi-mille du château. Si courte que fût la distance, la cloche du château avait sonné le dîner avant qu'il l'eût parcourue. De plus, il s'aperçut que l'entrée principale n'était pas de son côté, et qu'il perdrait beaucoup de temps à faire le tour du château. Il marcha donc tout droit vers le côté qu'il avait en face de lui. C'était un mur crénelé, probablement celui qui formait une des clôtures du petit jardin; une poterne ouvrait sur le fossé, une barque était amarrée près de la poterne; en appelant quelqu'un on pouvait se faire passer. Comme il s'approchait, la poterne s'ouvrit, un homme en sortit et, sautant dans la barque, se dirigea vers l'extrémité la plus éloignée du fossé; il mit pied à terre et se servit d'une longue perche pour repousser la barque vers l'endroit où il l'avait prise. En s'approchant davantage, Quentin reconnut le Bohémien, qui s'éloigna rapidement dans la direction de Liège, en prenant un autre sentier.

Il y avait là un nouveau sujet de méditation. Est-ce que ce païen vagabond avait passé tout ce temps avec les dames de Croye? et quelle raison pouvait les avoir déterminées à lui accorder une si longue audience? Tourmenté par cette pensée, Quentin se sentit doublement décidé à avoir une explication avec elles, pour leur dévoiler la perfidie de Hayreddin, et pour leur faire connaître le danger que courait leur protecteur, en face d'une ville toute prête à se mutiner.

Quand il entra par la porte principale, il trouva déjà à table, dans la grande galerie, tous ceux qui avaient le droit, de par leur rang, de dîner en compagnie du prince-évêque. Un siège avait été réservé pour Quentin, au haut bout de la table, à côté du chapelain.

Après s'être excusé de son retard, il raconta en peu de mots quel tumulte s'était élevé dans les rues de Liège quand on avait découvert qu'il appartenait à la garde écossaise. Il essaya de tourner la chose en plaisanterie, en disant qu'il s'était enfin tiré d'affaire, grâce à un gros bourgeois et à sa jolie fille.

Mais la plaisanterie ne réussit pas; les convives prenaient un trop vif intérêt au fond même de l'histoire. Le dîner fut interrompu pendant que Quentin parlait, et son récit fut suivi d'un silence solennel. Ce fut le majordome qui le rompit, en disant à voix basse et d'un ton mélancolique : « Je voudrais bien voir arriver ces cents lances du duc de Bourgogne! »

CHAPITRE XX
LE BILLET

Le repas terminé, le chapelain, qui semblait se plaire dans la société de Quentin Durward, ou qui peut-être désirait tirer de lui de nouveaux détails sur son aventure, l'emmena dans une pièce retirée dont les fenêtres donnaient sur le jardin. Ayant remarqué que son compagnon regardait de ce côté-là avec beaucoup d'intérêt, il lui proposa de descendre pour voir les arbrisseaux étrangers dont l'évêque avait enrichi ses parterres.

Quentin accepta avec empressement. Quands ils furent au jardin, le chapelain avait l'air d'un philosophe terre à terre, uniquement occupé des choses terrestres; les regards de Quentin au contraire, s'ils n'interrogeaient pas le ciel, comme ceux d'un astrologue, se maintenaient du moins à la hauteur des fenêtres, balcons et tourelles, en quête d'une certaine étoile.

Aussi écoutait-il avec peu d'attention, si même il écoutait, l'énumération des plantes, herbes et arbrisseaux sur lesquels son guide cherchait à appeler son attention. Et pourtant, comme il lui fallait, par bienséance, montrer quelque semblant d'intérêt, il trouvait son rôle si ingrat et si difficile, qu'il envoyait cordialement à tous les diables et le naturaliste, et le règne végétal tout entier. Un tintement de cloche le tira de peine. Ce tintement de cloche appelait le chapelain à l'accomplissement de quelque devoir de sa charge

Le révérend personnage se confondit en excuses parfaitement inutiles, et termina son petit discours en assurant son nouvel ami qu'il pouvait se promener dans le jardin jusqu'au souper, sans avoir à craindre d'être dérangé dans sa promenade.

Inutile de dire que dans l'inspection qu'il passa alors, tout à loisir, des fenêtres et autres ouvertures, celles-là attirèrent particulièrement son attention qui avoisinaient la petite porte, cette petite porte par laquelle il avait vu Marthon introduire Hayreddin chez les dames de Croye, du moins à ce qu'il prétendait. Mais jusqu'au moment où tomba le crépuscule, rien ne bougea, rien ne se montra, qui fût de nature à démentir ou à confirmer les paroles du Bohémien. Et Quentin commença à se dire, sans trop savoir pourquoi, qu'une promenade si prolongée dans le jardin pourrait déplaire à quelqu'un, ou faire naître les soupçons de quelqu'un.

Juste au moment où il venait de se résoudre à partir, et où il faisait un dernier tour sous les fenêtres qui exerçaient sur lui une si grande attraction, il entendit au-dessus de lui un léger bruit, comme une toux étouffée, destinée à appeler son attention sans attirer celle des indiscrets. Comme il levait les yeux, plein de surprise et de joie, une fenêtre s'entr'ouvrit, une main de femme laissa échapper un billet qui tomba dans une touffe de romarin, au pied du mur. Les précautions que l'on avait prises en laissant tomber ce billet, prescrivaient une prudence égale à celui qui devait le lire. Le jardin, entouré de deux côtés par les bâtiments du palais, était dominé par les fenêtres de nombreux appartements. Mais il y avait à portée une grotte de rocailles que le chapelain avait montrée à Durward avec beaucoup de complaisance. C'est là que Quentin ouvrit le précieux billet, bénissant dans son cœur les bons moines d'Aberbrothick dont les enseignements l'avaient mis en état d'en déchiffrer le contenu.

La première ligne contenait cette injonction : « Lisez ceci en secret. » Voici le corps de la lettre : « Ce que vos yeux ont dit avec trop de hardiesse, les miens l'ont compris peut-être avec trop de précipitation. Mais la persécution donne de l'audace à la victime; peut-être valait-il mieux pour moi me reposer sur la gratitude d'un seul que d'être en butte à la poursuite de plusieurs. La fortune a son trône sur un roc; mais ce roc, les hommes braves ne craignent pas l'escalader. Si vous osez quelque chose pour une personne qui hasarde tant, vous n'avez qu'à passer dans ce jardin demain, à l'aube, ayant à votre bonnet une plume bleue et blanche; mais n'attendez pas d'autre communication. Votre étoile, dit-on, vous destine à la grandeur et vous dispose à la gratitude. Adieu, soyez fidèle, prompt et résolu, et ne doutez pas de votre fortune. » Dans cette lettre il y avait un anneau avec un diamant, sur lequel étaient gravées, en losange, les armes anciennes de la maison de Croye.

Durward éprouva tout d'abord une joie sans mélange. Puis, malgré lui, à la réflexion, il trouva, en se le reprochant, que la modestie de la comtesse Isabelle avait dû beaucoup souffrir pendant qu'elle écrivait ce billet et se décidait à le lui faire parvenir. Mais il imposa silence à ses scrupules en se disant que les dames de haut parage ont des immunités que n'ont pas les simples mortelles, et que les personnes persécutées échappent comme elles peuvent à la persécution.

LE BILLET

Le lendemain, dès l'aurore, ou plutôt une heure avant l'aurore, il était dans le jardin du château avec une plume bleue et blanche à son bonnet. Pendant deux bonnes heures, personne ne donna signe de vie; à la fin, il entendit quelques accords de luth; une fenêtre s'ouvrit juste au-dessus de la petite poterne, et Isabelle apparut. Elle le salua avec un mélange de bonté et de timidité, devint très rouge quand elle vit la profonde révérence très significative par laquelle il répondit à sa politesse, referma la fenêtre et disparut.

Sa rougeur prouvait jusqu'à l'évidence que le billet était bien de sa main. Que s'ensuivrait-il ? Dans tous les cas, aucun danger immédiat ne menaçait la comtesse : elle était dans un château bien fortifié, sous la protection d'un prince assez puissant pour la faire respecter. Pour le moment, Quentin n'avait rien à faire qu'à attendre les ordres de la comtesse.

C'était la quatrième nuit après son arrivée à Schonwaldt. Quentin devait dès le lendemain renvoyer le dernier des valets qui l'avaient accompagné dans son expédition. Cet homme serait chargé de deux lettres, l'une pour le Balafré, l'autre pour le lord Crawford, dans lesquelles il leur faisait savoir qu'il renonçait au service du roi de France, et pourquoi. Il s'était mis au lit, l'esprit rempli des plus riantes chimères : aussi les rêves de son premier sommeil furent-ils délicieux; mais peu à peu ils se transformèrent et prirent la forme d'une tempête effroyable dont le fracas le réveilla. Les circonstances de son rêve avaient disparu, mais le bruit continuait de résonner à ses oreilles.

Il se dressa sur son lit et écouta, puis il se précipita vers la fenêtre. Comme cette fenêtre donnait sur le jardin, et que de ce côté-là tout était tranquille, il ne put voir quelle était la cause du bruit qui l'avait réveillé, mais il comprit à la nature des sons que le château était attaqué et subissait un assaut. Pendant qu'il s'habillait à la hâte dans l'obscurité, quelqu'un frappa à sa porte. Comme il ne répondait pas, la porte fut enfoncée, et il entendit alors la voix de Hayreddin. Une fiole qu'il tenait à la main, touchée simplement par une allumette, produisit un jet de flamme auquel le Zingaro alluma une lanterne.

« L'horoscope de vos destinées, dit-il énergiquement à Durward, est sur le point de s'accomplir.

— Misérable! s'écria Quentin, il y a de la trahison autour de nous, et là où il y a de la trahison, l'on est sûr de te voir.

— Vous êtes fou, répondit Hayreddin; je n'ai jamais trahi

que par intérêt, et mon intérêt est de vous sauver et non de vous perdre. Ecoutez-moi donc, si vous êtes en état d'entendre une parole raisonnable. Les Liégeois sont soulevés; ils ont Guillaume de La Marck à leur tête, la résistance est impossible. Si vous voulez sauver la comtesse, suivez-moi, au nom de celle qui vous a envoyé un diamant avec trois léopards gravés dessus.

— Conduis-moi, dit vivement Quentin.

— Il n'y a aucun danger, reprit le Bohémien, si vous pouvez prendre sur vous de ne pas vous mêler de ce qui ne vous regarde pas. Qu'est-ce que cela vous fait après tout que l'évêque égorge son troupeau, ou le troupeau son évêque? Ha! ha! ha! Suivez-moi, mais avec précaution et sans impatience. Contenez votre courage et fiez-vous à ma prudence, et ma dette sera payée, et la comtesse sera votre femme; suivez-moi.

— Je te suis, dit Quentin en tirant son épée; mais au premier signe de trahison je fais voler ta tête à trois pas de ton corps. »

Suivi de Quentin, le Bohémien descendit l'escalier et prit plusieurs passages secrets, qui les amenèrent tous les deux au jardin. Il y avait peu de lumières de ce côté et l'on n'y voyait aucun mouvement. Mais aussitôt que Quentin fut en plein air, il entendit le bruit effroyable de l'assaut : les assaillants criaient « Liège! Liège! Sanglier! Sanglier! » les assiégés répondaient « Notre-Dame pour le Prince-Evêque! » Mais ce cri avait moins de force et d'éclat que les deux autres, car les gens de l'évêque étaient de beaucoup inférieurs en nombre.

Quoique Durward fût soldat dans l'âme, l'intérêt de la bataille était nul pour lui au prix de la destinée d'Isabelle de Croye. Si l'on ne se hâtait de la sauver, elle avait tout à craindre du soudard cruel et dissolu qui forçait en ce moment la porte de son asile.

A la porte qui conduisait aux appartements des dames de Croye, Hayreddin, avec précaution, fit entendre un signal. La porte s'ouvrit et deux femmes sortirent, la tête enveloppée de voiles de soie noire. Quentin offrit le bras à l'une d'elles; elle s'y cramponna toute tremblante et s'y appuya de tout son poids. Le Bohémien, conduisant l'autre, marcha droit à la poterne qui donnait sur le fossé.

La barque était là, toute prête. Pendant qu'ils traversaient le fossé, les cris des assaillants redoublèrent de violence, et l'on put comprendre que le château était pris. Quentin ne put s'empêcher de jurer tout haut et de dire : « Si je ne devais tout mon sang à l'accomplissement de mon présent devoir, j'irais au rempart, prendre loyalement le parti du bon évêque, et faire taire quelques-uns de ces coquins ! »

La dame dont le bras était passé sous le sien le lui pressa légèrement, comme pour lui faire comprendre qu'en sa qualité de chevalier il avait là tout près de lui une cause plus belle à défendre que celle du château de Schonwaldt.

« Vite, vite ! s'écria le Bohémien, des chevaux nous attendent sous ces saules, là-bas !

— Mais je ne vois que deux chevaux, dit Quentin.

— C'est tout ce que j'ai pu me procurer sans exciter de soupçons; et c'est assez de deux, répondit le Bohémien. Vous allez tous les deux partir pour Tongres, pendant que le chemin est libre. Marthon restera avec les femmes de notre bande, qui la connaissent bien. Sachez-le, elle est de notre race, et n'a séjourné chez vous que pour servir nos desseins à l'occasion.

— Marthon ! s'écria la comtesse, en regardant la femme voilée avec une exclamation de surprise. Quoi ! ce n'est donc pas ma parente ?

— Ce n'est que Marthon, répondit Hayreddin. Pardonnez-moi cette petite supercherie. Je n'ai pas osé enlever les deux dames de Croye au Sanglier des Ardennes.

— Misérable ! s'écria Quentin; mais il n'est pas, il ne peut être trop tard... Je retourne au secours de dame Hameline.

— Hameline ! dit tout bas la dame d'une voix troublée, elle est à votre bras et vous remercie de l'avoir sauvée.

— Hé quoi ! qu'est-ce à dire ? s'écria Quentin, se débarrassant de son bras, avec un peu moins de courtoisie qu'il n'en eût témoigné, en toute autre circonstance, à une dame de son rang, c'est donc la comtesse Isabelle que l'on a laissée là-bas ? Adieu ! adieu ! »

Comme il allait s'élancer vers le château, Hayreddin l'arrêta. « Non, dit-il, non, écoutez-moi; vous courez à la mort ! Pourquoi diable aussi portiez-vous les couleurs de la vieille ? Mais, après tout, elle est aussi riche que l'autre..., elle a des joyaux, de l'or, des droits aussi sur le comté. »

Tout en parlant ainsi, le Bohémien faisait tous ses efforts pour retenir Quentin; ce dernier, à la fin, tira son poignard pour en finir.

« Non ! pas de cela, dit Hayreddin en lâchant prise; allez et que le diable vous accompagne, s'il y a un diable. » Aussitôt l'Ecossais se précipita vers le château.

CHAPITRE XXI
LE PILLAGE

La garnison du château, surprise et effrayée, avait néanmoins tenu bon pendant un certain temps. Mais comme les gens de Liège étaient de beaucoup supérieurs en nombre, les assiégés, ne pouvaient pas être partout à la fois, sentaient leur courage fléchir.

D'ailleurs parmi eux il y avait des mécontents, sinon des traîtres : les uns demandaient quartier; les autres, abandonnant leurs postes, cherchaient à s'enfuir du château. Beaucoup se précipitaient du rempart dans le fossé, et ceux qui ne s'y noyaient pas, jetant tous les insignes qui pouvaient les faire reconnaître, sauvaient leur vie en se mêlant à la foule des assaillants. Quelques-uns cependant, par attachement pour la personne de l'évêque, se groupèrent autour de lui, et continuèrent à défendre la grosse tour où il s'était réfugié; d'autres enfin, ne comptant point recevoir quartier, ou bien par un mouvement de courage désespéré, tenaient encore en certains endroits. Mais les assaillants avaient pris possession des cours et des étages inférieurs du château, et s'occupaient à pourchasser les vaincus et à piller. Au milieu de ce désordre, un homme, qui semblait chercher la mort, s'efforçait de se frayer un passage jusqu'à cette scène de tumulte et d'horreur. Quiconque aurait vu Quentin Durward dans cette nuit fatale, sans connaître les motifs de sa conduite, l'aurait pris pour un fou furieux; mais si on avait pu les deviner et les apprécier, l'on aurait reconnu en lui un véritable héros de roman.

Comme il retournait à Schonwaldt, il rencontra plusieurs fugitifs qui cherchaient à gagner les bois; ces gens l'évitaient comme un ennemi, parce qu'il marchait vers le château, dont ils s'éloignaient en toute hâte. Quand il en fut tout près, il put entendre et même voir des hommes qui se jetaient du mur du jardin dans le fossé, et d'autres qu'on y jetait de force. Son courage ne fléchit pas un seul instant Il n'avait pas le temps de songer à la barque, et d'ailleurs la poterne était obstruée par les fugitifs que des poussées fréquentes précipitaient dans le fossé. Quentin se jeta résolument à l'eau près

LE PILLAGE

de l'endroit où se trouvait la petite porte du château, dont le pont-levis était levé. Après avoir évité, non sans peine, les malheureux qui, sur le point de se noyer, cherchaient à s'accrocher à lui, il saisit une des chaînes du pont-levis qui pendait à sa portée et, à la force des poignets, s'éleva jusqu'à la plateforme. Au moment où, à l'aide de ses mains et de ses genoux, il essayait de se lever debout, un lansquenet arriva, tenant à la main une épée teinte de sang. Il levait déjà le bras pour frapper Quentin, lorsque ce dernier s'écria d'un ton d'autorité :

« Eh quoi! l'ami, est-ce comme cela que vous aidez un camarade? Tendez-moi la main. »

Le soldat, sans rien dire, et avec une certaine hésitation, le prit par le bras et l'aida à se relever. Alors, sans lui laisser le temps de la réflexion, l'Ecossais reprit du même ton de commandement : « A la tour de l'Ouest, si vous voulez devenir riche; le trésor du prêtre est dans la tour de l'Ouest. »

Ces paroles eurent de l'écho de tous les côtés : « A la tour de l'Ouest! le trésor est dans la tour de l'Ouest! » Les traînards qui étaient à portée de les entendre se précipitèrent comme une bande de loups furieux dans la direction opposée à celle que Quentin avait décidé de suivre, coûte que coûte.

Prenant les allures d'un vainqueur, il traversa le jardin sans rencontrer autant d'obstacles qu'il se l'était figuré. Une partie des assaillants avaient été entraînés par le cri : « A la tour de l'Ouest! » Les autres étaient appelés par les cris de guerre et les sonneries de trompettes pour résister à une sortie désespérée des défenseurs de la grosse tour, qui avaient résolu de se frayer un passage, ayant l'évêque au milieu d'eux. Quentin courait plutôt qu'il ne marchait; son cœur battait avec violence, et il se recommandait aux puissances célestes qui l'avaient protégé jusque-là, décidé à réussir ou à périr dans son entreprise désespérée. Tout à coup trois hommes se précipitèrent sur lui, la lance en arrêt, en criant : « Liège! Liège! »

Il se mit sur la défensive, mais, sans frapper, et répondit : « France! France! ami de Liège! »

— Vive la France! » crièrent les bourgeois de Liège, et ils passèrent outre.

Le même stratagème lui servit à détourner les armes de cinq ou six soldats de La Marck, qui rôdaient dans le jardin, et qui s'étaient jetés sur lui en criant : « Sanglier! »

Bref, Quentin commença à espérer qu'il finirait par se tirer d'affaire, grâce à son caractère supposé d'émissaire du roi

Louis, instigateur secret des insurgés de Liège et protecteur de Guillaume de La Marck.

En arrivant près de la tourelle, il frissonna en voyant plusieurs cadavres qui en obstruaient la porte.

Il en écarta deux à la hâte et allait en enjamber un troisième, lorsque le prétendu mort le saisit par ses vêtements, et le supplia de s'arrêter un instant pour l'aider à se relever. Quentin, pour se débarrasser de lui, allait le dépêcher pour tout de bon, lorsque l'autre lui dit : « J'étouffe dans mon armure ! Je suis le syndic Pavillon de Liège ! Si vous êtes pour nous, je vous enrichirai; si vous êtes contre nous, je vous protégerai; mais ne me laissez pas mourir de la mort d'un porc étouffé ! »

Au milieu de cette scène de sang et de confusion, Quentin eut la présence d'esprit de songer que ce dignitaire pourrait protéger sa retraite et celle de la comtesse. Il remit donc le syndic sur ses pieds et lui demanda s'il était blessé.

« Blessé, non, du moins je ne crois pas, répondit le bourgeois; mois j'ai absolument perdu la respiration.

— Asseyez-vous donc sur cette pierre et reprenez haleine, dit Quentin, je reviens à l'instant.

— Pour qui êtes-vous ? lui demanda le bourgeois en le retenant.

— Pour France... pour France ! répondit Quentin, en tâchant de s'esquiver.

— Quoi ! c'est mon joli petit archer ! dit le digne syndic. Non, puisque j'ai été assez heureux pour trouver un ami dans cette nuit terrible, je ne le quitterai pas, je vous en réponds. Allez où vous voudrez, je vous suis, et si je pouvais réunir quelques-uns des bons lurons de notre compagnie, je pourrais vous rendre service pour service; mais ils sont tous dispersés. Oh ! quelle nuit épouvantable ! »

En parlant ainsi il se traînait après Quentin, qui l'eût volontiers laissé en arrière; mais il n'oubliait pas qu'il tirerait peut-être du syndic quelque service important. Aussi, tout en maugréant à part lui, il ralentit le pas.

Au haut de l'escalier, il y avait une antichambre, avec des caisses et des malles qui avaient été mises au pillage. Une lampe qui se mourait dans la cheminée jetait une faible lumière sur le corps d'un homme, mort ou évanoui, étendu en travers du foyer.

Quentin, se débarrassant de Pavillon sans l'ombre de cérémonie, bondit à travers une seconde et une troisième chambre; cette dernière semblait être la chambre à coucher des dames de Croye. Il n'y avait personne. Il appela Isabelle, d'abord tout bas, puis plus haut, puis avec la violence du désespoir, mais il ne reçut pas de réponse. Alors il se tordit les mains, s'arracha les cheveux et frappa du pied, comme un homme hors de lui-même. A la fin, il remarqua une faible lueur à travers une des fentes du lambris : il comprit tout de suite qu'il y avait là une cachette, derrière la tapisserie. A force de chercher, il découvrit une porte secrète; mais la porte résista à tous les efforts qu'il fit pour l'ouvrir. Alors, prenant son élan, il se jeta de toute sa force contre le panneau et l'enfonça.

Il se trouva dans un petit oratoire. Une femme agenouillée devant la sainte image tomba évanouie sur le sol. Il la releva promptement. Oh! joie des joies! c'était celle qu'il cherchait, c'était Isabelle de Croye. Il la pressa contre son cœur, la conjurant de reprendre connaissance, d'avoir bon courage; car elle était désormais sous la protection d'un homme qui se sentait de taille et de force à la défendre contre toute une armée.

« Durward, dit-elle en reprenant connaissance, est-ce bien vrai? Alors il y a encore de l'espoir. Je croyais que tous mes amis m'avaient abandonnée. Ne me quittez plus.

— Jamais... jamais! dit Durward. Quoi qu'il arrive, quelque danger qu'il faille braver, par mon salut éternel, je ne vous abandonnerai pas, tant que vous serez malheureuse?

— Très pathétique et très touchant, en vérité! dit derrière eux une grosse voix asthmatique. Une affaire de sentiment, je vois; et de tout mon cœur, j'ai pitié de cette tendre créature comme si c'était ma Trudchen.

— Vous pouvez faire mieux que d'avoir pitié de nous, dit Quentin en se tournant vers celui qui venait de parler, il faut que vous nous assistiez en nous protégeant, Meinheer Pavillon. Cette dame m'a été expressément confiée par le roi de France, et si vous ne m'aidez pas à la protéger contre toute espèce d'insulte et de violence, votre cité perdra la faveur de Louis de Valois. Surtout elle ne doit pas tomber entre les mains de Guillaume de La Marck.

— Ce sera difficile, répondit Pavillon, mais je ferai de mon mieux. Retournons dans l'autre pièce, pour que je réfléchisse. L'escalier est étroit, et il vous suffirait d'une pique pour en défendre l'entrée. Pendant ce temps-là, je me mettrai à la fenêtre, et je rassemblerai quelques-uns de nos gaillards de la corporation des tanneurs : ils sont aussi sûrs que les couteaux qu'ils ont à la ceinture. Mais d'abord défaites-moi ces attaches..., car je n'ai pas mis ce corselet depuis la bataille de Saint-Tron, et je n'ai pas maigri dans l'intervalle. »

La même chaleur de tempérament qui faisait d'Hermann Pavillon un exalté et un brouillon en politique, faisait de lui un bon et brave homme dans la vie privée, et si sa vanité lui jouait parfois de mauvais tours, il était au fond bien intentionné et rempli de bienveillance. Ayant recommandé à Quentin (recommandation superflue) de prendre bien soin de la pauvre petit *yung frau*, il se mit à crier par la fenêtre : « Liège, Liège ! à moi les braves tanneurs ! »

Les braves tanneurs s'assemblèrent à l'appel du syndic, et formèrent bientôt une petite troupe qui monta la garde sous la fenêtre et devant la petite porte.

Une tranquillité relative semblait succéder peu à peu au désordre. Toute résistance avait cessé, et les chefs des différentes classes d'assaillants prenaient des mesures pour régulariser le pillage. La grosse cloche sonnait pour appeler les chefs à un conseil de guerre, et toutes celles de la ville de Liège lui répondaient en signe de triomphe. C'eût été le cas pour Meinheer Pavillon de quitter sa forteresse, mais par égard pour ceux qu'il avait pris sous sa protection, et peut-être aussi pour la sûreté de sa propre personne, il se contentait de dépêcher messager sur messager à son lieutenant, Peterkin Geislaer, pour lui enjoindre de se rendre immédiatement auprès de lui.

Enfin Peterkin arriva, au grand soulagement du syndic, qui dans toutes les occasions se reposait sur lui, qu'il s'agît de guerre, de politique ou de commerce.

« Peterkin, mon cher lieutenant, lui dit son chef, la journée... la nuit, veux-je dire, a été glorieuse. J'espère que cette fois vous voilà content.

— Je suis bien aise que vous le soyez, dit le brave lieutenant ; pourtant je ne me serais pas attendu à vous voir célébrer cette victoire, puisqu'il paraît que c'en est une, tout seul dans ce galetas, quand on a besoin de vous au conseil.

— A-t-on réellement besoin de moi ? dit le syndic.

— Mais oui, pour soutenir les droits de Liège, qui sont en plus grand danger que jamais, répondit le lieutenant.

— Peuh ! Peterkin, répondit le syndic, tu vois toujours tout en noir.

— Tout en noir ! moi ? dit Peterkin ; ce qui plaît aux autres me plaira toujours. Seulement je préférerais n'avoir pas le roi Cigogne au lieu du roi Soliveau, comme dans le fabliau de

LE PILLAGE

Meister Esopus, que le clerc de Saint-Lambert avait l'habitude de nous lire.

— Je ne vois pas où vous voulez en venir, Peterkin, dit le syndic.

— Eh bien! je vous dis, maître Pavillon, que ce sanglier fera probablement sa bauge du château de Schonwaldt, et que ce sera pour la ville de Liège un voisin aussi mauvais, pour ne pas dire pire, que le vieil évêque. Tout pour lui, maintenant que le château est pris, et la seule chose qui l'occupe, c'est de savoir s'il se fera appeler prince ou évêque; et puis c'est une honte de voir en quel état ils ont mis le vieil homme.

— Je ne permettrai pas cela, dit Pavillon, prenant feu tout à coup. Je détestais la mitre, mais non la tête qui la portait. Nous sommes dix contre un, et nous ne supporterons pas ces manières-là.

— Dix contre un en rase campagne, mais seulement un contre un dans le château; d'ailleurs Nikkel Blok, le boucher et toute la canaille des faubourgs, ont pris le parti de Guillaume de La Marck, d'abord parce qu'il a fait mettre en perce toutes les tonnes de bière et tous les tonneaux de vin, ensuite parce que ces gens-là ont toujours été jaloux de nous autres gens de métiers.

— Peter, s'écria Pavillon, nous allons tout de suite retourner chez nous. Je ne veux pas rester une minute de plus à Schonwaldt.

— Oui, mais les ponts-levis sont levés, maître, dit Geislaer; les portes sont fermées et gardées par les lansquenets; et si nous essayions de forcer le passage, nous n'en serions pas les bons marchands, car ces gens-là se battent tous les jours, et nous seulement par occasion.

— Mais pourquoi a-t-il fermé les portes, demanda le bourgeois alarmé, et qu'a-t-il besoin de faire prisonniers d'honnêtes gens?

— Je n'en sais rien, répondit Peter. Le bruit court que les dames de Croye se sont échappées pendant l'assaut. Cela a mis l'homme à la barbe hors de lui de fureur; et maintenant il est hors de lui d'avoir trop bu. »

Le syndic jeta du côté de Quentin un regard de découragement, le regard d'un homme qui ne sait à quoi se résoudre. Durward, qui n'avait pas perdu un mot de cette conversation, vit bien que leur salut dépendait de sa présence d'esprit : il lui fallait à tout prix soutenir le courage de Pavillon. Il se jeta donc hardiment au milieu de la conversation, comme un homme qui de droit avait voix au chapitre. « Je rougis, dit-il, Meinheer Pavillon, de vous voir hésiter sur ce que vous avez à faire. Allez hardiment trouver Guillaume de La Marck, et demandez-lui l'autorisation de sortir du château, avec votre lieutenant, votre écuyer et votre fille. Il n'a pas l'ombre d'un prétexte pour vous retenir prisonnier.

— Moi et mon lieutenant..., c'est-à-dire moi et Peter...? Bon...; mais qui est mon écuyer?

— Moi, pour le moment, répondit l'Écossais sans hésiter.

— Vous? dit le bourgeois avec embarras; mais n'êtes-vous pas l'envoyé du roi Louis de France?

— C'est vrai, mais mon message est pour les magistrats de Liège, et c'est seulement à Liège que je le leur communiquerai. Si je reconnaissais ma qualité devant Guillaume de La Marck, ne serais-je pas forcé d'entrer en négociations avec lui? et ne me retiendrait-il pas? Il faut donc que vous me fassiez sortir du château comme votre écuyer.

— Bon... mon écuyer; mais vous parliez de ma fille...; ma fille est, je n'en doute pas, bien tranquille dans ma maison, à Liège..., où je voudrais de tout mon cœur et de toute mon âme que son père fût aussi.

— Cette dame, répliqua Durward, vous appellera son père le temps que nous serons ici.

— Et le reste de ma vie, dit la comtesse, en se jetant aux pieds du bourgeois et en lui embrassant les genoux. Il ne se passera pas de jour que je ne vous honore, que je ne vous aime, que je ne prie pour vous comme une fille pour son père, si vous voulez seulement m'assister dans ma détresse. Oh! ne soyez pas sans pitié! Voyez en esprit votre fille à genoux devant un étranger et le suppliant de lui sauver la vie et l'honneur, et accordez-moi la protection que vous voudriez qu'on lui accordât.

— En vérité, dit le brave bourgeois touché de cet appel si émouvant, il me semble, Peter, que cette jolie fille a quelque chose de notre Trudchen dans sa charmante figure... Je me suis dit cela tout d'abord; et puis ce joli garçon, si prompt à donner son avis, a quelque chose du fiancé de Trudchen. Je parie un groat, Peter, qu'il s'agit ici d'un amour honnête et pur, et ce serait un péché de ne pas venir en aide à ces enfants.

— Un péché et une honte, dit Peter, qui, malgré la haute opinion qu'il avait de lui-même, n'en était pas moins le meilleur de tous les Flamands.

— Elle sera donc ma fille, reprit Pavillon; seulement elle aura bien soin de s'envelopper de son voile de soie noire! Mais on peut m'adresser des questions indiscrètes. Que répondre si l'on me demande ce que venait faire ma fille à une pareille fête ?

— Et que venaient faire la moitié des femmes de Liège quand elles nous ont suivis jusqu'au château ? Leur raison ? c'est que c'était précisément l'endroit où elles n'auraient pas dû se trouver ! Notre *yung frau* Trudchen aura poussé un peu plus loin que les autres, voilà tout.

— Admirablement parlé, dit Quentin ; un peu d'audace, et suivez le conseil de ce brave gentilhomme, Meinheer Pavillon, et vous aurez accompli l'acte le plus chevaleresque que l'on ait vu depuis Charlemagne. Allons, charmante dame, enveloppez-vous de ce voile. Surtout, de la confiance, et dans quelques minutes vous serez en liberté et en sûreté ! Noble sire, ajouta-t-il, en s'adressant à Pavillon, en avant !

— Arrêtez... arrêtez... arrêtez un instant, dit Pavillon ; je m'y perds un peu. Ce La Marck est un fou, un sanglier de nature aussi bien que de nom. Et si cette jeune personne était une des dames de Croye ? et s'il le découvrait ? Et s'il était dans un de ses accès de fureur ?

— Si j'étais une de ces pauvres femmes, dit Isabelle, essayant de se jeter encore à ses pieds, serait-ce une raison pour me repousser dans une situation aussi désespérée ? Oh ! que ne suis-je votre fille, ou la fille du plus pauvre bourgeois !

— Pas si pauvre... pas si pauvre ! jeune dame...

— Pardonnez-moi, noble sire, reprit la jeune fille.

— Pas noble non plus, non ! dit le syndic ; un bon bourgeois de Liège qui paye une lettre de change rubis sur l'ongle. Mais cela n'a rien à voir avec notre affaire. Voyez-vous, comtesse ou non, je vous protégerai.

— Vous êtes tenu de la protéger, fût-elle duchesse, dit Peter, car vous avez donné votre parole.

— Bien, Peter, très bien, dit le syndic, un honnête homme n'a que sa parole. Mais il nous faut aller prendre congé de ce Sanglier, et cette idée ne me sourit qu'à moitié ; si nous pouvions nous dispenser de cette cérémonie, j'aimerais mieux cela.

— Eh bien ! dit Quentin, ne feriez-vous pas mieux, puisque vous avez du monde sous la main, d'aller à la porte et de forcer le passage ? »

Pavillon et son lieutenant se récrièrent. Attaquer les soldats d'un allié ! sans compter que l'entreprise était plus que hasardeuse. Quentin comprit qu'avec de tels alliés il ne fallait pas tenter un pareil coup de tête. Il fut donc décidé que l'on irait hardiment trouver le Sanglier dans la grande galerie où il était en train de fêter son triomphe; on lui demanderait liberté de sortir pour le syndic de Liège et pour sa compagnie; c'était une requête trop raisonnable pour qu'il pût la refuser. Mais le bon syndic, en regardant « sa compagnie », murmura à l'oreille de son fidèle Peter : « Vois ce que c'est que d'être trop hardi et d'avoir le cœur trop tendre ! Hélas ! Perkin, que ne m'ont pas coûté mon courage et mon humanité ! Et que ne me coûteront pas encore mes vertus, avant que nous soyons hors de ce damné château de Schonwaldt ! »

Comme ils traversaient les cours, jonchées de morts et de mourants, Quentin, tout en soutenant Isabelle à travers ces scènes d'horreur, lui murmurait à l'oreille des paroles d'encouragement et de consolation; et il lui rappelait que son salut dépendait de son courage et de sa présence d'esprit.

« Pas de ma présence d'esprit... non, mais uniquement de la vôtre, répondait Isabelle. Oh ! si j'échappe aux horreurs de cette nuit terrible, je n'oublierai jamais celui qui m'aura sauvée. J'ai encore une faveur à vous demander; je vous la demande au nom de la réputation de votre mère et de l'honneur de votre père.

— Que puis-je vous refuser ? lui dit Quentin.

— Promettez-moi de me plonger votre poignard dans le cœur, plutôt que de me laisser prisonnière entre les mains de ces monstres ! »

Quentin promit.

CHAPITRE XXII
RIPAILLE

Quel épouvantable aspect avait pris la grande salle depuis le dernier repas auquel Quentin avait assisté, vers le milieu du jour !

Le Sanglier des Ardennes était assis, au haut bout de la table, sur le trône de cérémonie, que l'on avait apporté précipitamment de la grande chambre du conseil. Il avait ôté son casque, mais en conservant le reste de sa lourde et brillante armure, que d'ailleurs il quittait rarement.

La partie supérieure de la face de La Marck, telle que la nature l'avait faite, démentait presque son caractère. Ses cheveux, il est vrai, ressemblaient aux soies rudes et hérissées du sanglier, mais son front haut, ouvert et viril, ses grosses joues rouges, ses grands yeux brillants, de couleur claire, et son nez en bec d'aigle semblaient promettre quelque chose de vaillant et de généreux. Mais l'effet de cet ensemble de traits avait été détruit par ses habitudes d'insolence, de violence, de débauche et d'ivrognerie, qui avaient gonflé les muscles de ses joues et ses paupières. L'éclat même de son regard en avait été amorti, et le blanc de l'œil était injecté de sang. En somme il ressemblait au monstre dont on lui avait donné le nom. Mais, par une bizarre contradiction, La Marck, pendant qu'il affectait, à d'autres égards, l'apparence du sanglier, laissait croître sa barbe pour cacher le trait de sa physionomie qui lui avait d'abord valu ce surnom. Il avait la mâchoire supérieure massive et projetée en avant avec la lèvre de dessus très épaisse, et ses dents énormes faisaient saillie en côté comme des défenses de sanglier. Qu'on joigne à cela le plaisir qu'il avait à vivre dans les bois, et l'on comprendra que son surnom lui fût venu tout naturellement. Sa barbe épaisse, grisonnante et négligée ne dissimulait pas l'ensemble horrible de sa physionomie et ne donnait aucune dignité à son expression brutale.

Les soldats et les officiers étaient assis autour de la table, pêle-mêle avec les gens de Liège, dont plusieurs appartenaient à la classe la plus abjecte. Parmi ces derniers on remarquait Nikkel Blok, le boucher, placé près de Guillaume de La Marck;

ses manches retroussées laissaient voir des bras nus souillés de sang jusqu'au coude, comme le fendoir de boucher qu'il avait devant lui, sur la table. Les soldats, pour la plupart, portaient de longues barbes grises, à l'exemple de leur chef. Presque tous ivres, ils présentaient un spectacle hideux et dégoûtant. Le langage qu'ils tenaient, les chansons qu'ils chantaient, chacun pour son propre plaisir et sans avoir la prétention d'être écouté de ses camarades, tout cela était un mélange affreux d'ordures et de blasphèmes. Aussi Quentin rendit grâces à Dieu de ce que le vacarme de l'ensemble empêchait la jeune comtesse de distinguer les détails.

Les quelques bourgeois honnêtes égarés en telle compagnie avaient une figure pâle et un air inquiet; évidemment le festin n'était pas de leur goût et ils avaient peur de leurs compagnons. La canaille, au contraire, admirait le débraillé de la soldatesque et faisait tous ses efforts pour l'imiter.

Toute l'argenterie de l'évêque était sur la table, avec les vases sacrés, car le Sanglier ne s'inquiétait guère d'être accusé de sacrilège, tout cela pêle-mêle avec des pots de terre, des tasses de cuir, et des vidrecomes de l'apparence la plus vulgaire.

Au milieu du désordre et de la confusion, un lansquenet ne put trouver de place à table. C'était un soldat remarquable par son courage, et qui s'était particulièrement distingué à l'assaut du château. Il prit impudemment sur la table un grand gobelet d'argent et l'emporta, en disant que c'était pour se consoler de n'avoir point de part au festin. Le Sanglier rit, à s'en tenir les côtes, de cette plaisanterie si digne de la présente compagnie. Un autre voulut en faire autant, mais mal lui en prit, car il n'était qu'un petit compagnon au prix du premier. « Ho! par l'esprit du tonnerre! s'écria Guillaume de La Marck, ceux qui n'osent pas être des hommes en face de leurs ennemis n'ont pas le droit d'être des voleurs en face de leurs amis. Eh quoi! effronté poltron, toi, toi qui as attendu pour entrer ici que la porte fût ouverte et le pont-levis baissé, quand Conrad Horst franchissait le fossé et la muraille, oses-tu te montrer si malappris? Accrochez-le-moi aux barreaux de la fenêtre. Il battra la mesure avec ses pieds, pendant que nous boirons à son heureux voyage chez le diable! »

A peine prononcée, la sentence fut mise à exécution; un moment après le misérable était suspendu aux barreaux de fer. Il y était encore lorsque Quentin et les autres entrèrent dans la salle.

Quand le nom du syndic Pavillon passa de bouche en bouche

au milieu du tumulte, le syndic essaya de prendre, de par le droit de son autorité et de son crédit, l'air d'importance d'un homme qui se sent l'égal des princes. Mais il eut peine à maintenir sa dignité quand il eut jeté un regard sur l'objet horrible suspendu aux barreaux et sur la scène qu'il avait sous les yeux. Peter, assez troublé lui-même, avait beau lui souffler à l'oreille : « Du cœur, maître, ou nous sommes perdus ! »

Le syndic fit de son mieux, et complimenta en peu de mots la compagnie sur la grande victoire remportée par les soldats de La Marck et les braves habitants de Liège.

« Oui, répondit ironiquement La Marck, nous avons mis la bête aux abois, comme disait le petit braque de madame au gros chien-loup. Mais holà, messire bourgmestre ! vous arrivez comme Mars, menant la beauté avec vous. Quelle est cette belle fille ? Otez-lui son voile. Nulle femme n'a le droit de cacher sa beauté cette nuit.

— C'est ma fille, noble capitaine, répondit Pavillon, et j'ai à l'excuser auprès de vous de porter un voile; c'est un vœu qu'elle a fait aux trois bienheureux Rois.

— Je l'en vais relever présentement, dit La Marck; car, à l'instant d'un coup de ce fendoir, je vais me consacrer évêque de Liège, et je suppose qu'un évêque vivant vaut bien trois rois morts. »

Il y eut un frisson et un murmure parmi les convives; car les gens de Liège, et même quelques-uns des grossiers soldats du Sanglier, s'ils ne respectaient rien au monde, respectaient du moins les Rois de Cologne, comme on les appelait.

« Non, je ne médite aucune trahison contre Leurs Majestés défuntes, reprit La Marck; je suis simplement décidé à être évêque. Un prince à la fois séculier et ecclésiastique, avec le pouvoir de lier et de délier, sera tout à fait l'affaire d'une bande de réprouvés comme vous, à qui personne autre ne voudrait donner l'absolution. Mais venez ici, noble bourgmestre, asseyez-vous à côté de moi; vous voyez comment on s'y prend pour faire une vacance quand on veut avoir de l'avancement. Qu'on introduise l'évêque, notre prédécesseur ! »

Il y eut un mouvement dans la salle. Quant à Pavillon, déclinant l'honneur de s'asseoir à côté de Guillaume de La Marck, il se tint au bas bout de la table, ayant derrière lui les gens de sa suite. Tout près de là était assis un jeune garçon de bonne mine, favori de Guillaume de La Marck; c'était peut-être même le seul être humain pour qui le Sanglier des Ardennes éprouvât quelque affection. Quentin, qui avait appris cette particularité dans sa conversation avec le chapelain, se plaça tout près de ce jeune homme, bien décidé à faire de lui, selon l'occurrence, ou un protecteur ou un otage.

En ce moment l'évêque de Liège, Louis de Bourbon, fût traîné dans la galerie de son propre palais par une soldatesque brutale. Au désordre de ses cheveux, de sa barbe et de ses vêtements, on voyait qu'il avait déjà été fort maltraité. On avait jeté sur lui, à la hâte, quelques-uns de ses ornements pontificaux, pour tourner en dérision sa qualité et son caractère. Par un heureux hasard, la comtesse Isabelle, qui aurait pu se trahir en voyant son protecteur dans une pareille situation, était placée de façon à ne rien voir et à ne rien entendre de ce qui se passait.

La scène qui suivit fut courte et terrible. Une fois en présence de son ennemi, l'évêque, qui jusque-là n'avait été connu que par sa douceur et sa bonté, montra dans ce moment redoutable une fermeté et une noblesse dignes de l'illustre maison à laquelle il appartenait. Il avait un air calme et intrépide, et quand les soldats l'eurent lâché, son attitude était ferme, noble et résignée. La Marck lui-même, frappé de la fermeté de son prisonnier et du souvenir des bienfaits qu'il en avait reçus autrefois, sembla hésiter et baissa les yeux. Ce ne fut qu'après avoir bu un grand gobelet de vin qu'il retrouva son ton habituel d'insolence hautaine.

« Louis de Bourbon, dit-il, j'ai recherché votre amitié, vous avez rejeté la mienne. Que ne donneriez-vous pas maintenant pour qu'il en eût été autrement? Nikkel, tiens-toi prêt. »

Le boucher se leva, saisit son arme et, passant derrière le trône de La Marck, se tint debout, tout prêt.

« Regarde cet homme, Louis de Bourbon, reprit La Marck. Quelle proposition me fais-tu pour échapper à la mort? »

L'évêque jeta un regard triste mais ferme sur l'homme qui se préparait à exécuter la volonté du tyran, et répondit sans trembler : « Ecoute-moi, Guillaume de La Marck, et vous, braves gens, s'il y a ici des hommes dignes de ce nom, écoutez les seules propositions que je puisse faire à ce ribaud. Guillaume de La Marck, tu as poussé à la sédition une cité impériale..., tu as pris d'assaut le palais d'un prince du saint-empire germanique..., tu as tué ses gens..., pillé ses biens et maltraité sa personne; pour tout cela, tu as mérité d'être mis au ban de l'empire..., tu as mérité d'être mis hors la loi, d'être déclaré banni, sans terre et sans droits. Tu as fait plus que tout cela. Ce ne sont pas seulement les lois humaines que tu as enfreintes.

et tu as mérité plus qu'un châtiment humain. Tu as pénétré par la force dans le sanctuaire du Seigneur..., tu as porté des mains violentes sur un Père de l'Eglise; tu as souillé la maison de Dieu de sang et de rapine, comme un voleur sacrilège...

— As-tu fini? demanda La Marck, qui l'interrompit avec violence, en frappant du pied.

— Non, répondit le prélat, car je ne t'ai pas encore dit quelles propositions j'ai à te faire, selon que tu me l'as demandé.

— Continue, dit La Marck, et fais en sorte que tes conditions me plaisent mieux que ta préface, sinon, gare à ta tête grise! » Et il se rejeta contre le dossier de son fauteuil en grinçant des dents.

« Tels sont tes crimes, reprit l'évêque avec une calme détermination; maintenant écoute les conditions que, en ma qualité de prince miséricordieux et de prélat chrétien, mettant de côté toute offense personnelle, oubliant toute injure particulière, je condescends à t'offrir : Jette ton bâton de commandement..., délie tes prisonniers..., restitue ce que tu as volé..., distribue le reste de tes biens à celles que tu as rendues veuves, et à ceux que tu as faits orphelins... Revêts-toi d'un cilice et, le bâton à la main, va-t'en en pèlerinage à Rome, et nous-même, nous faisant ton intercesseur, nous demanderons à la Chambre de Ratisbonne d'épargner ta vie, et à Notre Saint-Père le Pape d'avoir pitié de ton âme misérable. »

Pendant que Louis de Bourbon proposait ses conditions, comme s'il occupait encore le trône épiscopal, et que l'usurpateur fût agenouillé, suppliant à ses pieds, le tyran se redressa lentement dans son fauteuil. La rage succédait peu à peu en lui à la surprise du premier moment, et quand l'évêque cessa de parler, il regarda Nikkel Blok, et leva le doigt sans rien dire. Le misérable frappa comme à l'abattoir et l'évêque assassiné tomba, sans pousser un seul gémissement, au pied de son propre trône. Les Liégeois, qui ne s'attendaient pas à une pareille catastrophe et qui avaient compté sur un arrangement, se levèrent tous à la fois, en poussant des cris d'horreur et des menaces de vengeance.

La voix de tonnerre de Guillaume de La Marck domina tous les bruits quand il cria, en montrant le poing d'un air de menace : « Eh bien ! porcs de Liège ! qui vous vautrez dans la boue de la Meuse ! Osez-vous vous mesurer avec le Sanglier des Ardennes? Debout, mes marcassins ! faites voir vos défenses à ces cochons de Flandre ! »

Tous ses soldats se levèrent au commandement, et mêlés à

leurs alliés de tout à l'heure qui ne comptaient pas sur une pareille surprise, chacun saisit son voisin au collet et leva sur lui son poignard à large lame. Cependant les bras restaient levés sans frapper, car les victimes étaient trop surprises pour opposer aucune résistance, et probablement La Marck n'avait pas d'autre intention que de faire peur à ces bourgeois.

Mais le courage de Quentin Durward opéra un changement de scène. Imitant les soldats du Sanglier, il sauta sur Carle Eberson, le favori du capitaine, le maîtrisa sans peine et lui mit sur la gorge la pointe de son dirk. « C'est là votre jeu, dit-il; eh bien! j'en suis.

— Arrêtez! arrêtez! s'écria La Marck; c'est une plaisanterie... une plaisanterie! Me croyez-vous capable de faire injure à mes bons amis et alliés de la ville de Liège? Soldats, lâchez prise; asseyez-vous; qu'on emporte cette charogne (ajouta-t-il en allongeant un coup de pied au cadavre de l'évêque), c'est la cause de cette altercation entre amis; noyons tout ressentiment dans le vin. »

Tous lâchèrent prise, et soldats et bourgeois restèrent là à s'entre-regarder, ne sachant trop s'ils étaient amis ou ennemis. Quentin Durward profita de l'avantage du moment.

« Ecoutez-moi, dit-il, Guillaume de La Marck, et vous, bourgeois et citoyens de Liège; et vous, mon jeune sire, ne bougez pas (car le jeune Carl essayait de se débarrasser de son étreinte), vous n'avez rien à craindre, à moins que la plaisanterie de tout à l'heure ne recommence.

— Qui es-tu, par le diable? demanda La Marck au comble de la surprise, toi qui viens dicter des conditions et prendre des otages dans notre propre bauge..., notre bauge à nous, qui imposons nos conditions aux autres et n'en acceptons de personne?

— Je suis serviteur du roi de France, répondit hardiment Quentin, je suis archer de la garde écossaise. Je suis ici pour surveiller vos faits et gestes et en rendre compte à mon maître, et je vois avec peine que vous vous conduisez comme des païens et non comme des chrétiens, comme des fous et non comme des créatures douées de raison. Les troupes de Charles de Bourgogne vont fondre immédiatement sur vos têtes; et si vous voulez que le roi de France vous assiste, vous devez vous conduire autrement. Vous, hommes de Liège, je vous avise de retourner chez vous à l'instant, et si quelqu'un s'oppose à votre départ, je déclare ce quelqu'un-là ennemi de mon maître, Sa Très Gracieuse Majesté le roi de France.

— France et Liège; France et Liège! crièrent les compagnons de Pavillon, et plusieurs autres bourgeois dont les paroles hardies de Quentin avaient relevé le courage.
— France et Liège! et vive le vaillant archer! Nous vivrons et nous mourrons avec lui! »

Les yeux du Sanglier lancèrent des éclairs, et il saisit violemment son poignard, comme pour le lancer au cœur de celui qui venait de parler si hardiment. Mais, ayant jeté un regard autour de lui, il vit sur la figure de ses hommes quelque chose que, même lui, il fut forcé de respecter. Beaucoup étaient Français, et tous savaient qu'il venait sous main, du royaume de France, des subsides en hommes et en argent; et puis, quelques-uns étaient réellement épouvantés du crime sacrilège qui venait d'être commis. Le nom du duc de Bourgogne avait de quoi les effrayer, car il n'était pas homme à laisser sans punition les actes de cette nuit. Quoiqu'ils ne fussent pas grands clercs, ils comprenaient combien il serait impolitique de se brouiller, dans un pareil moment, avec les Liégeois et avec la France. Bref, La Mark sentit que même ceux de sa bande refuseraient de le soutenir s'il leur commandait un nouvel acte de violence. Il déclara donc qu'il n'avait pas l'ombre de mauvais vouloir envers ses bons amis de Liège, et que tous pouvaient quitter Schonwaldt quand bon leur semblerait. Il espérait néanmoins qu'ils voudraient bien y passer au moins le reste de la nuit, pour se réjouir avec lui de leur commune victoire. Il comptait bien que le gentilhomme écossais honorerait la fête de sa présence.

Le gentilhomme écossais remercia; mais il déclara en même temps que ses mouvements dépendaient de ceux de Pavillon, à qui ses instructions lui enjoignaient de s'attacher tout particulièrement; il ne manquerait pas, du reste, de se prévaloir de l'invitation, aussitôt qu'il reviendrait au quartier général du vaillant Guillaume de La Marck.

« Si vos mouvements dépendent des miens, dit Pavillon, il est probable que vous sortirez de Schonwaldt à l'instant même; et si c'est en ma compagnie que vous comptez y revenir, ce ne sera pas de sitôt. Tenez-vous près de moi », dit-il à ses gens; et il ajouta tout bas : « Et sortons au plus vite de cette caverne de voleurs. »

Les autres bourgeois de la classe aisée suivirent son exemple : ils étaient plus pressés de sortir de Schonwaldt qu'ils ne l'avaient été d'y entrer. On les laissa tous partir sans difficulté et Quentin, pour sa part, poussa un soupir de satisfaction, en voyant derrière lui les hautes murailles de la forteresse.

Pour la première fois depuis le moment où ils étaient entrés dans la galerie, théâtre de tant d'horreur, Quentin osa demander à la jeune comtesse comment elle se trouvait.

« Bien, bien, répondit-elle avec une précipitation fiévreuse; parfaitement bien...; ne vous arrêtez pas pour m'adresser des questions, ne perdons pas notre temps en paroles. Fuyons, fuyons. »

Elle essaya de hâter le pas; mais elle serait tombée d'épuisement si Quentin ne l'avait soutenue.

L'honnête syndic, de son côté, ne marchait plus que tiré et poussé par son lieutenant Peter, et par un de ses commis. C'est ainsi qu'ils arrivèrent au bord de la Meuse. Ils purent heureusement se procurer une barque.

Quand ils abordèrent au bout du jardin de Pavillon, le syndic appela Trudchen, qui ne tarda pas à paraître; car elle était aux aguets, inquiète comme tout le reste de la population féminine. Elle reçut l'ordre de consacrer tous ses soins à la jolie étrangère, qui était à demi-évanouie. Touchée de sa beauté, et pleine de pitié pour sa détresse, Gertrude s'acquitta des devoirs de l'hospitalité avec le zèle et l'affection d'une sœur. Quentin fut logé pour la nuit dans une jolie chambre aussi propre et aussi commode que peut l'être une chambre flamande, et ce n'est pas peu dire.

CHAPITRE XXIII
LA FUITE

Le lendemain, dès le matin, Quentin vit entrer son hôte.

« Voici ce que c'est, dit le syndic : Trudchen, qui regrette déjà la jeune dame comme une sœur, croit que vous ferez bien de vous déguiser tous les deux. On dit en ville que les deux dames de Croye voyagent par le pays en costumes de pèlerines, escortées d'un archer de la garde écossaise. Il paraît qu'une de ces dames a été conduite hier au château de Schonwaldt, par un Bohémien, après notre départ; ce Bohémien aurait assuré à Guillaume de La Marck que vous n'étiez chargé d'aucun message soit pour lui, soit pour le bon peuple de Liège; que vous aviez enlevé la jeune comtesse et que vous voyagiez avec elle. Toutes ces nouvelles nous sont venues de Schonwaldt ce matin même, et on nous les a apprises à nous autres conseillers qui sommes fort embarrassés. Sans doute, on pense généralement que Guillaume de La Marck a été un peu trop dur pour l'évêque et pour nous; mais on dit que c'est au fond un brave homme, c'est-à-dire quand il est à jeun. Et puis, c'est le seul chef que nous ayons pour nous conduire contre le duc de Bourgogne; et, en vérité, vu l'état des choses, m'est avis que nous devons le ménager, car nous nous sommes trop avancés pour reculer. »

Il était clair que le digne homme avait hâte de se débarrasser des deux fugitifs, et qu'il avait honte en même temps de se montrer si peu hospitalier, surtout envers une jeune dame qui devait avoir besoin de repos; mais sa femme tenait à les voir partir, et, comme beaucoup d'autres grands hommes, le syndic tremblait un peu devant la dame du logis.

Quentin eut pitié de son embarras, et s'abstint de reproches et d'exhortations inutiles.

« Votre femme a raison, dit-il, il faut que nous partions sous un déguisement, et cela le plus tôt possible. Nous pouvons compter sur vous, je l'espère, pour nous garder le secret, et pour nous fournir les moyens de nous échapper.

— De tout mon cœur! de tout mon cœur! dit l'honnête bourgeois, qui, peu satisfait de sa conduite, n'en était que plus empressé à se la faire pardonner. Je n'oublie pas que vous m'avez sauvé la vie la nuit dernière en m'aidant à sortir de mon corselet, et en me tirant des mains du Sanglier et de ses marcassins. Maintenant que vous voilà prêt, venez avec moi par ici, et vous verrez quelle confiance j'ai en vous. »

Le syndic le conduisit à son comptoir. Après avoir mis le verrou et jeté autour de lui des regards perçants, il souleva la tapisserie, et par une porte cachée dans la muraille introduisit Quentin dans une petite pièce voûtée, meublée uniquement de coffres-forts. Il ouvrit un de ces coffres-forts qui était rempli de pièces d'or, et dit à Quentin d'y puiser à discrétion, pour ses dépenses et celles de sa compagne de voyage.

Quentin prit deux cents pièces d'or, et soulagea ainsi l'esprit du syndic d'un grand poids. La somme était ronde et pouvait contrebalancer, en quelque sorte, la violation des lois de l'hospitalité, surtout dans les circonstances où se trouvait le pauvre Pavillon.

Au sortir du comptoir, le syndic conduisit Quentin au parloir. En pleine possession de son énergie, quoique pâle encore des scènes de la nuit, la comtesse était là, dans le costume d'une jeune fille flamande de la classe moyenne. Trudchen, seule avec elle, mettait la dernière main à sa toilette, en lui donnant des instructions sur la conduite qu'elle aurait à tenir. Isabelle tendit à Quentin sa main, sur laquelle il déposa un baiser respectueux. Alors elle lui dit : « Seigneur Quentin, il faut que nous quittions nos amis, de peur d'attirer sur eux une part du malheur qui me poursuit depuis la mort de mon père. Il faut changer de vêtements et me suivre, à moins que, vous aussi, vous ne soyez las de servir une créature aussi malheureuse.

— Moi! moi fatigué de vous servir! Je suis prêt à veiller sur vous jusqu'au bout du monde. Mais, vous-même, d'entreprenez-vous pas une tâche au-dessus de vos forces? Pouvez-vous, après les terreurs de la nuit dernière...?

— Ne me les rappelez pas, répondit la comtesse, c'est pour moi comme un horrible cauchemar. L'excellent évêque a-t-il pu s'échapper?

— Je pense qu'il est en liberté, dit Quentin, en faisant signe à Pavillon de se taire.

— Et nous est-il possible de le rejoindre? A-t-il du monde avec lui?

— Il n'a d'espoir que dans le ciel, dit Quentin; mais partout où il vous plaira d'aller, je serai à vos côtés, pour vous servir de guide et de défenseur.

— Nous verrons », reprit Isabelle, et, après une pause, elle ajouta : « Si j'avais le choix, j'irais me réfugier dans un couvent; mais les murs d'un couvent seraient, je le crains, une faible défense contre ceux qui me poursuivent.

— Hem! hem! fit le syndic, je ne vous recommanderais pas un couvent du district de Liège, parce que le Sanglier des Ardennes, un brave chef pour sûr, un allié fidèle et un ami de notre ville, a quelquefois les manières un peu rudes et ne respecte guère les cloîtres, les couvents et tout cela.

— Apprêtez-vous le plus vite possible, seigneur Durward, dit Isabelle à Quentin, puisqu'il faut que je me confie à votre foi. »

Dès que le syndic et Durward eurent quitté la pièce, Isabelle questionna Trudchen sur les routes et sur mille autres détails, avec tant de netteté et de précision, que la jeune Flamande ne put s'empêcher de s'écrier : « Madame, je vous admire. On parle de la fermeté des hommes, mais la vôtre la surpasse de beaucoup. »

Quentin entra en ce moment. Il portait les habits du dimanche de Peter, qui les lui avait offerts avec empressement. La dame du logis s'était procuré deux bons chevaux, car elle ne voulait pas de mal à ses hôtes, pourvu que leur présence ne compromît pas sa famille. Elle les vit monter à cheval et partir avec une grande satisfaction. Ils devaient sortir par la porte de l'Est et, pour être sûrs de ne pas se tromper, suivre de l'œil Peter, qui marcherait devant eux sans avoir l'air de rien.

Pour arriver à la porte de l'Est, les voyageurs eurent à traverser une foule compacte; mais les esprits étaient trop préoccupés des événements politiques et des rumeurs du jour pour qu'on fît attention à deux personnes dont l'extérieur n'avait rien d'extraordinaire. Ils franchirent les postes, grâce à un sauf-conduit que s'était procuré Pavillon, au nom de son collègue Rouslaer. Aussitôt qu'ils eurent pris congé du bon Peter Geislaer, ils furent rejoints par un vigoureux gaillard monté sur un cheval gris. C'était Hans Glover, le fiancé de Trudchen. Avec un salut très respectueux, il demanda en flamand à la comtesse Isabelle quelle route elle désirait suivre.

« Conduisez-moi, dit-elle, vers la ville la plus proche, sur la frontière du Brabant.

— Alors, vous avez pris une détermination sur le but et l'objet de votre voyage? demanda Durward, en rapprochant son cheval de celui d'Isabelle. Il parlait en français, pour n'être pas compris du guide.

— Sûrement, répondit la jeune dame, car dans les circonstances où je me trouve, il m'est impossible, sans de grands inconvénients, de prolonger un voyage qui se terminera peut-être d'ailleurs par un rigoureux emprisonnement.

— Un emprisonnement! dit Quentin.

— Oui, mon ami; mais je ferai en sorte que vous n'ayez pas à le partager. A un ami comme vous, mon devoir est de dire la vérité; mon dessein est de retourner dans mon pays et de me mettre à la merci du duc de Bourgogne.

— Et vous consentez alors à devenir la femme du comte de Campo-Basso, l'indigne favori de Charles?

— Non, Durward, non, dit dame Isabelle en se redressant sur sa selle. Toute la puissance du duc de Bourgogne ne saurait réduire à cette odieuse alliance une fille de la maison de Croye. Le duc peut saisir mes terres et mes fiefs, il peut m'emprisonner dans un couvent; mais c'est le pis que j'aie à redouter; et je suis prête à souffrir encore davantage, plutôt que de donner ma main à Campo-Basso.

— Souffrir davantage! dit Quentin. Mais quelle peine plus sévère peut-on vous infliger que de vous dépouiller de vos biens et de vous emprisonner? Oh! réfléchissez, pendant que vous êtes encore libre.

— La liberté n'est faite que pour l'homme, répondit la comtesse Isabelle avec un sourire plein de tristesse. La femme est bien forcée de chercher un protecteur, puisque la nature l'a faite incapable de se protéger elle-même. Il n'y a pas un coin du monde où ne règne l'oppression.

— C'est, dit Durward, une triste vérité, que je n'oserais pas nier.

— Aussi, reprit la comtesse, mon dessein est de confier le soin de me protéger au premier baron honorable du duché de Bourgogne, pour qu'il me remette aux mains de mon suzerain.

— Pourquoi ne pas vous retirer plutôt dans vos propres Etats, à l'abri de votre château fort, comme vous en formiez le projet à Tours? Pourquoi ne pas appeler autour de vous les barons de votre père, conclure un traité avec le duc de Bourgogne, au lieu de vous remettre en ses mains? Sûrement plus d'un cœur vaillant se dévouerait à votre cause; je connais du moins un homme qui serait trop heureux de sacrifier sa vie pour donner l'exemple.

— Hélas! dit la comtesse, ce plan, suggéré par le perfide Louis, et destiné, comme tous ceux qu'il suggère, à servir ses intérêts plutôt que les miens, n'est même plus praticable, car ce double traître de Zamet Maugrabin en a livré le secret au duc de Bourgogne. Mon parent a été emprisonné, et le duc a mis garnison dans tous mes châteaux. La moindre tentative de ma part attirerait sur tous mes vassaux la colère du duc Charles. Non, je me soumettrai à mon suzerain comme une fidèle vassale, en tant que la liberté de choisir me sera laissée; d'autant plus que ma parente, la comtesse Hameline qui m'avait conseillé de fuir, a déjà, je l'espère, fait cette démarche prudente et honorable.

— Votre parente! s'écria Quentin.
— Oui, ma tante, la comtesse Hameline de Croye. Que savez-vous d'elle? dit la comtesse Isabelle; j'espère qu'elle est présentement sous la protection de la bannière de Bourgogne. Vous vous taisez. Que savez-vous d'elle? »

Quentin se vit contraint de dire ce qu'il savait. Il raconta donc toute l'aventure du départ, la tromperie de Maugrabin, et son retour au château. Il avait laissé la comtesse Hameline aux soins de Hayreddin et de Marthon. Mais il se garda bien de mentionner la rumeur qui la disait tombée aux mains de Guillaume de La Marck.

Ce récit, tronqué à dessein, n'en produisit pas moins une profonde impression sur la comtesse Isabelle. Après avoir chevauché quelque temps en silence, elle dit d'un ton de froid mécontentement : « Ainsi vous avez abandonné ma pauvre tante en pleine forêt, à la merci d'un vil bohémien et d'une servante infidèle. Pauvre tante, qui ne cessait de chanter vos louanges!

— Si j'avais agi autrement, madame, dit Quentin, justement mortifié de voir interpréter ainsi sa conduite chevaleresque, où serait aujourd'hui la personne au service de laquelle je m'étais voué particulièrement? Si je n'avais pas laissé la comtesse Hameline aux soins de ceux qu'elle avait elle-même choisis comme ses conseillers et ses confidents, la comtesse Isabelle serait la femme de Guillaume de La Marck, du Sanglier des Ardennes.

— Vous avez raison, dit la comtesse Isabelle de son ton ordinaire; et moi qui vous dois tant, je vous ai calomnié. Mais je plains ma pauvre parente. Que pensez-vous qu'elle puisse être devenue? »

Quentin essaya d'inspirer à la comtesse Isabelle des espérances auxquelles il n'avait guère foi lui-même. Marthon, quand il avait laissé dame Hameline entre ses mains, semblait décidée à la protéger. Elle et Hayreddin d'ailleurs, aussi cupides l'un que l'autre, avaient plus d'intérêt à exploiter la reconnaissance de la comtesse Hameline qu'à lui faire un mauvais parti.

Quentin, pour faire diversion aux tristes pensées de la comtesse Isabelle, lui raconta la trahison de Maugrabin, qui lui semblait le résultat d'une entente entre le roi Louis et Guillaume de La Marck. Elle frissonna d'horreur et dit : « Je lis clairement aujourd'hui dans le jeu de la perfide Marthon. Elle saisissait toutes les occasions de semer la jalousie entre ma tante et moi. Mais je n'aurais jamais cru que ma tante pût se résoudre à m'abandonner seule au milieu des périls de Schonwaldt, pendant qu'elle se mettait elle-même en sûreté !

— Est-ce que dame Hameline ne vous avait pas parlé de son intention de fuir ? demanda Quentin.

— Non, répondit la comtesse, mais elle a fait allusion à quelques communications que Marthon devait me faire. A vrai dire, ma pauvre tante avait la tête complètement tournée par le jargon mystérieux de ce misérable Hayreddin, avec qui elle avait eu, le jour même, une longue conférence. Elle faisait de si étranges allusions, que... que je ne crus pas devoir insister, la voyant ainsi disposée, pour obtenir d'elle des explications plus nettes. N'importe, ç'a été bien cruel de sa part de m'abandonner ainsi.

— Je dois justifier dame Hameline de cette accusation, dit Durward; dans le trouble du moment, au milieu de l'obscurité de la nuit, la comtesse Hameline a pu croire qu'elle était accompagnée de sa nièce, comme je l'ai cru moi-même, trompée par le costume et la conduite de Marthon. »

Il était deux heures de l'après-midi, quand les deux voyageurs furent alarmés en voyant leur guide accourir à eux, pâle d'horreur. Ils étaient poursuivis, leur dit-il, par une bande des *Reitres noirs* de La Marck.

En tournant la tête, ils aperçurent un nuage de poussière sur la longue route plate qu'ils venaient de parcourir. Deux ou trois cavaliers couraient d'un galop furieux en avant des autres. « Chère Isabelle, dit Quentin, puisque, n'ayant que mon épée, je ne puis combattre pour vous, je fuirai avec vous. Si nous pouvons gagner le bois avant qu'ils soient sur nous, nous trouverons bien moyen de leur échapper.

— Ainsi soit-il, mon unique ami, répondit Isabelle en mettant son cheval au galop; et toi, mon brave garçon, ajouta-t-elle en s'adressant à Hans Glover, sauve-toi par une autre route, et ne t'expose pas à partager notre mauvaise chance et notre danger. »

LA FUITE

Mais l'honnête Flamand secoua la tête en disant : « Non, non, cela ne se peut pas. » Et il continua à les accompagner. Tous les trois couraient vers l'abri du bois de toute la vitesse de leurs chevaux fatigués. Les lansquenets les poursuivaient à bride abattue. Les fugitifs n'étaient plus qu'à un quart de mille du bois, quand ils en virent sortir une troupe d'hommes d'armes, sous le pennon d'un chevalier, qui se préparaient à leur barrer le chemin.

« Ils ont des armures brillantes, dit Isabelle, ce doivent être des Bourguignons. Mais quels qu'ils soient, il vaut mieux nous rendre à ceux qu'aux mécréants qui nous poursuivent. »

Un moment après elle s'écria en regardant le pennon : « Ce cœur fendu, je le reconnais; cette bannière est celle du comte de Crèvecœur..., un noble de Bourgogne...; je vais me rendre à lui. »

Quentin Durward soupira; mais il n'y avait pas d'autre alternative. Un instant auparavant, combien il eût été heureux de penser qu'Isabelle échapperait aux lansquenets, même à des conditions plus dures. Ils rejoignirent bientôt la troupe de Crèvecœur; la comtesse demanda à parler au chef, qui avait fait faire halte pour reconnaître les ennemis. Comme il regardait la comtesse d'un air de doute et d'incertitude, elle dit : « Noble comte, Isabelle de Croye, la fille de votre ancien compagnon d'armes le comte Reinold de Croye, se rend à vous et demande protection à votre valeur pour elle et les siens.

— Cette protection, vous l'aurez, belle cousine, fût-ce contre une armée, excepté toujours contre mon seigneur suzerain le duc de Bourgogne. Mais, pour l'heure, nous n'avons pas le temps de parler de cela. Ces démons de mauvaise mine ont fait halte comme s'ils avaient l'intention de nous tenir tête. Par saint Georges de Bourgogne! ils ont l'insolence de s'avancer contre la bannière de Crèvecœur! Quoi! l'on n'apprendra pas à vivre à ces coquins? Damien, ma lance! En avant la bannière! lances en arrêt! Crèvecœur à la rescousse! »

Ayant ainsi poussé son cri de guerre, il s'élança au galop, à la tête de ses hommes d'armes.

CHAPITRE XXIV
LA REDDITION

L'escarmouche entre les reîtres noirs et les hommes d'armes de Bourgogne dura à peine cinq minutes. Alors le comte de Crèvecœur, essuyant à la crinière de son cheval le sang dont son épée était teinte, revint à la lisière du bois où Isabelle était restée, spectatrice du combat. Une partie de ses gens étaient revenus avec lui, pendant que les autres donnaient la chasse aux reîtres débandés.

« C'est une honte, dit le comte, que des chevaliers et des gentilshommes soient obligés de souiller leurs armes du sang de ces porcs immondes. »

Là-dessus il remit l'épée au fourreau, en ajoutant : « Voilà une étrange bienvenue, ma jolie cousine; mais les princesses errantes doivent s'attendre à ces sortes d'aventures.

— Seigneur comte, dit dame Isabelle, sans autre préface, faites-moi savoir si je suis prisonnière, et où vous allez me conduire.

— Vous savez, sotte petite fille, répondit le comte, quelle serait ma réponse, si j'étais mon maître. Mais vous, et votre folle de parente, avez fait depuis peu un tel usage de vos ailes, qu'il vous faut vous résigner à les replier pour quelque temps dans une cage. Pour moi, mon devoir, un devoir fort désagréable, sera accompli quand je vous aurai conduite à la cour du duc, à Péronne. Je vais remettre le commandement de cette troupe d'éclaireurs à mon neveu, le comte Étienne, pour vous conduire moi-même. Car je crains bien que vous n'ayez besoin d'un intercesseur

— Un moment, cousin de Crèvecœur, dit la comtesse Isabelle, en me rendant prisonnière, je dois songer à la sûreté de ceux qui ont été mes amis au milieu de mes malheurs. Permettez à ce brave garçon, mon fidèle guide, de retourner sain et sauf à Liège.

— Mon neveu, dit Crèvecœur, après avoir jeté un regard perçant sur le bon et inoffensif Hans Glover, veillera sur cet individu, l'emmènera avec lui dans le pays de Liège et, une fois là, le remettra en liberté ! Avez-vous quelque autre requête à me présenter, ma belle cousine ? Il est temps que nous partions.

— Une seule, répondit la comtesse, faisant effort pour parler : c'est qu'il vous plaise de vous montrer bienveillant envers ce... ce jeune gentilhomme.

— Hum ! fit Crèvecœur en regardant Durward avec attention. Hum ! Dites-moi, cousine, qu'a donc fait ce *très* jeune gentilhomme pour mériter de votre part une semblable intercession ?

— Il m'a sauvé la vie et l'honneur », dit la comtesse, rouge de honte et de ressentiment.

Quentin, de son côté, rougit d'indignation ; mais il se dit avec raison qu'il ne ferait que gâter les affaires en se laissant aller à exprimer tout haut ses sentiments.

— La vie et l'honneur ? hum ! répéta Crèvecœur. M'est avis, cousine, qu'il eût mieux valu pour vous ne point vous mettre en passe d'avoir de semblables obligations à un gentilhomme si jeune. Mais, passons. Ce jeune gentilhomme peut s'attacher à notre personne, si sa qualité le lui permet, et je veillerai à ce qu'il ne lui soit fait aucun mal. Seulement, c'est moi à l'avenir qui protégerai votre vie et votre honneur. Quant à lui, je lui trouverai peut-être un emploi plus convenable que celui d'écuyer pour damoiselles errantes.

— Monseigneur le comte, dit Durward, incapable de se contenir plus longtemps, afin de vous épargner pour plus tard le regret d'avoir parlé d'un étranger un peu à la légère, je me permets de vous dire que je suis Quentin Durward, archer dans la garde écossaise du roi Louis, où, comme vous le savez, l'on n'admet que des gentilshommes et des hommes d'honneur.

— Je vous remercie du renseignement et je vous baise les mains, seigneur archer, dit Crèvecœur, toujours du même ton de raillerie. Ayez la bonté de venir avec moi en tête de la troupe.

— Monseigneur le comte de Crèvecœur, reprit Quentin, puis-je vous demander si je suis libre ou si je dois me considérer comme votre prisonnier ?

— Question bien avisée, répliqua le comte, à laquelle, pour le moment, je ne puis répondre que par une autre. A votre avis, la France et la Bourgogne sont-elles en paix ou en guerre ?

— Cela, monseigneur, répondit l'Ecossais, vous devez le savoir mieux que moi. Il y a déjà quelque temps que j'ai quitté la cour de France, et je n'en ai pas eu de nouvelles depuis.

— Vous voyez vous-même, reprit le comte, combien il est

plus facile de faire des questions que d'y répondre. Eh bien! moi-même, qui ai passé une semaine et plus à Péronne avec le duc, je ne suis pas plus capable que vous de résoudre le problème; et pourtant, sire écuyer, c'est de cette solution que dépend ma réponse à votre question : Suis-je prisonnier ou non ? Jusqu'à nouvel ordre, je vous considérerai comme prisonnier. Seulement, si vous avez réellement et honnêtement rendu service à ma parente, si vous répondez franchement et honnêtement à mes questions, vous ne vous en trouverez que mieux.

— La comtesse de Croye, dit Quentin, est mieux que personne en état de savoir si je lui ai rendu service ou non; et c'est à elle que je vous renvoie à ce sujet. Quant à mes réponses, vous en jugerez par vous-même après m'avoir posé vos questions.

— Hum! assez hautain, marmotta le comte de Crèvecœur. Eh bien! sire écuyer, vous ne trouverez peut-être pas au-dessous de votre dignité de me faire savoir combien de temps vous avez passé au service de dame Isabelle de Croye?

— Comte de Crèvecœur, répliqua Quentin Durward, si je réponds à des questions faites d'un ton qui frise l'insulte, c'est uniquement afin de ne pas donner lieu, par mon silence, à des suppositions blessantes pour une personne à qui nous devons le respect, vous comme moi. J'ai servi d'escorte à dame Isabelle depuis le jour où elle a quitté la France pour se rendre en Flandre.

— Ho! ho! dit le comte; c'est-à-dire depuis le jour où elle s'est enfuie de Plessis-lès-Tours. Vous, archer de la Garde Royale, c'est naturellement sur l'ordre exprès du roi Louis que vous l'avez accompagnée. »

Quentin répondit, avec sa réserve habituelle, qu'il avait reçu les ordres de son supérieur immédiat, et qu'il ne s'était pas cru en droit d'en chercher plus long.

« Cela suffit parfaitement, dit le comte. Et, sire archer, quelle était votre destination ?

— Liège, monseigneur, répondit l'Ecossais, où les dames de Croye désiraient se réfugier sous la protection du défunt évêque.

— Du *défunt* évêque! s'écria le comte de Crèvecœur; Louis de Bourbon est donc mort?

— Il a été assassiné.

— Assassiné! sainte Mère des cieux, jeune homme que me dites-vous là ?

— J'ai vu le crime de mes propres yeux, et bien d'autres horreurs, répondit Quentin.

— Comment ! et vous n'avez pas secouru le bon prélat ; vous n'avez pas ameuté le château contre ses assassins !

— Le château, monseigneur, dit Durward, venait d'être pris d'assaut par le sanguinaire Guillaume de la Marck, avec l'aide des Liégeois insurgés.

— Je suis frappé comme d'un coup de foudre, reprit Crèvecœur ; Liège en insurrection..., Schonwaldt pris..., l'évêque assassiné !... Parlez ! aviez-vous connaissance de cet assaut..., de cette insurrection, de cet assassinat ? Parle... : tu es un de ces archers qui ont la confiance de Louis, et c'est lui qui est au fond de toutes ces horreurs. Parle, ou je te fais tirer à quatre chevaux !

— Je n'ai rien à me reprocher dont puisse rougir un gentilhomme Écossais. Je n'en sais pas plus que vous sur ces infamies ; et loin d'y avoir mis la main, j'aurais tout fait pour les empêcher ; mais que pouvais-je faire ? Ces gens étaient là par milliers, et moi j'étais tout seul. Mon unique souci était de sauver la comtesse Isabelle, et j'ai pu la sauver. Malgré cela, si j'avais été à portée quand ils ont assassiné le vieux prélat, je l'aurais sauvé ou j'aurais vengé sa mort ; dans tous les cas, j'ai exprimé mon horreur assez haut pour prévenir d'autres abominations.

— Je te crois, jeune homme, tu n'es ni d'un âge ni d'un caractère à accomplir de pareilles missions ; tu es plutôt fait pour servir d'écuyer aux dames. Mais, hélas ! pauvre prélat ! si bon, si généreux, assassiné par un misérable, un monstre, élevé dans la salle même où il a souillé ses mains du sang de son bienfaiteur ! Mais, ou bien je connais mal Charles de Bourgogne, et je suis prêt à douter de la justice de Dieu, ou bien la vengeance sera aussi soudaine et aussi terrible que l'a été le crime. » Lâchant alors la bride de son cheval et saisissant son épée de ses deux mains couvertes de leurs gantelets, il la pressa contre sa poitrine ; puis il l'éleva en l'air et dit d'un ton solennel : « A défaut d'autre vengeur, moi, moi Philippe Crèvecœur de Cordès, je fais vœu à Dieu, à saint Lambert et aux trois Rois de Cologne de n'avoir souci d'autre chose en ce monde jusqu'à ce que j'aie tiré pleine vengeance des assassins du bon Louis de Bourbon, que je les trouve en forêt ou en plaine, à la ville ou aux champs, sur la colline ou en rase campagne, à la cour du roi ou dans l'église de Dieu. Ainsi Dieu me soit en aide, et saint Lambert de Liège et les trois Rois de Cologne ! »

L'esprit un peu calmé et soulagé par le vœu qu'il venait de prononcer, le comte recommença à questionner Durward sur les moindres détails de cette désastreuse affaire. Le jeune Écossais, pour enflammer encore davantage le désir de vengeance que venait d'exprimer le comte contre Guillaume de la Mark, lui raconta tout ce qu'il savait.

Tout à coup le comte de Crèvecœur sembla se souvenir d'une chose qu'il avait oubliée jusque-là, et demanda ce qu'il était advenu de la comtesse Hameline, et pourquoi elle ne se trouvait pas avec sa parente. « Non pas, ajouta-t-il d'un ton de mépris, que je considère son absence comme une perte pour la comtesse Isabelle; car, quoiqu'elle n'eût pas de mauvaises intentions, c'était une vraie folle. Je tiens pour certain que sa nièce, que j'ai toujours reconnue pour une femme modeste et sensée, n'a pu être entraînée à cette folle équipée de France que par cette vieille femme romanesque. »

Quentin lui expliqua comment il avait laissé la comtesse Hameline aux soins de Hayreddin et de Marthon, pour voler au secours de la comtesse Isabelle. Depuis, on lui avait dit, mais ce n'était qu'une vague rumeur, que la comtesse était tombée entre les mains de Guillaume de la Marck.

« Par saint Lambert! dit Crèvecœur, je suis sûr qu'elle l'épousera; lui, probablement, il ne demandera pas mieux, à cause de son argent; et probablement aussi il lui cassera la tête quand il aura l'argent ou qu'il l'aura dépensé. »

Le comte ensuite pressa Quentin de questions pour savoir quelle avait été la tenue des deux dames pendant le voyage, sur quel pied d'intimité elles avaient traité Quentin lui-même, et autres détails qui le mettaient à la torture. Vexé, honteux et irrité, le malheureux n'était guère en état de cacher son embarras à ce soldat et à ce courtisan dont les regards étaient si pénétrants. Au moment de se séparer de lui, le comte lui dit : « Hum! je vois que mes conjectures étaient justes, du moins en ce qui concerne l'une d'elles; j'espère que l'autre s'est montrée plus sensée. Allons, sire écuyer, piquez des deux et rejoignez l'avant-garde, pendant que je retourne à l'arrière-garde pour causer avec dame Isabelle. J'espère en savoir assez long maintenant pour lui parler de cette triste affaire sans froisser sa délicatesse, comme je crains bien d'avoir blessé la vôtre. Ah! encore un mot, mon jeune paladin. Vous avez fait, je le crois, un heureux voyage à travers le pays des fées..., un voyage plein d'aventures héroïques, de grandes espérances et d'illusions, comme celles que chantent les ménestrels, ou qui peuplent les jardins de la fée Morgane. Oubliez tout cela, jeune soldat, ajouta-t-il en le frappant sur l'épaule, ne songez plus à cette jeune dame que comme à la très honorée comtesse de Croye..., oubliez qu'elle a été, pour un temps, une damoiselle errante et aventureuse. Et ses amis (il y en a un du moins dont je puis répondre) se souviendront des services que vous lui avez rendus, et oublieront que vous vous en étiez promis, sans raison, une trop haute récompense. »

Furieux de n'avoir pas su dérober à la clairvoyance du comte des sentiments que l'autre trouvait ridicules, Quentin répondit avec indignation : « Seigneur comte, quand j'aurai besoin de vos conseils, je ne manquerai pas de venir vous les demander; quand je réclamerai votre assistance, il sera temps de me l'accorder ou de me la refuser; quand je tiendrai à connaître votre opinion sur mon compte, ce sera le moment de me la donner, pas avant !

— Hé, hé ! dit le comte, je me suis mis entre Amadis et Oriane, et il faut que je m'attende à être appelé en champ clos !

— Vous en parlez comme d'une chose impossible, riposta Quentin. Quand j'ai rompu une lance avec le duc d'Orléans, c'était contre une poitrine dans laquelle coule un sang plus noble que celui de Crèvecœur..., et quand j'ai croisé le fer contre Dunois, j'avais pour adversaire un guerrier plus renommé.

— Que le ciel te donne un peu plus de bon sens, gentil jeune homme! dit Crèvecœur. Si tu dis vrai, tu as eu une singulière fortune; en vérité, s'il plaît à la Providence de te mettre à de pareilles épreuves avant que tu aies un poil de moustache sur la lèvre, tu sera complètement fou avant d'être devenu un homme. Tu ne peux pas me mettre en colère, quoique tu puisses me mettre en gaîté. Crois-moi, tu as beau avoir combattu contre des princes, et joué le rôle de champion auprès de certaines comtesses par suite d'un de ces caprices dont la Fortune est coutumière, tu n'es pas pour cela l'égal de ceux que tu as combattus, ni de celles pour qui tu as combattu. Je comprends qu'un adolescent, l'esprit tout plein des romans de chevalerie, ait pu se prendre un moment pour un paladin et faire des rêves délicieux; mais ce n'est pas une raison pour en vouloir à un ami bien intentionné qui le secoue un peu rudement par l'épaule, pour le réveiller.

— Monseigneur de Crèvecœur, dit Quentin, ma famille...

— Il n'est pas question de famille, reprit le comte, mais de rang, de fortune, de haute situation, et ainsi de suite, toutes choses qui établissent une distance entre les différents degrés et les différentes classes de personnes. Quant à la naissance, nous descendons tous d'Adam et d'Ève.

— Seigneur comte, répéta Quentin, mes ancêtres, les Durward de Glen-Houlakin...

— Oh bien ! dit le comte, si vous les faites remonter plus haut qu'Adam et Ève, je n'en suis plus. Au revoir ! »

Il tira sur la bride de son cheval, et s'arrêta pour attendre la comtesse. Ses insinuations et ses avis, quoique donnés avec les meilleures intentions du monde, furent encore plus désagréables à la comtesse qu'à Quentin. Ce dernier murmurait entre ses dents, en rejoignant l'avant-garde : « Vieux fat sans cœur, insolent et outrecuidant. Je souhaite que le premier archer écossais qui te tiendra au bout de son arquebuse, ne te laisse pas échapper aussi facilement que moi ! »

Le soir, ils atteignirent la ville de Charleroi, sur la Sambre. Le comte de Crèvecœur avait décidé d'y laisser la comtesse Isabelle, qui était à bout de forces. Il la confia aux soins de l'abbesse d'un couvent de l'ordre de Cîteaux; c'était une dame noble, parente des familles de Crèvecœur et de Croye, en qui il pouvait avoir pleine confiance.

Quant à lui, il continua son voyage, ayant mis dans sa tête d'être le premier à apporter au duc Charles la formidable nouvelle de l'insurrection et du meurtre de l'évêque. S'étant donc procuré des chevaux frais pour lui et pour sa suite, il partit avec l'intention de gagner Péronne tout d'une traite. Il eut bien soin d'emmener Quentin Durward avec lui.

CHAPITRE XXV
L'HOTE INATTENDU

A Landrecies le comte eut pitié de Quentin qui n'avait pas dormi depuis trois nuits, et commanda une halte de quatre heures.

Quentin dormit à poings fermés jusqu'au moment où les trompettes sonnèrent le réveil, pendant que les fourriers du comte criaient : « Debout ! debout ! Ha ! Messires, en route, en route ! »

Ces quelques heures de bon repos lui avaient rendu toutes ses forces et toute son énergie; le soleil levant lui rendit toute sa confiance en lui-même et en sa bonne étoile. Eh bien, soit ! il n'épouserait probablement jamais Isabelle de Croye; mais son souvenir du moins l'aiderait à devenir un véritable homme d'armes.

Dans ces dispositions viriles, Quentin se sentit mieux en état d'accepter les plaisanteries du comte de Crèvecœur et d'y répondre. Le comte le taquina sur sa prétendue mollesse qui le rendait incapable de supporter la fatigue. Le jeune Ecossais se prêta de si bonne grâce à la raillerie du comte, il riposta avec tant de bonheur et d'une manière si respectueuse, que le comte lui en sut le plus grand gré, et commença à concevoir de lui l'opinion la plus favorable.

Il se dit que le jeune Ecossais était, après tout, un gentil compagnon dont on pourrait faire quelque chose. A plusieurs reprises il lui donna à entendre que s'il voulait quitter le service du roi Louis, on s'arrangerait pour lui trouver une condition favorable dans la maison du duc de Bourgogne, et qu'il s'occuperait lui-même de son avancement. Quentin, tout en témoignant sa gratitude de la façon la plus convenable, déclina cette offre honorable, du moins pour le présent; car il ne voulait pas se décider sans savoir jusqu'à quel point il avait à se plaindre du roi de France; mais cela ne l'empêcha pas de demeurer dans les meilleurs termes avec le comte de Crèvecœur.

La petite troupe arriva enfin à deux milles de la place forte de Péronne, autour de laquelle campait l'armée du duc de Bourgogne, toute prête, supposait-on, à envahir la France. En réponse à ce déploiement de forces, Louis XI avait rassemblé des troupes nombreuses auprès de Saint-Maxence, pour mettre son puissant vassal à la raison.

Le comte de Crèvecœur avec sa suite et son prisonnier approchait donc de Péronne. Il était trois heures de l'après-midi. La petite troupe chevauchait à travers les jolies clairières d'une grande forêt qui couvrait les approches de la place, du côté de l'est. Ils rencontrèrent en cet endroit deux personnages de haut rang, à en juger par leurs costumes et par la suite nombreuse qui leur faisait escorte. Comme ils avaient le faucon au poing, et que leurs varlets tenaient en laisse des épagneuls et des lévriers, il n'était pas difficile de deviner qu'ils se livraient au plaisir de la chasse au faucon. Mais en apercevant Crèvecœur, au lieu de continuer à quêter quelque héron sur les bords d'un long canal, ils s'avancèrent vers lui au galop de leurs chevaux.

« Des nouvelles ! des nouvelles ! comte de Crèvecœur, crièrent-ils tous les deux. Voulez-vous vendre des nouvelles ou en acheter ? ou faire un loyal échange ?

— Je ferais un loyal échange, messires, dit Crèvecœur après les avoir salués avec courtoisie, si je vous croyais en possession de nouvelles assez importantes pour faire l'équivalent des miennes. »

Les deux chasseurs échangèrent un sourire, et le plus âgé des deux prit la parole. Il avait ce que l'on peut appeler une belle prestance baroniale, avec une de ces figures brunes à physionomie attristée qui, au dire des physionomistes, dénotent un penchant à la mélancolie et présagent une fin tragique. « Crèvecœur, dit-il à son compagnon, a été en Brabant, au pays des marchands et il en a appris les pratiques. Nous ne serons pas de force si nous optons pour un échange.

— Messire, dit Crèvecœur, il est de toute justice que le duc ait les prémices de mes nouvelles, tout comme le seigneur prélève son tribut avant l'ouverture du marché. Mais, dites-moi, vos nouvelles sont-elles tristes ou gaies ? »

Celui à qui il s'adressait particulièrement était un homme plein de vie, avec un œil d'une grande vivacité, tempérée par l'expression de gravité et de réflexion de sa bouche, surtout de sa lèvre supérieure. A l'ensemble de la physionomie, on reconnaissait l'homme qui voit et juge rapidement, mais qui met une sage lenteur à former une résolution et à exprimer une opinion. C'était le fameux chevalier de Hainaut, fils de Collart ou Nicolas de l'Elite, connu dans l'histoire sous le nom vénérable de Philippe de Comines. Il vivait alors dans la familiarité du duc de Bourgogne, et c'était un de ses conseillers les plus éprouvés. Ce fut lui qui répondit à Crèvecœur sur la nature des nouvelles dont lui et son compagnon, le baron d'Imbercourt étaient dépositaires. « Elles sont, dit-il, semblables à l'arc-en-ciel, et changent de teinte selon le point où l'on se place pour les regarder, claires sur un nuage sombre, sombres sur un ciel clair. Mais l'on n'a jamais vu pareil arc-en-ciel, soit en France, soit en Flandre depuis celui du déluge.

— Mes nouvelles à moi, reprit Crèvecœur, sont absolument comme la comète, sombres, sauvages et terribles en elles-mêmes, avant-coureurs de maux plus grands et plus terribles encore.

— Nous ferons bien d'ouvrir nos ballots, dit Comines à son compagnon, ou bien nous nous laisserons couper l'herbe sous le pied par de nouveaux arrivants, car nos nouvelles sont publiques. En un mot, Crèvecœur, écoutez et soyez surpris..., Le roi Louis est à Péronne ! Vous voilà bien étonné ! Au moment où vous nous avez quittés, la conférence entre les commissaires de France et de Bourgogne était rompue, vous le savez, et il ne restait plus, en apparence, aucune chance de conciliation.

— C'est vrai, et nous ne rêvions plus que de guerre.

— La suite a été réellement comme un rêve, dit Comines, si bien que je m'attends presque à me réveiller et à découvrir que c'en est un. La veille, le duc, en conseil, avait si furieusement protesté contre tout délai, que l'on convint d'envoyer un défi au roi et de marcher aussitôt contre la France. Toison-d'Or, commissionné à cet effet, avait endossé son costume officiel, il mettait le pied à l'étrier, lorsque voilà Montjoie, le héraut de France, qui arrive à cheval dans notre camp. Nous croyons naturellement que le roi Louis a devancé notre défi, et nous commençons à considérer quel sera le ressentiment du duc contre les conseillers dont l'avis l'a empêché d'être le premier à déclarer la guerre. On assemble un conseil à la hâte, et quelle est notre surprise d'apprendre du héraut que Louis, roi de France, est à cheval, à une heure de chemin à peine, avec l'intention de faire visite à Charles, duc de Bourgogne, avec une faible escorte, espérant que leurs différends pourraient être réglés dans une entrevue personnelle.

— Vous me surprenez, messires, dit Crèvecœur, mais pas autant que vous pouviez vous y attendre. La dernière fois que je me suis trouvé au Plessis-lès-Tours, l'homme de confiance du roi, le cardinal La Balue, irrité contre son maître et Bourguignon au fond du cœur, m'a insinué qu'il amènerait Louis à se placer de lui-même en telle passe, que le duc pourrait dicter à sa guise les conditions de la paix. Mais je n'aurais jamais cru un vieux renard comme Louis capable de venir se prendre de lui-même au piège. Et le duc, qu'a-t-il dit ?

— Quelques paroles seulement, mais de fières paroles, comme toujours, répondit Comines. « Qui de vous, demanda-t-il, a été
« témoin de mon entrevue avec mon cousin Louis, après la
« bataille de Montlhéry, quand j'ai eu la légèreté de l'accom-
« pagner jusque dans les retranchements de Paris avec une
« dizaine de personnes seulement, et de me mettre ainsi à la
« merci du roi ? » Je répondis que la plupart d'entre nous avaient assisté à l'entrevue, et qu'aucun de nous n'oublierait jamais la belle peur qu'il s'était plu à nous faire. « Eh bien, dit
« le duc, vous m'avez blâmé de ma folie, et je vous ai confessé
« que j'avais agi comme un jeune écervelé. Je n'oublie pas,
« d'autre part, que, comme c'était du vivant de mon père, mon
« cousin Louis avait beaucoup moins d'intérêt à se saisir de
« ma personne que je n'en aurais moi, aujourd'hui, à m'assurer
« de la sienne. Néanmoins, si mon royal parent vient ici en
« toute simplicité de cœur, comme je suis allé à lui dans ce
« temps-là, il sera accueilli royalement. Mais s'il ne simule
« cette confiance que pour me tromper et m'aveugler, en vue
« d'accomplir un de ses desseins politiques, qu'il prenne garde
« à lui ! » Alors, après avoir retroussé ses moustaches et frappé du pied, il nous a commandé de monter à cheval, pour aller à la rencontre d'un hôte si extraordinaire.

— Et là-dessus vous êtes allés à la rencontre du roi ? dit le comte de Crèvecœur. Quelle était sa suite ?

— Aussi peu nombreuse que possible, répondit d'Imbercourt; une vingtaine d'archers écossais, tout au plus, quelques chevaliers et gentilshommes de sa maison; parmi ces derniers, c'était son astrologue Galeotti qui faisait la meilleure figure.

— Ce personnage, dit Crèvecœur, a encore plus d'influence que le cardinal La Balue; je ne serais pas surpris s'il avait contribué à déterminer le roi à faire une démarche aussi hasardée. Y a-t-il quelques nobles d'un plus haut rang ?

— Il y a Monsieur d'Orléans et Dunois, répondit Comines.

— Moi, dans tous les cas, dit Crèvecœur, je ferai fête à Dunois. Mais je croyais que le duc et lui étaient tombés en disgrâce, et qu'on les avait mis en prison.

— Oui, ils étaient au château de Loches, cette délicieuse retraite de la noblesse française, dit d'Imbercourt; mais Louis les en a tirés pour les amener ici...; peut-être ne se souciait-il pas de laisser le duc d'Orléans derrière lui. Le reste de sa suite se composait, ma foi oui! je crois, de son compère Tristan, avec deux ou trois hommes de sa bande; d'Olivier, son barbier; et tout ce monde-là si pauvrement accoutré, que, sur mon honneur, Louis a l'air d'un vieil usurier qui s'en va tracasser de mauvais payeurs, en compagnie d'une bande de recors.

— Et où loge-t-il? demanda Crèvecœur.

— Oh! cela, répondit Comines, c'est encore ce qu'il y a de surprenant dans l'histoire. Notre duc proposa de laisser une des portes de la ville à la garde des archers écossais et d'y établir un pont de bateaux. Louis aurait logé dans la maison voisine, qui appartient à un riche bourgeois, Giles Orthen. Mais le roi, ayant remarqué les bannières de Lau et de Pencil de Rivière qu'il a bannis de France, eut peur, à ce qu'il paraît, de loger si près de deux réfugiés et de deux mécontents, et demanda à être logé dans le château de Péronne.

— Miséricorde! s'écria Crèvecœur; cela peut s'appeler mettre sa tête dans la gueule du lion, après s'être aventuré dans son antre.

— D'Imbercourt, reprit Comines, ne vous a pas rappelé le propos du Glorieux à ce sujet.

— Et qu'a dit Sa très illustre Sagesse? demanda le comte.

— Comme le duc, reprit Comines, donnait des ordres à la hâte pour faire apprêter des vases et des pièces d'argenterie comme présents de bienvenue destinés au roi et à sa suite : « Ne mets pas pour cela ta petite cervelle à l'envers, mon ami « Charles, dit Le Glorieux; je ferai à ton cousin Louis un pré-« sent bien plus noble et bien mieux approprié que les tiens : « je lui donnerai mon bonnet à sonnettes, et ma marotte par-« dessus le marché; car, par la messe! il est bien plus fou que « moi de venir se mettre en ta puissance. — Oui; mais, drôle, « si je ne lui donne pas lieu de s'en repentir? dit le duc. — « Alors, Charles, c'est toi qui auras le bonnet et la marotte, « étant le plus grand fou des trois. » Et maintenant, Crèvecœur, voilà la fin de nos nouvelles. Que vous en semble?

— Je les comparerais volontiers, répondit Crèvecœur, à une mine chargée, à laquelle, j'en ai bien peur, je suis destiné à mettre le feu. Amis gentilshommes, chevauchez tout près de moi, étrier contre étrier, et quand je vous aurai dit ce qui vient de se passer dans l'évêché de Liège, vous penserez comme moi que le roi Louis aurait aussi bien fait d'entreprendre un pèlerinage dans les régions infernales que de choisir aussi mal son temps pour venir à Péronne. »

CHAPITRE XXVI
L'ENTREVUE

Charles de Bourgogne, le plus soudain, le plus impatient, disons le plus imprudent des princes de son époque, se trouvait néanmoins emprisonné dans le cercle magique du code féodal, qui lui prescrivait la plus profonde déférence envers Louis, son seigneur suzerain, alors qu'il daignait lui faire à lui, son vassal, l'honneur d'une visite personnelle. Il vint donc recevoir Louis XI, en manteau ducal, escorté de ses grands officiers et des principaux chevaliers et nobles de sa cour : c'était une brillante cavalcade. Le cortège de Louis, au contraire, était peu nombreux, et de piètre apparence, surtout par comparaison. Le roi, avec son pourpoint râpé, son vieux chapeau de haute forme et ses images de plomb, rendait le contraste encore plus frappant. Et quand le duc, couronne en tête et manteau ducal sur les épaules, sauta de son beau cheval de bataille, et mit un genou en terre pour tenir l'étrier à Louis, l'effet fut presque grotesque.

Le colloque des deux potentats fut, naturellement, aussi plein de tendresse feinte et de compliments affectés que vide de sincérité. Mais, vu son caractère, le duc avait bien plus de peine à garder les apparences; pour Louis XI, habitué à feindre et à dissimuler, ce n'était qu'un jeu.

Le roi comprit sans doute à l'altération de la voix du duc, à la contrainte de ses manières, à la brusquerie de ses gestes, qu'il avait à jouer un jeu difficile; peut-être même regretta-t-il plus d'une fois de s'en être chargé. Mais le repentir venait trop tard, il s'agissait pour lui de se tirer de là avec sa dextérité habituelle.

Louis jouait le rôle d'un homme dont le cœur déborde de tendresse, au moment où il vient de se réconcilier avec un vieil ami dont les circonstances l'avaient tenu momentanément éloigné. Il se reprochait de n'avoir pas fait plus tôt la démarche décisive qu'il faisait en ce moment auprès de son bon parent; il l'aurait convaincu plus tôt que, s'il s'était élevé des nuages entre eux, c'était peu de chose au prix de l'accueil qu'il avait reçu autrefois à la cour de Bourgogne, exilé et en butte au déplaisir de son père.

« Prince des fourbes, se disait en lui-même le duc de Bourgogne, oh! si le soin de mon honneur ne m'interdisait pas de te rappeler comment tu as répondu à tous ces bienfaits ! »

« Et puis, continuait le roi, si ce n'était pas assez de la parenté et de la reconnaissance, il y a entre nous d'autres liens : je suis parrain de votre jolie fille Marie, qui m'est aussi chère que mes propres filles; et quand les Saints (que leur saint nom soit béni !) m'envoyèrent une petite fleur qui se flétrit dans le cours de trois mois, ce fut le prince votre père qui la tint sur les fonts, et célébra la cérémonie du baptême avec plus de richesse et de magnificence que Paris ne l'aurait pu faire. Jamais je n'oublierai la profonde, l'ineffaçable impression que fit la générosité du duc Philippe et la vôtre sur le cœur du pauvre exilé.

— Votre Majesté, dit le duc qui dut se contraindre pour faire quelque réponse, reconnut cette légère obligation en termes beaucoup trop flatteurs.

— Je me rappelle, beau cousin, dit le roi en souriant, les paroles auxquelles vous faites allusion. J'ai dit qu'en reconnaissance de ce grand bienfait, tout ce que je pouvais offrir, moi, pauvre exilé, c'était ma personne et celles de ma femme et de mon enfant. Eh bien ! je crois n'avoir pas trop mal tenu ma parole.

— Mon intention n'est pas de discuter ce qu'il plaît à Votre Majesté d'affirmer, dit le duc; cependant...

— Cependant, reprit le roi, vous vous demandez si mes actions ont répondu à mes paroles. Écoutez, le corps de mon petit enfant, Joachim, repose en terre bourguignonne; j'ai placé ce matin ma personne en votre pouvoir, sans réserve..., et, quant à celle de ma femme..., elle est à Reims, ce n'est pas bien loin, et si vous insistez, elle sera tantôt à votre disposition. »

Malgré sa colère, le duc de Bourgogne ne put s'empêcher de rire en entendant la singulière réponse de cet étrange monarque. Il répondit sur le même ton, déclinant, avec sa brusquerie ordinaire, l'honneur de la compagnie de la reine, mais se déclarant tout prêt à accepter celle de la fille aînée du roi, dont la beauté était célèbre.

« Je suis heureux, beau cousin, dit le roi, avec un de ses sourires ambigus, que votre choix ne se soit pas fixé sur ma fille cadette, Jeanne. Vous auriez eu à rompre une lance contre mon cousin d'Orléans; et si la chose eût mal tourné, j'aurais eu, dans l'un et l'autre cas, le chagrin de perdre un bon ami et un cousin affectionné.

— Non, non, mon royal souverain, dit le duc Charles, le duc d'Orléans ne me rencontrera pas sur le chemin où il s'est engagé par inclination. Si je romps une lance contre d'Orléans, la cause de la lutte devra être belle et droite. »

Louis ne se formalisa point de cette brutale allusion à la difformité de la princesse Jeanne. Au contraire, il lui plut de voir le duc s'amuser à de grossières plaisanteries, où il se complaisait lui-même, et qui le dispensaient de se mettre en frais d'hypocrisie sentimentale. S'il ne parvint pas à détruire les soupçons du duc Charles, du moins, en plaçant les choses sur ce pied, il mit son hôte plus à l'aise : Charles, s'il ne pouvait prendre sur lui de le considérer comme un parent qu'on aime et qu'on estime, n'éprouvait aucune difficulté à le traiter en bon compagnon.

En plaçant et en laissant la conversation sur ce terrain neutre, les deux princes purent s'entendre pendant toute la durée d'un banquet qui eut lieu à l'hôtel de ville de Péronne. Et Louis ne fut pas sans remarquer qu'en continuant ainsi il entretiendrait la bonne humeur de Charles, d'où dépendait sa propre sûreté.

Comme l'avait dit d'Imbercourt à Crèvecœur, c'est le roi lui-même qui avait choisi le château de Péronne pour sa résidence. Il demanda en même temps que la garde en fût confiée à ses archers écossais. Le duc retroussa sa moustache, et répondit brusquement : « Par saint Martin ! Non, mon suzerain. Vous êtes dans le camp et la ville de votre vassal, puisque c'est ainsi que l'on m'appelle au regard de Votre Majesté; mon château et ma ville sont à vous, ainsi que mes hommes. Peu importe donc que ce soient mes hommes d'armes ou vos archers qui montent la garde au château. Non, par saint Georges ! Péronne est une forteresse vierge, et je dois mettre bon ordre à ce qu'elle ne perde pas sa réputation.

— Beau cousin, répliqua le roi, je suis d'accord avec vous, étant même plus intéressé que vous au bon renom de Péronne. Car, il vous en souvient, beau cousin, Péronne est une des villes de la Somme qui ont été données en gage à votre père d'heureuse mémoire à propos d'un emprunt, et qui doivent faire retour à la couronne de France, quand la dette sera payée. Et, pour dire la vérité, venant ici comme un honnête débiteur, avec l'intention de payer mes dettes de toute nature, j'ai amené avec moi quelques mulets chargés d'argent en vue de ce rachat. Il y en a assez, beau cousin, pour maintenir votre train princier, quasi royal, l'espace de trois années.

— Je ne recevrai pas un sou de cet argent, répliqua le duc en frisant ses moustaches : le jour fixé pour le rachat est passé, mon royal cousin; du reste, il n'a jamais été sérieusement question d'exercer ce droit; car la cession de ces villes a été la seule récompense que mon père ait jamais reçue de la France, pour avoir, dans un jour heureux pour votre famille, consenti à oublier le meurtre de mon grand-père, et à échanger l'alliance de l'Angleterre contre celle de votre père. Par saint Georges! si mon père n'avait pas fait cela, non seulement Votre Majesté n'aurait pas les villes de la Somme, mais elle aurait eu bien de la peine à conserver celles d'au delà de la Loire. Non, je n'en rendrai pas une pierre, dût chacune de ces pierres m'être payée son pesant d'or. Grâce à Dieu, grâce à la sagesse et à la valeur de mes ancêtres, les revenus de la Bourgogne, simple duché qu'elle est, suffisent à maintenir mon état de maison, même quand j'ai pour hôte un roi, sans que je sois obligé de trafiquer de mon héritage.

— Bon, mon beau cousin, répondit le roi, sans que le calme et la douceur de ses manières furent altérés par les éclats de voix du duc Charles ou la brusquerie de ses gestes. Vous êtes, je le vois, un si bon ami de la France, que vous ne pouvez vous résigner à vous séparer de ce qui lui appartient Mais il nous faudra prendre un arbitre quand nous traiterons cette question en conseil. Que dites-vous de Saint-Pol?

— Ni saint Paul, ni saint Pierre, ni aucun des saints du calendrier ne me persuaderont de renoncer à Péronne.

— Non, mais vous ne m'entendez pas, dit le roi Louis en souriant, je parle de Louis de Luxembourg, du comte de Saint-Pol, notre fidèle connétable. Ah! par sainte Marie d'Embrun! il ne manque que sa tête à notre conférence, la meilleure tête de France, la mieux faite pour rétablir une parfaite harmonie entre nous.

— Par saint Georges de Bourgogne! repartit le duc, je m'étonne d'entendre Votre Majesté parler ainsi d'un homme aussi faux, parjure envers la France, parjure envers la Bourgogne; un homme qui n'a cessé d'aggraver nos moindres différends, afin de se donner des airs de médiateur. Je le jure par l'Ordre que je porte, ses marécages ne le protégeront pas longtemps.

— Pas tant de chaleur, cousin, reprit le roi en riant et en parlant tout bas; quand je désirais la *tête* du connétable, pour mettre un terme à nos débats insignifiants, je ne parlais pas de son *corps*, qui pouvait rester à Saint-Quentin sans grands inconvénients.

— Oh! oh! je comprends, mon royal cousin », dit Charles avec un rire discordant, et il ajouta en frappant le sol de son talon : « J'en conviens, en ce sens, la tête du connétable pourrait être utile à Péronne. »

Enfin cette première journée arriva à son terme. Journée de fatigue pour Louis, et de contrainte pour le duc Charles.

Quand le duc, après avoir pris congé de Louis, selon le cérémonial, fut enfin rentré dans son appartement, il laissa éclater la colère qu'il avait si longtemps comprimée. Maint blasphème et mainte épithète diffamatoire, comme dit Le Glorieux, tombèrent sur des têtes auxquelles elles n'étaient pas destinées; et ce furent les domestiques qui profitèrent de la bordée d'injures que le duc ne pouvait pas décemment décharger sur la tête de son hôte, même derrière son dos. Les plaisanteries de son bouffon le calmèrent peu à peu; il rit bruyamment, jeta une pièce d'or à son fou, se laissa déshabiller sans résistance, avala une grande coupe de vin épicé et s'endormit profondément.

Louis fut escorté à la citadelle de Péronne par les chambellans du duc de Bourgogne, et reçu à l'entrée par une forte garde d'archers et d'hommes d'armes.

Les seigneurs bourguignons se retirèrent, charmés de la grâce des manières de Louis, et de l'art avec lequel il savait proportionner ses attentions à l'importance des gens. Le roi demeura avec deux ou trois seulement de ses fidèles sous le porche voûté de la petite cour du château de Péronne, les yeux fixés sur la grosse tour qui en occupait un des angles, et qui était le donjon de la place. Cette construction élevée, sombre et massive se détachait nettement à la clarté de la lune. Elle ressemblait beaucoup à la Tour-Blanche de la citadelle de Londres, sauf qu'elle était d'une architecture plus ancienne. D'après la tradition, elle datait du temps de Charlemagne. Les murailles étaient d'une épaisseur formidable, les fenêtres très étroites, avec des grilles de fer; cette massive et colossale contruction projetait sur toute la cour une ombre épaisse et menaçante : « Ce n'est pas *là* que je dois habiter? dit le roi, avec un frisson de mauvais augure.

— Non, répondit le sénéchal à cheveux gris qui se tenait à sa disposition, tête nue. A Dieu ne plaise! Les appartements de Votre Majesté ont été préparés dans ces bâtiments qui sont là, tout près, et où le roi Jean a couché deux nuits avant la bataille de Poitiers.

— Hum ! cela n'est pas non plus d'un favorable augure, murmura le roi. Mais parlez-moi de la tour, mon vieil ami. Pourquoi, tout à l'heure, quand je vous ai demandé si ce serait mon logis, vous êtes-vous écrié : « A Dieu ne plaise ! »

— Non, mon gracieux suzerain, reprit le sénéchal, je n'ai aucune raison de dire du mal de cette tour ; seulement les sentinelles prétendent que l'on y voit des lumières la nuit et qu'on y entend des bruits étranges, et c'est peut-être vrai ; car cette tour a été une prison d'État, et l'on raconte des histoires sur ce qui s'y est passé jadis. »

Louis n'en demanda pas plus long ; car nul n'avait plus de raisons que lui de respecter les secrets d'une prison. A l'entrée des appartements qui lui étaient réservés se tenait un petit poste de gardes écossais, commandés par lord Crawford.

« Crawford, mon honnête et fidèle Crawford, dit le roi, où as-tu passé la journée ? Les seigneurs de Bourgogne seraient-ils assez peu hospitaliers pour négliger un des plus braves et des plus nobles gentilshommes que l'on ait vus dans n'importe quelle cour ? Je ne t'ai pas aperçu au banquet.

— J'ai refusé l'invitation, mon suzerain, répondit Crawford. Les temps sont bien changés pour moi. Autrefois j'aurais tenu tête au meilleur buveur de Bourgogne, avec le vin de son pays ; maintenant, au bout de quatre pintes, je commence à n'y plus voir trop clair ; et puis je crois que, pour le bien du service de Votre Majesté, je suis tenu de donner l'exemple à mes hommes.

— Tu es toujours prudent, dit le roi ; mais votre service est moins lourd quand vous avez si peu d'hommes à commander. Et puis, quand il s'agit de fêtes, l'on n'est pas tenu à l'abstinence comme s'il s'agissait de danger.

— Moins j'ai d'hommes à commander, répliqua Crawford, plus strictement je suis tenu à garder les drôles en état de servir. Et si tout cela doit finir par des embrassades ou par des coups, Dieu et Votre Majesté le savent mieux que le vieux John de Crawford.

— Vous n'appréhendez sûrement aucun danger ? demanda vivement le roi, à voix basse.

— Non, répondit Crawford ; mais je le voudrais car, comme le disait souvent le vieux comte Tineman, les dangers qu'on appréhende, on peut y parer. Le mot d'ordre pour cette nuit, s'il plaît à Votre Majesté ?

— Bourgogne ! En l'honneur de notre hôte, et de la liqueur que vous aimez, Crawford.

— Duc de Bourgogne, vin de Bourgogne, je n'ai rien à dire

contre l'un ou l'autre, pourvu que l'on puisse s'y fier. Je souhaite une bonne nuit à Votre Majesté.

— Bonne nuit, mon fidèle Ecossais », répondit le roi, et il passa dans ses appartements.

Le Balafré montait la garde à la porte de la chambre à coucher. « Suivez-moi », lui dit le roi, en passant. L'archer le suivit dans la chambre à coucher et, une fois là, demeura fixe, silencieux et immobile, attendant le bon plaisir du roi.

« Avez-vous reçu récemment des nouvelles de votre neveu ? » lui demanda le roi. Et il ajouta, en s'adressant aux gentilshommes de la chambre : « Retirez-vous, mes maîtres, car il s'agit d'affaires qui ne concernent que moi.

— Certainement, plaise à Votre Majesté, répondit le Balafré. J'ai vu ce soir même le valet Charlet, que mon parent a dépêché de Liège, ou d'un château de l'évêque, tout près de Liège, où il a déposé les dames de Croye en sûreté.

— Notre-Dame des Cieux en soit louée ! s'écria le roi. Es-tu bien sûr de ce que tu dis ? sûr de cette bonne nouvelle ?

— Aussi sûr qu'on peut l'être, répondit le Balafré. Je crois que ce valet a des lettres des dames de Croye pour Votre Majesté.

— Dépêche-toi de les avoir, dit le roi. Donne ton arquebuse à un de ces coquins... à Olivier... à quelqu'un. Notre-Dame d'Embrun soit louée ! Je remplacerai par une grille d'argent la grille de son maître-autel. »

Le valet envoyé par Quentin avant la prise du château arriva avec les lettres. Les dames de Croye le remerciaient en termes pleins de froideur de la courtoisie qu'il leur avait montrée pendant le temps qu'elles avaient passé à sa cour, et un peu plus chaleureusement de leur avoir permis de se retirer et « de les avoir envoyées en lieu sûr, hors de son royaume ». Ces expressions firent rire le roi, au lieu de l'offenser. Alors il demanda à Charlet, avec un intérêt visible, si la troupe n'avait pas eu quelque sujet d'alarme ou n'avait pas été attaquée en route. Charlet, personnage stupide, et qui avait été choisi justement pour cela, fit un récit très confus de la querelle dans laquelle son camarade le Gascon avait été tué; c'est tout ce qu'il savait. Louis lui demanda alors, minutieusement et en détail, quelle route ils avaient suivie pour arriver à Liège. Il montra le plus vif intérêt quand l'autre lui raconta qu'à partir de Namur ils avaient suivi la rive droite de la Meuse au lieu de la rive gauche, comme il était dit dans leurs instructions.

Le roi congédia alors le valet avec un petit présent; ensuite il soupira comme un homme dont la poitrine est soulagée d'un pesant fardeau, marmotta des prières de reconnaissance avec un air de pitié profonde, leva les yeux au ciel, et n'eut rien de plus pressé que de former de nouveaux projets d'ambition, plus sûrs que les premiers.

A cet effet, il manda son astrologue. Martius Galeotti apparut, avec cet air habituel de dignité qu'il savait si bien prendre; cependant il y avait sur son front un nuage d'inquiétude, comme s'il craignait de n'être pas très bien reçu. Louis le rassura aussitôt, en l'appelant son ami, son père dans l'ordre de la science. Il conclut en lui passant au doigt un anneau d'une grande valeur. Ils se quittèrent au bout de quelque temps, très satisfaits l'un de l'autre.

Aussitôt après le départ de son astrologue, Louis se jeta dans un fauteuil avec toutes les apparences d'une fatigue extrême; ayant congédié le reste de ses serviteurs, il resta seul avec Olivier.

Pendant que le barbier l'aidait à se déshabiller, Louis gardait le silence. A la fin, Olivier se laissa aller à dire, avec la liberté que lui permettait toujours en pareil cas l'indulgence de son maître : « Tête-Dieu! sire, vous avez l'air d'un homme qui vient de perdre la bataille; et pourtant, moi qui ai été tout le temps aux côtés de Votre Majesté, je ne vous ai jamais vu vous comporter plus vaillamment sur un champ de bataille.

— Un champ de bataille! riposta Louis en levant les yeux, et en reprenant sa causticité habituelle de ton et de manières; dis donc l'arène des combats de taureaux. Jamais je n'ai vu brute plus aveugle, plus entêtée, plus intraitable que notre cousin le duc de Bourgogne, si ce n'est un taureau de Murcie dressé pour les combats de taureaux. Mais, soit. Je lui ai bravement tenu tête. Cependant Olivier, félicitez-moi de ce que mes plans ont échoué en Flandre, à propos des dames de Croye, et à propos de Liège, vous me comprenez?

— Ma foi non! sire, répondit Olivier; il m'est impossible de vous féliciter de l'insuccès de vos plans favoris, si vous ne m'expliquez le changement qui s'est produit dans votre esprit et dans vos vues.

— Aucun changement ne s'est produit dans mon esprit ni dans mes vues, d'une manière générale. Mais Pasques-Dieu! mon ami, j'en ai appris aujourd'hui sur le compte du duc Charles bien plus long que je n'en savais. A l'époque où j'étais Dauphin, et où je vivais exilé en Bourgogne, j'avais l'avantage sur lui, l'avantage qu'a toujours un esprit supérieur sur un esprit faible. Mais il a bien changé depuis : il est devenu entêté, suffisant, présomptueux, et il a évidemment l'intention de pousser les choses à l'extrême, parce qu'il se sent le plus fort. J'ai été forcé d'éviter les sujets délicats, avec autant de soin qu'on s'abstient de toucher un fer rouge. Quand j'ai insinué que peut-être les dames de Croye, en se rendant à Liège, avaient pu tomber aux mains de quelque rôdeur de frontières, Pasques-Dieu! on aurait dit que je venais de proférer un blasphème. Je n'ai pas à répéter ses paroles, mais je crois que ma tête aurait couru grand danger, si l'on fût venu lui annoncer que ton ami Guillaume le Barbu avait réussi dans ton projet, qui est en même temps le sien, d'arranger ses affaires par un bon mariage.

— Mon ami, oh non! S'il plaît à Votre Majesté, le Barbu n'est pas plus mon ami que son plan n'est le mien.

— C'est vrai, Olivier, répondit le roi; ton plan était non de marier Guillaume, mais de le raser. Quant à la fiancée, tu lui destinais un sort aussi peu enviable en lui offrant ta personne. Quoi qu'il en soit, Olivier, heureux l'homme qui ne la possède pas. Mon gentil cousin de Bourgogne ne parlait de rien moins que de pendre, d'écarteler, de mettre en quartiers l'homme qui oserait épouser la jeune comtesse sans sa permission ducale.

— Et, j'en suis sûr, demanda le favori, il doit être aussi chatouilleux sur les troubles qui pourraient se produire dans la bonne ville de Liège?

— Autant, et même plus, répondit le roi; mais du jour où j'ai résolu de venir à Péronne, j'ai dépêché des gens à Liège, pour réprimer provisoirement toute tentative d'insurrection; et mes bons amis Rouslaer et Pavillon ont ordre de se tenir tranquilles comme des souris jusqu'à la fin de cette entrevue entre mon cousin et moi.

— Donc, dit sèchement Olivier, à en juger par les paroles mêmes de Votre Majesté, le meilleur résultat que l'on puisse espérer de cette entrevue, c'est qu'elle ne rende pas notre condition pire qu'elle n'était auparavant. Et pourtant Votre Majesté semblait profondément reconnaissante envers le sage philosophe qui vous a engagé à jouer un pareil jeu.

— Au jeu, répondit froidement le roi, on ne doit jamais désespérer de la partie tant qu'elle n'est pas perdue, et je n'ai aucune raison de croire que je perdrai celle où je suis engagé. Au contraire, si rien ne vient exciter la rage de ce fou vindicatif, je suis sûr de la victoire. Et certes, je ne suis pas médiocrement redevable à l'homme habile qui m'a choisi pour agent un jeune homme dont l'horoscope était lié au mien au point qu'il m'a sauvé du danger, même en désobéissant à mes ordres.

Mais, je t'en prie, donne-moi sérieusement ton avis : découvres-tu, dans la conduite de ces Bourguignons envers nous, quelque chose qui puisse les faire soupçonner de quelque mauvaise intention ?

— Mon suzerain, répondit Olivier, à mon avis leur conduite envers Votre Majesté n'a pas de ces attentions délicates et recherchées que les gens montrent envers un hôte bienvenu, quand il est d'un rang aussi supérieur. Le duc, ce soir, s'excusant sur la fatigue, a reconduit Votre Majesté seulement jusqu'à la porte de la rue, laissant aux officiers de sa maison la tâche de vous mener à votre logement. Les pièces en ont été meublées et arrangées à la diable et sans aucun soin.

— Bah ! effet du hasard et de la précipitation. Quand m'avez-vous jamais vu me préoccuper de semblables bagatelles ?

— Elles ne sont rien par elles-mêmes, repartit Olivier, mais elles montrent le degré d'estime où les officiers du duc pensent qu'il vous tient. Croyez-moi, s'ils avaient cru qu'il désirait sincèrement vous recevoir de son mieux, ils auraient bien trouvé le temps de mettre tout en bon ordre. Et depuis quand, ajouta-t-il en montrant le bassin et l'aiguière, les ustensiles de toilette de Votre Majesté ne sont-ils plus en argent ?

— Ah ! dit le roi avec un sourire contraint, personne, Olivier, en matière d'ustensiles à barbe, n'est en état de te tenir tête. Il est vrai qu'à l'époque où j'étais un simple exilé on ne me servait que dans de la vaisselle d'or, par l'ordre de ce même Charles, qui trouvait l'argent au-dessous de la dignité d'un Dauphin; et maintenant il trouve ce métal trop riche pour un roi de France. Eh bien ! Olivier, nous allons nous mettre au lit. Nous avons accompli ce que nous avions résolu; il ne nous reste plus qu'à jouer bravement la partie où nous nous sommes engagés. »

CHAPITRE XXVII
L'EXPLOSION

Le lendemain de l'arrivée du roi, il devait y avoir un rassemblement général des troupes du duc de Bourgogne. Comme elles étaient nombreuses et bien équipées, le duc n'était peut-être pas fâché d'avoir l'occasion de les étaler sous les yeux de son grand rival. Quand, pour se conformer aux usages féodaux, il déclara que ces troupes appartenaient au roi et non à lui, il était facile de voir à la courbure de sa lèvre supérieure et à l'expression orgueilleuse de son regard, qu'il avait conscience d'adresser au roi un compliment vide de sens, et que cette belle armée, entièrement à sa dévotion, était toute prête à marcher sur Paris, comme dans toute autre direction. Ce qui devait ajouter à la mortification de Louis, c'était de reconnaître dans les rangs de cette armée beaucoup de bannières de nobles français, non seulement de Normandie et de Bretagne, mais encore de provinces plus directement soumises à son autorité. Les seigneurs dont elles portaient les armoiries, mécontents du roi pour diverses raisons, avaient fait cause commune avec le duc de Bourgogne.

Fidèle à son caractère, Louis semblait ne pas les remarquer; mais, en fait, il ruminait en lui-même les moyens de les détacher de Charles de Bourgogne et de les ramener à lui. Il avait déjà décidé de faire sonder secrètement par Olivier ceux qui lui semblaient les plus importants.

Lui, de son côté, travaillait avec tant de prudence que de soin à s'attacher les principaux officiers et conseillers du duc de Bourgogne, les voyant souvent et familièrement, employant la flatterie et prodiguant les cadeaux.

C'était peut-être, au fond, le véritable objet de sa visite : se concilier personnellement ou, si l'on veut, corrompre les ministres de Charles, à supposer qu'il ne prît pas Charles lui-même dans ses toiles si adroitement tendues. Les relations étaient si intimes entre la France et la Bourgogne, que beaucoup de nobles bourguignons avaient des espérances ou même des intérêts réels en France; la faveur ou le déplaisir personnel de Louis pouvait les servir ou les desservir.

L'EXPLOSION

Il y avait un homme dont Louis regrettait vivement l'absence : c'était le comte de Crèvecœur, dont la fermeté au Plessis, loin d'exciter son ressentiment, avait décidé le roi à se l'attacher, si c'était possible. Il avait appris, non sans un vif déplaisir, que le comte, à la tête de cent lances, était parti du côté des frontières du Brabant, pour assister l'évêque, en cas de besoin, contre Guillaume de La Marck et contre ses propres sujets. Ce qui le consolait, c'est que l'apparition de cette armée, jointe aux instructions qu'il avait envoyées par des messagers fidèles, empêcheraient une insurrection prématurée dont la nouvelle aurait rendu sa situation très précaire.

La cour, ce jour-là, dîna dans la forêt, sur le midi, comme on le faisait d'habitude les jours de grandes chasses. Cet arrangement était particulièrement agréable au duc, désireux d'abréger la solennité, les cérémonies, les marques de déférence avec lesquelles il était obligé de recevoir le roi Louis.

En réalité, dans cette circonstance, le roi n'avait pas fait preuve de sa connaissance habituelle de la nature humaine. Il croyait que le duc serait très flatté de cette marque de condescendance de la part de son seigneur suzerain. Il oubliait que la dépendance du duché au regard de la France était l'objet d'un amer regret pour un prince aussi puissant, aussi riche et aussi orgueilleux que Charles, qui n'avait pas d'autre visée que de faire de son duché un royaume indépendant. La présence du roi à la cour de Bourgogne obligeait le duc Charles à se montrer dans le rôle secondaire de vassal, et de se soumettre aux rites de l'observance et de la déférence féodale. Tout cela, pour un prince aussi hautain, semblait une dérogation au caractère de prince souverain qu'en toute occasion il affectait de maintenir.

Mais, s'il était possible d'éviter une grande partie de ces obligations par un dîner sur l'herbe, dans toute la liberté et l'abandon d'un festin en forêt, raison de plus pour que le banquet du soir fût d'une solennité toute particulière.

Des ordres avaient été donnés à cet effet, et, en rentrant à Péronne, le roi Louis trouva un banquet préparé avec toute la profusion et toute la magnificence qui convenaient au possesseur des Pays-Bas, le pays le plus riche de l'Europe. Au haut bout de la longue table, qui pliait sous la vaisselle d'or et d'argent, était assis le duc, ayant à sa droite son royal hôte assis sur un siège plus élevé que le sien. Derrière lui, il avait le fils du duc de Gueldre, son grand écuyer tranchant, et de l'autre Le Glorieux, son bouffon, qu'il traînait partout avec lui.

Charles lui adressait souvent la parole pendant le banquet, et

Louis en faisait autant, pour complaire à son hôte. Tous les deux, par de grands éclats de rire, témoignaient du plaisir que leur causaient les réponses du Glorieux.

« A qui ces sièges que je vois là vacants ? demanda Charles à son bouffon.

— L'un des deux, au moins, devrait être à moi par droit de succession, Charles, répondit Le Glorieux.

— Pourquoi cela, coquin ? demanda Charles.

— Parce que ces places appartiennent à d'Imbercourt et à Comines; ils sont allés si loin lancer leurs faucons, qu'ils en ont oublié le souper. Ceux qui aiment mieux voir un faucon en l'air qu'un faisan sur table sont proches parents du fou, et il devrait hériter de leur siège qui fait partie de leur propriété mobilière.

— La plaisanterie ne vaut rien, l'ami, dit le duc; mais sages ou fous, voici venir les deux coupables. »

Pendant qu'il parlait, Comines et d'Imbercourt entrèrent et, après avoir salué les deux princes, prirent en silence possession des sièges qui leur avaient été réservés.

« Qu'est-ce à dire, messeigneurs ? s'écria le duc; il faut que vous ayez fait bien bonne ou bien mauvaise chasse, pour avoir été si loin et vous être si fort attardés. Messire Philippe de Comines, vous êtes abattu... : il faut que d'Imbercourt vous ait gagné un gros pari ! Vous êtes philosophe et vous devriez faire à mauvais jeu bonne figure. Par saint Georges ! d'Imbercourt a l'air aussi triste que vous. Qu'y a-t-il donc ? Vous n'avez point rencontré de gibier ? Vous avez perdu vos faucons ? Une sorcière a croisé votre chemin, ou bien vous avez rencontré le chasseur sauvage dans la forêt ? Par mon honneur, on dirait que vous êtes ici à un enterrement et non à une fête. »

Pendant que le duc parlait, tous les regards s'étaient tournés vers d'Imbercourt et vers Comines. Leur embarras et leur abattement étaient si visibles, que la bruyante gaieté excitée par les excellents vins de l'amphitryon tomba d'un seul coup. Et sans pouvoir se rendre compte du changement qui s'était opéré dans leurs esprits, les convives se parlaient tout bas, comme dans l'attente d'une nouvelle étrange et importante.

« Que signifie ce silence, messires ? reprit le duc en haussant le ton de sa voix, qui était déjà assez rude. Si vous apportez au milieu d'une fête ces figures étranges et ce silence plus étrange encore, vous auriez mieux fait de rester dans les marais à quêter le héron, ou plutôt le coq de bruyère et le hibou.

— Mon gracieux seigneur, dit Comines, comme nous allions

revenir de la forêt, nous avons rencontré le comte de Crèvecœur.

— Comment! s'écria le duc, déjà revenu du Brabant? Mais il a tout trouvé en bon état sans doute?

— Le comte lui-même va vous rendre compte de sa mission, dit d'Imbercourt; il ne nous a qu'imparfaitement renseignés.

— Par mon corps! où est le comte? demanda le duc.

— Il change d'habit pour rendre ses devoirs à Votre Altesse, répondit d'Imbercourt.

— Changer d'habit? Saint bleu! s'écria l'impatient prince; eh! que me fait son habit? Je crois que vous vous êtes entendus avec lui pour me rendre fou.

— Ou plutôt, à parler franchement, dit Comines, il désire vous communiquer les nouvelles en particulier.

— Teste Dieu! mon seigneur le roi, dit Charles, voilà comme nos conseillers nous servent toujours. S'ils ont appris quelque chose qu'ils considèrent comme important pour notre oreille, les voilà aussi graves et aussi fiers de leur fardeau qu'un âne de sa selle neuve. Que l'on m'amène Crèvecœur immédiatement! Il vient des frontières de Liège, et *nous*, du moins, nous n'avons de ce côté aucun secret que nous rougissions d'entendre proclamer devant l'univers assemblé. »

A la fin, Crèvecœur entra. Charles lui demanda brusquement : « Quelles nouvelles de Liège et du Brabant, sire comte? L'annonce de votre arrivée a chassé la gaieté de notre table..., nous espérons que votre présence va l'y ramener.

— Mon seigneur et maître, répondit le comte avec un mélange de mélancolie et de fermeté, les nouvelles que j'apporte sont plutôt pour la table du conseil que pour celle du festin.

— Dites-les, l'ami, quand ce seraient des nouvelles de l'Antéchrist, s'écria le duc; mais je les devine : les Liégeois sont encore en révolte.

— Oui, mon seigneur, répondit gravement Crèvecœur.

— Attention, l'ami, dit le duc, j'ai deviné du coup ce que tu avais si grand'peur de m'apprendre; ces bourgeois à cervelles de lièvre sont encore en armes. Cela ne pouvait pas mieux tomber, car nous pouvons, sans délai, avoir l'avis de notre suzerain. » Il adressa un salut au roi Louis, avec un regard où on lisait le plus amer ressentiment, soigneusement réprimé. « Il nous apprendra comment il convient de les traiter. As-tu encore d'autres nouvelles? Dis-les vite. Et explique-moi aussi pourquoi tu ne t'es pas porté au secours de l'évêque.

— Mon seigneur, les autres nouvelles, il m'est dur de les dire, il vous sera dur de les entendre. Ni moi, ni toute la chevalerie du monde, nous n'aurions rien pu pour l'excellent prélat. Guillaume de La Marck, uni aux Liégeois insurgés, a pris d'assaut le château de Schonwaldt et assassiné l'évêque dans sa propre salle de festins.

— *Assassiné l'évêque!* répéta le duc d'une voix profonde et sourde, qui fut néanmoins entendue d'un bout à l'autre de la salle; tu t'en es laissé imposer, Crèvecœur, par quelque rapport mensonger. C'est impossible!

— Hélas! mon seigneur, dit Crèvecœur, je tiens la nouvelle d'un témoin oculaire, archer de la garde écossaise du roi, qui était dans la salle au moment où l'évêque a été assassiné sur l'ordre de Guillaume de La Marck.

— Et qui sans doute a prêté les mains à cet horrible sacrilège! s'écria le duc, se levant et frappant du pied avec une fureur telle, qu'il brisa le tabouret placé devant lui... Fermez les portes de cette salle, gentilshommes... et assurez-vous des fenêtres...; qu'aucun étranger ne bouge de son siège, sous peine de mort. Gentilshommes de ma chambre, tirez vos épées. » Alors se tournant vers Louis, il porta délibérément la main à la garde de son épée, tandis que le roi, sans montrer aucune crainte, sans même se mettre en attitude de défense, se contentait de lui dire : « Ces nouvelles, mon beau cousin, ont ébranlé votre raison.

— Non! répliqua le duc avec un éclat de voix terrible, mais elles ont éveillé mon juste ressentiment, que j'ai trop longtemps étouffé par de banales considérations de circonstances et de lieu. Assassin de mon père!... rebelle contre ton père!... tyran de tes sujets!... allié perfide!... roi parjure!... gentilhomme déshonoré!... tu es en mon pouvoir, et j'en rends grâce à Dieu!

— Rendez-en grâce plutôt à ma folie, dit le roi; car, quand nous nous sommes rencontrés sur le même pied à Montlhéry, vous souhaitiez, je crois, d'être moins près de moi que vous ne l'êtes en ce moment. »

Le duc avait toujours la main sur la garde de son épée, mais il ne se décidait pas à dégainer et à frapper un ennemi qui n'opposait aucune résistance et ne fournissait aucun prétexte à un acte de violence.

Cependant une affreuse confusion régnait dans toute la salle. Les portes étaient fermées et gardées par ordre du duc; mais quelques nobles de France, en dépit de leur petit nombre, s'élancèrent à la défense de leur souverain. Louis n'avait pas adressé une fois la parole au duc d'Orléans ou à Dunois depuis qu'il les avait tirés de la prison de Loches; néanmoins, au milieu du tumulte, Dunois fut le premier à élever la voix : « Sire duc, dit-il, vous avez oublié que vous êtes vassal de la France, et que nous, vos hôtes, nous sommes Français. Si vous levez la main sur notre monarque, préparez-vous à éprouver les plus terribles effets de notre désespoir; car, croyez-moi, nous ferons aussi volontiers fête au sang qu'au vin de Bourgogne ! Courage, mon seigneur d'Orléans..., et vous, gentilshommes de France, serrez-vous autour de Dunois, et faites ce que vous lui verrez faire ! »

Le premier qui répondit à ce généreux appel, ce fut le vénérable lord Crawford. Avec une agilité que l'on n'aurait pas attendue de son âge, il se fraya un passage jusqu'à Dunois. Il est vrai qu'il n'avait pas rencontré une trop violente résistance; car beaucoup de Bourguignons, soit par point d'honneur, soit par un secret désir de sauver Louis du péril imminent où il se trouvait, s'étaient écartés devant lui. Il posa alors son bonnet sur le côté de sa tête; ses joues pâles et son front ridé se colorèrent, et ses yeux lancèrent des éclairs, comme ceux d'un brave tout prêt à tenter un coup désespéré. Il avait rejeté son manteau sur son épaule, pour l'enrouler autour de son bras gauche, pendant que de la main droite, il tirait son épée.

« Je me suis battu pour son père et pour son grand-père, dit-il, et, par saint André ! advienne que pourra, mais je ne lui ferai pas défaut, à lui, à l'heure du danger. »

Le duc de Bourgogne, la main toujours posée sur la garde de son épée, allait donner le signal d'une lutte qui aurait fini par la défaite du parti le plus faible, lorsque Crèvecœur se précipita en avant, et dit d'une voix qui avait le son éclatant de la trompette : « Mon seigneur de Bourgogne, prenez garde à ce que vous faites. Dans cette salle, vous êtes *chez vous;* vous êtes le vassal du roi..., ne répandez pas le sang de votre hôte sur votre foyer, le sang de votre souverain sur le trône que vous avez élevé pour lui, et où il est venu s'asseoir, sur un sauf-conduit de vous. Pour l'honneur de votre maison, ne vengez pas un meurtre horrible par un meurtre plus horrible encore.

— Otez-vous de mon chemin, Crèvecœur, répondit le duc et laissez passer ma vengeance ! Otez-vous de mon chemin ! La colère des rois est redoutable, autant que celle du ciel.

— Seulement quand elle est juste comme celle du ciel ! repartit Crèvecœur Laissez-moi vous prier, mon seigneur, de mettre un frein à la violence de votre caractère, encore que vous soyez justement offensé. Quant à vous, mes seigneurs de France, là où la résistance est inutile, laissez-moi vous recommander d'éviter tout ce qui pourrait amener l'effusion du sang.

— Il a raison, dit Louis. Mon cousin d'Orléans, mon bon Dunois..., et vous, mon fidèle Crawford..., gardez-vous de tout perdre et d'amener l'effusion du sang par une humeur trop pointilleuse. Notre cousin le duc est hors de lui en apprenant la mort d'un ami intime et cher, le vénérable évêque de Liége, dont nous déplorons le meurtre aussi amèrement que lui. D'anciens et malheureusement aussi de récents sujets de jalousie le portent à nous soupçonner d'avoir trempé dans un crime que notre cœur abhorre. Si notre hôte devait nous tuer sur place... nous, son roi et son parent, parce qu'il se figure à tort que nous sommes pour quelque chose dans ce malheur, tout ce que vous pourriez tenter aggraverait notre sort au lieu de l'améliorer. Ainsi donc, arrière, Crawford. Quand ce devrait être ma dernière parole, je vous parle comme un roi à son officier et je vous somme d'obéir. Arrière! Et s'il le faut, rendez votre épée. Je vous le commande, et votre serment vous oblige à m'obéir.

— C'est vrai, c'est vrai, mon seigneur, dit Crawford en se retirant, et en remettant l'épée au fourreau; cela peut être parfaitement vrai; mais si j'avais ici une soixantaine de mes braves, j'essayerais d'avoir raison de ces beaux galants, si bien ajustés. »

Le duc demeura longtemps les regards fixés sur le sol; puis il dit, avec une amère ironie : « Crèvecœur, vous avez raison; il importe à notre honneur que nous remplissions avec moins de hâte nos obligations envers ce grand roi, cet hôte affectueux et honoré. Nous agirons de telle sorte que toute l'Europe reconnaîtra la justice de nos actes. Gentilshommes de France, rendez vos armes à mes officiers! Votre maître a rompu la trêve, et a perdu tout droit d'en tirer avantage. Par compassion, néanmoins, pour vos sentiments d'honneur, par respect pour le rang qu'il a déshonoré, pour la race dont il a dégénéré, nous ne demandons pas l'épée de notre cousin Louis.

— Par un de nous, dit Dunois, ne rendra son épée, pas un de nous ne sortira d'ici sans être bien et dûment assuré que la vie de notre roi n'est pas en danger.

— Pas un homme de la garde écossaise, s'écria Crawford, ne déposera les armes, sauf sur ordre du roi de France ou de son grand connétable.

— Brave Dunois, dit Louis, et vous, mon fidèle Crawford, votre zèle me fera plus de mal que de bien. J'ai plus de confiance, ajouta-t-il avec dignité, dans la justice de ma cause que dans une vaine résistance, qui coûterait la vie à mes plus braves et à mes meilleurs serviteurs. Rendez vos épées... Les nobles Bourguignons qui acceptent des gages si honorables seront mieux en état que vous de nous protéger, vous et moi... Rendez vos épées, c'est moi qui vous le commande. »

Crawford, sur l'ordre du roi, jeta son épée à Crèvecœur, en disant : « Prenez-la, et grand bien vous fasse, avec l'aide du diable ! Son légitime possesseur ne rougit pas de la rendre, puisqu'on n'a pas joué franc jeu.

— Arrêtez, gentilshommes, dit le duc d'une voix entrecoupée, la voix d'un homme que la colère empêche presque de parler, gardez vos épées; il suffit que vous promettiez de ne pas vous en servir. Et vous, Louis de Valois, considérez-vous comme mon prisonnier tant que vous ne vous serez pas justifié d'avoir été fauteur de meurtre et de sacrilège. Qu'on le garde au château, dans la tour d'Herbert. Qu'il ait six gentilshommes de sa suite pour le servir, ceux qu'il voudra. Mylord de Crawford, votre garde doit quitter le château, on la cantonnera honorablement ailleurs. Qu'on lève tous les ponts-levis et qu'on baisse toutes les herses; triple garde aux portes de la ville; qu'on ramène le pont flottant à la rive droite de la Somme; qu'on mette ma bande de Wallons noirs autour du château, et que l'on triple les sentinelles à chaque poste ! Vous, d'Imbercourt, veillez à ce que des patrouilles à pied et à cheval fassent le tour de la ville toutes les demi-heures pendant la nuit, et toutes les heures pendant la journée de demain; si toutefois cette vigilance est nécessaire après le lever du jour, car il se peut que nous allions vite en besogne dans cette affaire. Vous répondez sur votre vie de la personne de Louis ! »

Il s'éloigna de la table avec une hâte farouche, lança au roi un regard de haine mortelle, et se précipita hors de la salle.

« Messires, dit le roi, en jetant autour de lui un regard plein de dignité, le chagrin que lui cause la mort de son allié a mis votre prince hors de lui. Vous connaissez trop bien, j'en suis sûr, votre devoir comme chevaliers et comme nobles pour l'assister dans sa violence, qui serait de la haute trahison contre la personne de son seigneur suzerain. »

En ce moment on entendit dans les rues le bruit des tambours et des cornes, qui appelaient les soldats dans toutes les directions.

« Nous sommes, dit Crèvecœur, qui exerçait les fonctions de maréchal de la maison du duc, les sujets du duc de Bourgogne, et par conséquent tenu de faire notre devoir comme tels. Nos espérances, nos prières et nos efforts auront pour but d'établir la paix et l'union entre Votre Majesté et notre seigneur suzerain. En attendant, il nous faut obéir à ses ordres. Ces autres seigneurs et chevaliers seront fiers de se charger de l'illustre duc d'Orléans, du brave Dunois et du vaillant lord Crawford. C'est moi qui serai le chambellan de Votre Majesté, et qui vous conduirai à vos appartements, en tout autre équipage que je ne l'aurais voulu, en souvenir de l'hospitalité du Plessis. Vous n'avez qu'à choisir vos serviteurs, dont l'ordre du duc limite le nombre à six.

— Alors, dit le roi, regardant autour de lui, et réfléchissant quelques instants, je choisis Olivier le Daim, un soldat de ma garde écossaise, nommé le Balafré, qui sera sans armes si vous le voulez, Tristan l'Hermite et deux de ses gens; plus mon loyal et fidèle philosophe, Martius Galeotti.

— La volonté de Votre Majesté sera exécutée de point en point, dit le comte de Crèvecœur. Galeotti, ajouta-t-il après avoir pris quelques informations, soupe en joyeuse compagnie, mais on va l'aller chercher à l'instant. Les autres sont prêts à obéir aux ordres de Votre Majesté.

— En marche donc, dit le roi, vers le nouveau logis que nous octroie l'hospitalité de notre cousin. Nous savons qu'il est solide, espérons qu'il est sûr à proportion. »

CHAPITRE XXVIII
INCERTITUDE

Quarante hommes d'armes, dont vingt portaient des épées nues et les vingt autres des torches, servirent d'escorte ou plutôt de garde à Louis, depuis la maison de ville jusqu'au château.

Peut-être en ce moment aurait-il éprouvé quelque sentiment de remords, s'il avait songé aux centaines, aux milliers de malheureux qu'il avait plongés dans les abîmes de ses donjons, sans cause, sur le plus léger soupçon.

Pour aggraver la tristesse de ses pensées, il vit, en traversant la cour, quelques cadavres sur chacun desquels on avait jeté à la hâte un manteau militaire. Il ne tarda pas à s'apercevoir que c'étaient des archers écossais. Ils avaient refusé, comme le comte de Crèvecœur le lui apprit, d'obéir à l'ordre de quitter leur poste auprès des appartements du roi. Il s'en était suivi une rixe entre eux et les Wallons de la garde du duc, et avant que les officiers eussent rétabli l'ordre, plusieurs hommes avaient été tués.

Cependant le sénéchal, mandé à la hâte, faisait de violents efforts pour tourner une énorme clef dans la serrure de la tour gothique; à la fin, il fut obligé de recourir à l'aide d'un des suivants de Crèvecœur. Quand ils eurent réussi à ouvrir la porte, six hommes entrèrent avec des torches et montrèrent le chemin par un étroit passage sinueux, commandé de tous les côtés par des meurtrières. Au bout de ce passage commençait un grossier escalier, formé de gros blocs de pierre à peine dégrossis et de hauteur inégale. Au bout de cet escalier, une énorme porte bardée de fer leur livra passage et ils se trouvèrent dans une pièce qui avait été autrefois la grande salle du donjon. Même en plein jour cette salle n'était que faiblement éclairée par des fenêtres qui avaient plutôt l'air de fentes, à cause de l'épaisseur des murailles. Sauf l'espace éclairé par la lueur des torches, cette pièce était alors plongée dans une profonde obscurité. Deux ou trois chauves-souris et quelques autres créatures de mauvais présage, éveillées par l'éclat des torches, se jetaient sur les lumières et menaçaient de les éteindre. Pendant ce temps-là, le sénéchal s'excusait cérémonieusement auprès du roi de ce que la salle de cérémonie n'avait pas été mise en ordre, tellement on l'avait pris de court. Du reste, l'appartement n'avait pas été habité depuis vingt ans, et rarement avant cette date, depuis l'époque du roi Charles le Simple.

« Le roi Charles le Simple! répéta Louis, je connais maintenant l'histoire de la tour. Il fut assassiné par son perfide vassal Herbert, comte de Vermandois, à ce que disent nos annales. Je savais bien que j'avais dans l'esprit quelque chose au sujet du château de Péronne, mais je ne me rappelais pas cette circonstance. C'est donc *ici* que mon prédécesseur a été assassiné?

— Pas ici, pas exactement ici, s'il plaît à Votre Majesté, dit le vieux sénéchal, s'avançant avec l'empressement d'un *cicerone* qui montre les curiosités d'un endroit célèbre. Pas ici, mais dans le petit réduit qui ouvre sur la chambre de Votre Majesté. »

Il s'empressa d'ouvrir un guichet à l'autre bout de la salle; ce guichet donnait accès à une chambre à coucher toute petite, comme c'est l'habitude dans ces vieilles tours. En raison même de sa petitesse, elle était moins incommode que la grande salle. On y avait fait à la hâte quelques préparatifs pour recevoir le roi. On y avait tendu une tapisserie et l'on avait allumé du feu dans la grille rouillée. De plus, on avait dressé un lit de veille, selon l'usage de l'époque, pour les gentilshommes qui devaient passer la nuit dans la chambre du roi.

« Nous allons préparer des lits dans la salle pour le reste de vos serviteurs, dit le vieux sénéchal; mais, plaise à Votre Majesté, nous avons été pris de si court! Et s'il plaisait à Votre Majesté de regarder le petit guichet, derrière la tapisserie; il donne sur le cabinet pratiqué dans l'épaisseur de la muraille, et où Charles a été tué. Il y a au-dessous un passage secret par où s'étaient introduits les hommes chargés de le tuer. Et Votre Majesté, dont la vue est meilleure que la mienne, peut voir encore des traces de sang sur le chêne du plancher, quoique la chose ait eu lieu il y a cinq cents ans. »

Tout en parlant, il faisait tous ses efforts pour ouvrir la petite porte; le roi lui dit :

« Attendez, vieil homme, attendez un peu, et vous aurez une histoire plus nouvelle à conter, et du sang plus frais à montrer. Monseigneur de Crèvecœur, qu'en dites-vous ?

— Tout ce que je puis répondre, Sire, c'est que ces deux pièces sur le devant sont à la disposition de Votre Majesté, comme celles de votre château du Plessis, et que celui qui a la garde des défenses extérieures est Crèvecœur, dont le nom n'a jamais été souillé ni par la trahison ni par l'assassinat.

— Mais ce passage secret, dont parle ce vieil homme ? » dit le roi Louis d'un ton d'anxiété, se cramponnant d'une main au bras de Crèvecœur, et de l'autre désignant la petite porte.

« Mornay doit avoir rêvé tout cela, répondit Crèvecœur, ou bien c'est quelque vieille tradition absurde; mais nous allons examiner la chose. »

Il allait ouvrir la porte du cabinet, lorsque Louis lui dit :

« Non, Crèvecœur, non. Votre honneur est une garantie suffisante. Mais votre duc, Crèvecœur, qu'est-ce qu'il va faire de moi ? Il ne peut pas espérer de me garder longtemps prisonnier; et.... en un mot, donnez-moi votre opinion, Crèvecœur.

— Mon seigneur et roi, dit le comte, l'impression que doit produire sur le duc de Bourgogne l'horrible cruauté commise sur la personne de son proche parent et allié, c'est à Votre Majesté à en juger; quelles raisons il peut avoir de considérer ce meurtre comme le résultat des intrigues de vos émissaires, vous seul le savez. Mais mon maître a le caractère noble, et la violence même de sa passion le rend incapable de pratiques secrètes. Tout ce qu'il fera, il le fera en plein jour, à la face des deux nations. Je puis ajouter encore ceci : ce sera le vœu de tous ses conseillers, un seul peut-être excepté, de le voir agir avec bonté et avec générosité, aussi bien qu'avec justice.

— Ah ! Crèvecœur, dit Louis en lui prenant la main, comme s'il était attristé par de pénibles souvenirs, heureux le prince qui a autour de lui des conseillers capables de le mettre en garde contre les effets de ses passions irritées ! Leur nom sera gravé en lettres d'or dans son histoire. Noble Crèvecœur, ah ! si seulement j'avais eu près de moi un conseiller tel que vous !

— Alors, dit Le Glorieux, le premier soin de Votre Majesté aurait été de se débarrasser de lui.

— Ah ! ah ! messire La Sagesse, te voilà donc ici ? dit Louis en changeant de ton subitement; tu nous as donc suivi ?

— Oui, sire, répondit Le Glorieux : il faut bien que la Sagesse suive en habit de fol, quand la Folie mène le branle en habit de pourpre.

— Comment dois-je comprendre ceci, messire Salomon ? dit le roi. Est-ce que tu voudrais changer de condition avec moi ?

— Non, certes, par la messe ! dit Le Glorieux, quand bien même vous me donneriez cinquante couronnes par-dessus le marché.

— Eh bien, pourquoi donc ? Il me semble que je pourrais bien me contenter, au train dont vont les princes, de t'avoir pour mon roi.

— Oui, sire, répliqua Le Glorieux; mais la question est de savoir si, jugeant de l'esprit de Votre Majesté par ce fait qu'il l'a amenée tout droit ici, je consentirais à avoir un bouffon aussi ennuyeux.

— Paix, drôle ! cria le comte de Crèvecœur, vous avez la langue trop bien pendue.

— Laissez-le parler, dit le roi; je ne connais pas de plus beau sujet de raillerie que les sottises de ceux qui devraient être sages. Ici, mon sagace ami; prends cette bourse d'or, et, avec la bourse, le conseil de n'être jamais assez fou pour te croire plus sage que tous les autres. Je t'en prie, fais-moi la faveur de te mettre en quête de mon astrologue Martius Galeotti et de me l'envoyer tout de suite.

— Je n'y manquerai pas, répondit le bouffon; et j'ai idée que je le trouverai chez Jan Dopplethur; car les philosophes comme les fous savent très bien où l'on vend le meilleur vin.

— Seigneur Crèvecœur, dit Louis, je vous prie de donner des ordres pour qu'on laisse entrer ce savant personnage.

— On le laissera entrer, répondit le comte; mais j'ai le regret d'ajouter que mes instructions me défendent de laisser sortir personne. Je souhaite une bonne nuit à Votre Majesté, ajouta-t-il, et je vais tout de suite prendre des arrangements pour que les gentilshommes de votre suite soient mieux accommodés dans la grande salle.

— Ne prenez pas cette peine, sire comte, répondit le roi; ils ne s'inquiètent guère de leurs aises, et, à parler franchement, sauf que je tiens à voir Galeotti, je désire n'avoir, cette nuit, aucune communication avec le dehors, si toutefois vos instructions le permettent.

— Mes instructions, répondit Crèvecœur, m'enjoignent de laisser Votre Majesté en pleine possession de ses appartements. »

Quand Crèvecœur eut disparu, Louis dit aux gens de sa suite : « Mes camarades, retirez-vous dans la grande salle. Mais ne vous endormez pas, car nous avons encore quelque chose à faire cette nuit, quelque chose d'important. »

Préoccupé de son propre sort jusqu'aux angoisses de l'agonie, Louis cependant, fidèle jusqu'au bout à son propre caractère, méditait de se venger des deux personnages qui par leurs conseils l'avaient attiré dans le piège, Martius Galeotti et le cardinal La Balue; et en même temps il implorait le secours d'en haut.

Choisissant, parmi les images dont son chapeau était garni,

celle de Notre-Dame de Cléry, il s'agenouilla devant et fit cette étrange prière : « Douce Dame de Cléry, mère bénie de miséricorde! toi qui es puissante de toute omnipotence, aie pitié de moi, misérable pécheur! Il est vrai que je t'ai un peu négligée pour ta bienheureuse sœur d'Embrun; mais je suis roi; mon pouvoir est grand, ma richesse sans limites; et, en fût-il autrement, je doublerais l'impôt de la gabelle pour m'acquitter de mes dettes envers vous deux. Ouvre ces portes de fer; comble ces formidables fossés, conduis-moi, comme une mère conduit son enfant, hors de ce pressant danger. Si j'ai donné à ta sœur le comté de Boulogne pour qu'elle le possède à tout jamais, n'ai-je pas les moyens de te prouver ma dévotion, à toi aussi? Tu auras la grande et riche province de Champagne, et ses vignobles verseront leur richesse dans ton couvent. J'avais promis cette province à mon frère Charles; mais tu sais qu'il est mort, empoisonné par ce misérable abbé de Saint-Jean-d'Angély, que je punirai, si je vis! J'ai déjà fait cette promesse, mais cette fois je la tiendrai. »

Après s'être si singulièrement mis en règle avec sa conscience, Louis, passant la tête par la porte de la salle, appela le Balafré dans son appartement.

« Mon brave soldat, dit-il, tu m'as servi longtemps et tu as obtenu peu d'avancement. Nous voici dans une situation où ma vie tient peut-être à un fil. Mais je ne voudrais pas mourir en ingrat, sans payer ce que je dois soit à un ami, soit à un ennemi. J'ai donc un ami à récompenser, c'est toi; un ennemi à punir, c'est ce traître, ce misérable Galeotti, dont les impostures et les tromperies m'ont amené ici. Il va venir dans quelques instants. Quand il sera entré et que la porte de la grande salle se sera refermée sur lui, adosse-toi à cette porte, armé de ta pertuisane, et ne laisse entrer personne, voilà tout ce que je te demande. Retire-toi maintenant, et envoie-moi le prévôt. »

Le Balafré disparut et Tristan l'Hermite entra une minute après.

« Sois le bienvenu, compère, dit le roi; qu'est-ce que tu penses de notre situation?

— Nous sommes des condamnés à mort, répondit le prévôt, à moins que le duc ne nous accorde un sursis.

— Sursis ou non, celui qui nous a attirés dans ce piège sera notre *fourrier* dans l'autre monde, pour y choisir nos logements, reprit le roi avec un sourire hideux et féroce. Tristan, tu as accompli plus d'un acte de belle et bonne justice; sois-moi fidèle jusqu'au bout.

— Je le serai, mon suzerain, dit Tristan. Je ne suis qu'un homme fort ordinaire, mais je suis reconnaissant. Je ferai mon devoir, entre ces murs ou ailleurs. Et tant que je vivrai, un mot de vous sera une sentence que j'exécuterai à la lettre, comme si vous étiez sur le trône. On peut m'en demander compte une heure après, si l'on veut, cela m'est égal.

— C'est bien ce que j'attendais de toi, mon affectionné compère, reprit Louis. Mais as-tu quelqu'un pour t'aider? Le traître est fort et bien découplé et ne manquera pas de crier à l'aide. L'Écossais n'est bon qu'à garder la porte. Olivier ne sait que mentir, flatter et donner des conseils dangereux; et ventre saint-Dieu! je le crois plutôt destiné à mériter le nœud coulant qu'à le passer au cou des autres. Avez-vous, enfin, les hommes et les moyens nécessaires pour faire bonne et prompte besogne?

— J'ai avec moi Trois-Échelles et Petit-André, dit le prévôt, tous les deux si expéditifs, qu'ayant trois hommes à exécuter, ils en auraient déjà pendu un sans qu'aucun des deux autres en eût connaissance. Tous les deux, outre cela, très dévoués à Votre Majesté. Mais, s'il plaît à Votre Majesté, à qui avons-nous affaire pour le moment?

— Le condamné, répondit le roi, est Martius Galeotti. Vous tressaillez, mais c'est exactement comme je vous le dis. Le misérable nous a attiré ici par de fausses et perfides prédictions pour nous livrer pieds et poings liés au duc de Bourgogne.

— Mais il n'en sera pas le bon marchand, dit Tristan; quand ce devrait être le dernier acte de ma vie, quand on devrait me mettre en pièces après, je le piquerai au bon endroit, comme la guêpe qui laisse en mourant son aiguillon dans la plaie.

— Je connais ta fidélité, reprit le roi, et le plaisir que tu trouves, comme les autres gens de bien, à accomplir ton devoir, puisque la vertu, comme disent les gens d'étude, est à elle-même sa propre récompense. Mais va préparer les prêtres, car la victime s'approche.

— Faut-il opérer en votre présence, mon gracieux souverain? » demanda Tristan.

Louis déclina cette proposition, mais il commanda au prévôt de tout préparer pour le moment où l'astrologue sortirait de son appartement.

« Car, dit le roi, je veux revoir le misérable encore une fois, pour observer quelle sera sa contenance devant le maître qu'il a fait tomber dans son piège. Qu'est-ce que vous attendez? Allez préparer vos valets. J'attends le traître à chaque minute. Je ne demande qu'une chose au ciel, c'est qu'il ne prenne pas peur et ne refuse pas de venir. Allons, va, Tristan, tu n'étais pas si lent au travail autrefois.

— Oui, mais, s'il plaît à Votre Majesté, vous m'avez souvent reproché d'aller trop vite en besogne, de m'être mépris sur vos intentions, et d'avoir pendu celui qu'il ne fallait pas. S'il plaisait à Votre Majesté de me donner un signal, au moment où vous vous séparerez de Galeotti, afin que je sache si l'affaire tient toujours. J'ai vu plus d'une fois Votre Majesté changer d'avis, et me reprocher après de m'être trop dépêché.

— Soupçonneuse créature, répondit le roi Louis, je te dis que je ne changerai pas d'avis; mais, pour couper court à tes observations, convenons de ceci : si je dis à ce coquin, en le quittant : « Il y a un ciel au-dessus de nous! » c'est que l'affaire doit suivre son cours; si je dis au contraire : « Allez en paix! » vous comprendrez que j'ai changé d'avis.

— Attendez, dit Tristan, j'ai la tête un peu dure en dehors de mon métier. Voyons, laissez-moi répéter ma leçon... Si vous lui dites de s'en aller en paix, cela veut-il dire qu'il a affaire à moi?

— Non, non, idiot..., non! s'écria le roi; dans ce cas, laissez-le passer. Mais si je dis : *Il y a un ciel au-dessus de nous*, élevez-le d'une ou deux coudées vers les planètes avec qui il entretient un commerce.

— Je désire que nous puissions trouver ici ce qu'il nous faut.

— Alors, *élevez*-le ou *abattez*-le, peu importe, répondit le roi avec un hideux sourire.

— Et le corps, qu'est-ce que nous en ferons?

— Ah! voyons », dit le roi; et après un moment de réflexion il reprit :

« Les fenêtres de la salle sont trop étroites, mais la fenêtre gothique qui fait saillie est assez large. Nous le jetterons dans la Somme, avec un papier sur lequel nous écrirons : « Laissez passer la justice du roi! » Les officiers du duc l'arrêteront, s'ils l'osent, pour lui réclamer le droit de passage. »

Le prévôt appela ses deux aides en conseil dans une des embrasures de la grande salle, où Trois-Echelles fixa une torche au mur pour les éclairer. Parlant à voix basse, ils n'attirèrent ni l'attention d'Olivier, plongé dans l'abattement, ni celle du Balafré, qui dormait profondément.

« Camarades, dit le prévôt à ses aides, vous avez peut-être cru en avoir fini avec le métier, du moins en tant qu'il s'agit de pendre et non pas d'être pendus. Mais, courage, les amis! notre gracieux maître nous a réservé un petit travail qui fera passer nos noms à la postérité. Il s'agit de ce païen hérétique, de ce Grec, de cet enchanteur mahométan, de Martius Galeotti.

— Galeotti! s'écria Petit-André, c'est tout simple. Tous ces jongleurs qui passent leur vie à danser sur la corde raide, finissent toujours leur vie au bout d'une corde. *Couic!*

— La seule chose qui m'afflige, dit Trois-Echelles en levant les yeux au ciel, c'est que la pauvre créature mourra sans confession.

— Tut! tut! repartit le prévôt, c'est un hérétique et un nécromancien... : un collège de prêtres ne pourrait pas le sauver par l'absolution de la damnation qu'il a méritée. D'ailleurs, s'il a les idées tournées de ce côté-là, tu as le don, Trois-Echelles, et tu peux lui servir de père spirituel. Mais, pour revenir aux choses temporelles, j'ai grand peur, camarades, que vous n'en soyez réduits à vous servir de vos poignards, car vous n'avez pas ici tous les outils nécessaires à l'exercice de votre profession.

— Oh! ne plaise à Notre-Dame de l'île de Paris, dit Trois-Echelles, qu'un ordre du roi me trouve dépourvu de mes outils. Je porte toujours autour de moi le cordon de saint François, quatre fois replié, avec un nœud coulant au bout. Car je suis de la compagnie de Saint-François, ayant le droit de porter le capuchon *in extremis*... grâce à Dieu et aux bons pères de Saumur.

— Quant à moi, ajouta Petit-André, j'ai toujours dans mon sac une belle poulie avec une grosse vis pour la fixer où je veux dans le cas où nous voyagerions dans un pays sans arbres, ou dont les arbres auraient leurs branches trop haut. Je trouve cela très commode.

— C'est parfaitement notre affaire, dit le prévôt; vous n'avez qu'à visser votre poulie à cette poutre, juste au-dessus de la porte, et à y passer la corde. Je retiendrai l'individu à causer près de là, vous n'aurez qu'à lui ajuster le nœud coulant sous le menton, et alors...

— Et alors, nous le hissons, dit Petit-André, et... *couic!* »

CHAPITRE XXIX
RECRIMINATIONS

Le Glorieux ne fut pas embarrassé pour faire la commission dont l'avait chargé Louis, et, pour trouver l'astrologue, il alla tout droit à la meilleure taverne de Péronne.

Il vit de loin Galeotti dans un coin de la salle; il causait avec une femme vêtue d'un costume singulier, moresque ou asiatique. A l'approche du Glorieux, elle se leva pour partir. Elle mit fin à la conversation commencée par ces paroles : « Ce sont des nouvelles que vous pouvez considérer comme absolument certaines. » Là-dessus elle se glissa parmi les groupes de buveurs attablés et disparut.

« Mon cousin le philosophe, dit le bouffon en se présentant à l'astrologue, le ciel ne relève pas plus tôt une sentinelle, qu'il en envoie une autre monter la garde à sa place. Une folle s'en va, un fou vient vous chercher pour vous conduire aux appartements de Louis de France.

— Et c'est toi le messager? demanda Martius, qui découvrit tout de suite la qualité du personnage.

— Oui, messire; je reconnais là votre savoir, répondit Le Glorieux : quand le Pouvoir envoie la Folie à la recherche de la Sagesse, cela vous donne tout de suite une idée exacte de l'état du patient.

— Et si je refuse d'aller là-bas, réclamé à une heure si tardive, et par un tel messager? objecta Galeotti.

— Dans ce cas, répondit Le Glorieux, nous consulterons vos aises et nous vous emporterons. Il y a là une dizaine de vigoureux Bourguignons dont le comte de Crèvecœur m'a muni à cet effet.

— Je suis à vos ordres, messire », dit Galeotti, et il accompagna Le Glorieux, ne pouvant pas faire autrement.

Arrivé au château, Le Glorieux livra l'astrologue aux gardes de la porte, qui, de sentinelle en sentinelle, le firent parvenir à la tour d'Herbert.

Comme il entrait dans la grande salle, le premier objet qui frappa ses regards, ce fut la poulie munie de sa corde. Comme la corde remuait encore, l'astrologue en conclut que son entrée avait dérangé quelqu'un qui était en train de l'ajuster. Tout en appelant mentalement à son aide toute son adresse pour éviter le danger, il résolut en lui-même de se défendre en désespéré contre quiconque l'attaquerait.

Il se présenta donc devant Louis de l'air d'un homme qui ne se déconcertait point du mauvais succès de sa prédiction, et qui ne redoutait nullement la colère du roi, ni les suites qu'elle aurait probablement.

« Que chaque planète soit favorable à Votre Majesté ! dit-il avec un salut quasi oriental. Que toutes les mauvaises constellations détournent leur pernicieuse influence de mon royal maître !

— Vous n'avez, dit le roi, qu'à jeter les yeux sur cet appartement, à songer où il est situé et par qui il est gardé, pour découvrir que mes étoiles propices m'ont trahi, et que toutes les mauvaises constellations ont exercé sur moi leur pernicieuse influence. N'as-tu pas honte, Galeotti, de me voir ici prisonnier, en songeant aux assurances qui m'y ont attiré?

— N'as-*tu* pas honte toi-même, mon royal seigneur? riposta le philosophe, toi, dont le progrès dans la science a été si rapide, l'intelligence si pénétrante, la persévérance si infatigable..., de céder si facilement aux premiers coups de l'adversité, et de renoncer ainsi au prix glorieux promis à tes efforts et à ta constance?

— Emprisonné, presque détrôné, en péril de ma vie peut-être, s'écria Louis, voilà où tes conseils m'ont mené, voilà le prix glorieux promis à mes efforts et à ma constance! Tu m'as trompé, mais tu ne me tromperas pas plus longtemps. Sors d'ici, beau sire, et ne te figure pas que tu échapperas au châtiment. *Il y a un ciel au-dessus de nous.*

— Je ne vous abandonnerai pas à votre destinée, répliqua Martius, sans avoir justifié à vos yeux, si aveuglés qu'ils soient, ma réputation, joyau plus précieux que la pierre la plus brillante de ta couronne, et que le monde admirera longtemps encore après que tous les Capets seront tombés en poussière dans le charnier de Saint-Denis.

— Tu peux parler, dit Louis, mais ton impudence ne pourra rien changer à mon opinion ni à mes desseins. Néanmoins, comme c'est peut-être le dernier jugement que je rendrai comme roi, je ne veux pas te condamner sans t'avoir entendu. Confesse que je suis une dupe, toi un imposteur, et ta prétendue science un rêve. Confesse-le, les planètes qui brillent au-dessus de nos têtes ont aussi peu d'influence sur nos destinées que leurs reflets dans l'eau n'en ont sur le cours de la rivière.

— Et connais-tu, répondit hardiment l'astrologue, l'influence secrète de ces lumières bénies? Comment oses-tu dire qu'elles n'ont aucune influence sur les eaux, lorsque tu sais que la plus faible des planètes, la lune, exerce son influence, non pas sur un misérable ruisseau comme la Somme, mais sur le puissant Océan lui-même? Et maintenant, Louis de Valois, ne ressembles-*tu* pas en ce moment au stupide passager qui s'irrite contre son pilote, parce que le pilote ne peut pas amener le navire au port sans avoir éprouvé les forces adverses des vents et des courants. Ce qui était réellement en mon pouvoir, c'était de te prédire que l'issue de ton entreprise serait favorable; mais le ciel seul avait le pouvoir de t'y conduire. Et si la route devait être difficile et périlleuse, pouvais-je en aplanir les difficultés ou en écarter les périls?

— Tu m'avais prédit que ce jeune Ecossais accomplirait heureusement son entreprise au regard de son intérêt et de mon honneur, et tu le sais pourtant, mon honneur et mon intérêt sont en danger, en danger mortel, à cause de l'impression que fera l'issue de cette affaire sur l'esprit du taureau furieux de Bourgogne. Il y a là un mensonge avéré. Tu ne peux pas te tirer de là; tu as eu l'imprudence de faire une prédiction précise, et il est prouvé que c'est une fausse prédiction.

— Non, mais une prédiction assurée et vraie, répondit hardiment l'astrologue. Pour affirmer le triomphe de l'art sur l'ignorance, je ne pouvais souhaiter rien de plus concluant que cette prédiction et les conséquences qu'elle aura. Je t'ai dit que le jeune Ecossais serait fidèle en toute honorable entreprise : ne l'a-t-il pas été? Je t'ai dit qu'il se ferait scrupule de prêter les mains à un acte déshonnête : ce scrupule, ne l'a-t-il pas montré?

Le roi rougit de honte et de colère.

« Je t'ai dit, continua l'astrologue, que la conjonction des planètes, au moment de son départ, présageait un danger pour lui : et n'a-t-il pas rencontré le danger sur sa route? Je t'ai dit que la conjonction des planètes promettait avantage et profit à celui qui l'envoyait : et avant peu, ce profit, tu le recueilleras.

— Je le recueillerai bientôt? s'écria le roi; eh! je le tiens déjà, ne suis-je pas déshonoré, prisonnier?

— Non, répondit l'astrologue, ce n'est pas là la fin de tout. Sous peu, tu seras forcé de confesser que tu as tiré profit de la manière dont ton messager s'est acquitté de sa mission.

— C'est trop... trop d'insolence, dit le roi, d'insulter ainsi les gens après les avoir trompés. Sors d'ici! Mais ne te figure pas que mes griefs resteront sans vengeance. *Il y a un ciel au-dessus de nous.* »

Galeotti se retourna pour sortir. « Arrête, dit Louis, tu soutiens bravement ton imposture. Voyons ce que vous répondrez à une question que j'ai à vous faire; et réfléchissez bien avant de parler. Ta prétendue science peut-elle te faire connaître l'heure de ta propre mort?

— Oui, mais seulement par rapport au destin d'une autre personne.

— Je ne te comprends pas, dit Louis.

— Eh bien! reprit Martius, sachez donc ceci : ma mort précédera de vingt-quatre heures celle de Votre Majesté.

— Ah! fit Louis, dont la physionomie changea de nouveau. Arrête..., arrête..., ne t'en va pas. Tu dis que *ma* mort suivra la *tienne* d'aussi près?

— Dans l'espace de vingt-quatre heures, répéta Galeotti d'une voix ferme. Je souhaite une bonne nuit à Votre Majesté.

— Arrête, arrête..., ne t'en va pas, dit le roi en le prenant par le bras et le forçant à s'écarter de la porte. Martius Galeotti, j'ai été pour toi un bon maître..., je t'ai enrichi..., j'ai fait de toi mon ami..., mon compagnon..., mon maître. Soyez franc avec moi, je vous en supplie. Y a-t-il réellement quelque chose au fond de votre art? Tirerai-je réellement profit de la mission de ce jeune Ecossais? Et nos deux existences sont-elles liées de si près l'une à l'autre? Avouez-le, mon bon Martius, vous tenez tout simplement le langage de ceux de votre profession. Je suis vieux..., prisonnier..., à la veille de perdre un royaume...; dans ces conditions la vérité est plus précieuse que tous les royaumes..., et c'est de toi que je l'implore

— Et je l'ai mise sous les yeux de Votre Majesté, dit Galeotti, au risque de vous voir, dans un accès de colère brutale, vous tourner contre moi et me déchirer.

— Qui? moi, Galeotti? reprit Louis d'une voix adoucie; hélas! tu me connais bien mal. Ne suis-je pas prisonnier et ne suis-je pas forcé d'être patient, puisque ma colère ne servirait qu'à montrer mon impuissance? Parle-moi donc bien sincèrement... Ne t'es-tu pas joué de moi? Ou bien, ta science est-elle vrai, et me rapportes-tu sincèrement ce qu'elle te révèle?

— Votre Majesté voudra bien me pardonner, si je vous répète que le temps seul... le temps et l'événement convaincront l'incrédulité. Un jour de patience, deux au plus, confirmeront ce que j'ai prédit au sujet de ce jeune Ecossais. Que je meure du plus affreux supplice, si Votre Majesté ne tire pas avantage de la conduite chevaleresque de ce jeune homme. Quel que doive être mon genre de mort, aussitôt que j'aurai rendu le dernier soupir, Votre Majesté fera bien de chercher un autre père spirituel; car elle aura tout juste vingt-quatre heures devant elle pour se confesser et faire pénitence. »

Louis tenait toujours la robe de Galeotti, en le conduisant du côté de la porte; en l'ouvrant, il dit à haute et intelligible voix : « Demain nous reparlerons de cela. Allez en paix, mon savant père !... *Allez en paix! Allez en paix!* »

C'est ainsi que Galeotti se tira d'un danger imminent, grâce à quelques informations secrètes qu'il avait par devers lui, grâce aussi à son courage, à son audace et à sa présence d'esprit. Et c'est ainsi que Louis, le plus avisé et le plus vindicatif des monarques de son temps, laissa échapper sa vengeance, grâce à l'influence de la superstition sur son caractère égoïste.

Ce ne fut pas cependant sans une cruelle mortification qu'il renonça au plaisir de la vengeance, et ses satellites semblaient aussi désappointés que lui. Seul le Balafré, parfaitement indifférent sur ce sujet, n'eut pas plus tôt reçu contre-ordre, qu'il s'éloigna de la porte où on l'avait placé en sentinelle, et au bout de quelques minutes il était profondément endormi.

Quand les premières lueurs de l'aurore pénétrèrent dans la vieille chambre gothique, le roi fit venir Olivier. Le roi était assis, en robe de chambre : Olivier fut surpris de l'altération qu'avait produite sur sa physionomie une nuit de mortelles angoisses. Il allait témoigner l'inquiétude que lui causait ce changement, mais Louis lui coupa la parole. Après lui avoir expliqué les moyens qu'il avait déjà employés pour se faire des amis à la cour du duc de Bourgogne, il le chargea de continuer l'œuvre commencée aussitôt qu'on lui permettrait de sortir.

Environ deux heures plus tard, Olivier obtint du comte de Crèvecœur l'autorisation de sortir pour s'acquitter des commissions de son maître. Pendant ce temps-là, Louis tenait conseil avec son astrologue; au sortir de cette conférence, il montra plus d'entrain et de confiance. S'étant habillé, il reçut les compliments de Crèvecœur avec un calme qui fit l'admiration du noble Bourguignon; d'autant plus qu'il savait déjà que le duc avait passé plusieurs heures dans un état d'esprit à faire craindre pour la vie du roi.

CHAPITRE XXX
LE CONSEILLER

Selon la coutume du temps, deux des conseillers favoris du duc, d'Imbercourt et Comines, couchaient dans la chambre du duc. Jamais leur présence et leurs soins n'avaient été aussi nécessaires qu'ils le furent cette nuit-là.

Il refusa d'ôter ses vêtements, ou de faire aucun préparatif pour se coucher; toute sa nuit se passa en une série de violents accès de fureur. Quand la rage était à son comble, il parlait sans relâche à ses serviteurs, avec une telle volubilité, qu'ils craignaient sérieusement pour sa raison. Il revenait sans cesse sur les mérites et la bonté de l'évêque assassiné; rappelant toutes les marques d'affection, de tendresse, de confiance qu'ils s'étaient mutuellement données, il en venait à de tels transports de désespoir, qu'il se jetait sur le lit, la face cachée dans la couverture; il semblait sur le point d'étouffer, dans l'effort qu'il faisait pour retenir ses larmes et ses sanglots. Puis, dans un soudain retour de fureur, il s'élançait du lit et parcourait la chambre à pas pressés, proférant des menaces incohérentes et des serments de vengeance encore plus incohérents; prenant à témoin saint Georges, saint André, et tout ce qu'il avait de plus sacré, qu'il tirerait une sanglante vengeance de La Marck, des gens de Liège, et de *celui* qui était l'auteur de tout le mal. Et puis, tout d'un temps il se déclarait déterminé à mander le duc de Normandie, avec qui le roi était en très mauvais termes, pour contraindre Louis à lui céder soit la couronne elle-même, soit quelques-uns de ses droits et apanages les plus importants.

Un jour et une autre nuit se passèrent en délibérations orageuses et sans résultat, ou plutôt en une succession rapide d'accès de colère; le duc, qui avait presque perdu le boire et le manger, ne changeait pas de vêtements, et en somme se conduisait comme un homme dont la rage pourrait bien aboutir à la folie. Peu à peu il devint plus calme, et commença à tenir, de temps à autre, conseil avec ses ministres. On y mettait en avant bien des propositions, mais on ne décidait rien. Comines assure qu'à un certain moment, un courrier était déjà à cheval pour aller chercher le duc de Normandie. Il est probable que si l'on eût donné suite à ce projet, le roi de France, comme il est arrivé plus d'une fois en pareille occurrence, n'aurait fait qu'un pas de la prison à la tombe.

A d'autres moments, quand il avait épuisé sa fureur, Charles demeurait assis, tous ses traits comme fixés dans une farouche et rigide immobilité, en homme qui médite un coup désespéré, mais qui n'a pas encore pu s'y résoudre complètement. Et certainement il aurait suffi d'une insinuation insidieuse de la part d'un de ses conseillers pour l'y décider à l'instant. Mais les seigneurs de Bourgogne, par respect pour la majesté royale, pour l'opinion, pour les lois de l'hospitalité, étaient presque unanimes à lui recommander la modération. D'Imbercourt et Comines avaient développé ce thème pendant la nuit, Crèvecœur et d'autres les secondèrent le lendemain. Peut-être leur zèle à défendre le roi n'était-il pas absolument désintéressé. Plusieurs d'entre eux avaient eu déjà des preuves de sa libéralité; d'autres, qui avaient des domaines en France ou des prétentions à y faire valoir, se trouvaient soumis à son influence; et il est certain que le fardeau des mulets chargés d'or que le roi avait amenés à Péronne devint beaucoup plus léger pendant la durée des négociations.

Ce fut le troisième jour que Campo-Basso apporta aux conseils de Charles l'appoint de sa finesse italienne. Bien en prit à Louis que l'Italien ne se fût pas trouvé présent au plus fort de la fureur de Charles.

Ce jour-là il présenta son avis sous le couvert de l'apologue intitulé : « Le voyageur, la vipère et le renard »; et rappela le conseil du renard à l'homme : « Tue ton mortel ennemi », puisque tu le tiens en ta puissance. L'œil de Charles étincela; Comines, qui s'en aperçut, insinua qu'après tout Louis n'était peut-être pas aussi directement mêlé qu'on se le figurait à l'affaire de Schonwaldt; qu'il pourrait peut-être se justifier, sinon qu'il pourrait offrir des compensations pour les désordres causés par ses intrigues dans les États du duc et dans ceux de ses alliés; un acte de violence commis sur le roi aurait les plus fâcheuses conséquences pour la France et pour la Bourgogne; les Anglais pourraient profiter du trouble et du désordre qui s'ensuivraient pour reprendre la Normandie et la Guyenne, et recommencer ces guerres terribles auxquelles l'union seule de la France et de la Bourgogne avait pu mettre fin. Il ne proposait pas de rendre la liberté au roi purement et simplement, mais de tirer parti de la situation présente pour lui imposer un bon et valable traité, qui lui lierait les mains à l'avenir et l'empêcherait de troubler la paix intérieure de la Bourgogne. D'Imbercourt, Crèvecœur et d'autres repoussèrent les mesures violentes proposées par Campo-Basso; un bon traité assurerait à la Bourgogne des avantages permanents, un acte de violence la déshonorerait sans profit.

Le duc écoutait ces arguments, les yeux fixés sur le sol et les sourcils froncés. Quand Crèvecœur donna à entendre que Louis, après tout, n'avait peut-être pas eu la main dans les derniers troubles, Charles releva la tête et, lançant à son conseiller un regard farouche, il lui dit : « Est-ce que vous aussi, Crèvecœur, vous avez entendu le tintement de l'or de France? Il me semble qu'il sonne, dans mes conseils, un aussi joyeux carillon que celui des cloches de Saint-Denis. Qui donc osera me soutenir que ce n'est pas Louis qui a fomenté ces désordres en Flandre?

— Mon gracieux seigneur, dit Crèvecœur, ma main est plus habituée à manier le fer que l'or. Je suis loin de penser que Louis n'ait rien à se reprocher dans les troubles de Flandre; la preuve, c'est qu'il n'y a pas longtemps, en présence de toute sa cour, je l'ai accusé d'avoir manqué à sa foi, et je l'ai défié en votre nom. Mais, si ses intrigues ont été la cause première du mal, je suis autorisé à croire qu'il n'est pour rien dans la mort de l'évêque, car un de ses émissaires a publiquement protesté contre le crime; et je pourrais faire comparaître cet émissaire, si tel était votre bon plaisir.

— C'est notre bon plaisir, dit le duc. Par saint Georges! pouvez-vous douter de notre désir d'agir selon la justice? Même dans nos plus violents emportements, nous sommes connu pour un juge intègre et juste. Nous verrons France nous-même, nous lui exposerons nos griefs nous-même, nous lui dirons quelle réparation nous sommes en droit d'attendre et d'exiger. S'il se trouve innocent de ce meurtre, nous serons moins sévère pour d'autres crimes. Mais s'il en est coupable, une vie toute entière de pénitence dans un cloître ne sera pas un châtiment trop sévère. Qui oserait prétendre le contraire? Et même, ajouta-t-il, s'animant à mesure qu'il parlait, qui oserait blâmer un châtiment plus direct et plus expéditif? Que votre témoin comparaisse; nous serons nous-même au château une heure avant midi. Nous allons préparer plusieurs articles auxquels il souscrira, ou bien malheur à lui! Le reste dépendra de l'enquête. La séance du conseil est levée, retirez-vous. Je ne prends que le temps de changer de vêtements; ceux que j'ai sur moi ne témoigneraient pas assez du respect que je dois à *notre très gracieux souverain.* »

En appuyant avec amertume sur cette dernière expression, le duc sortit à grands pas de la salle.

« La sûreté de Louis et, qui pis est, l'honneur de la Bourgogne sont à la merci d'un coup de dés ! dit d'Imbercourt à Crèvecœur et à Comines. Cours vite au château, Comines, tu as la langue mieux pendue que Crèvecœur ou moi. Dis à Louis quelle tempête le menace : il saura mieux comment piloter sa barque. J'espère que cet archer écossais ne dira rien qui soit de nature à aggraver le mal. Car Dieu sait quelle était la mission secrète dont on l'avait chargé !

— Le jeune homme, dit Crèvecœur, me paraît aussi prudent et aussi avisé que brave. Dans tout ce qu'il m'a dit, il a ménagé le roi. Je pense qu'il ne se démentira pas en présence du duc. Je vais aller le chercher, ainsi que la jeune comtesse de Croye.

— La comtesse ? vous nous disiez que vous l'aviez laissée au couvent de Sainte-Brigitte.

— Oui ; mais, reprit le comte, j'ai été obligé de l'envoyer chercher sur l'order du duc. Elle est fort abattue, d'abord parce qu'elle ne sait ce qu'il est advenu de sa parente la comtesse Hameline, et puis elle sent l'énormité de la faute qu'elle a commise en se dérobant à la tutelle de son seigneur suzerain, surtout d'un suzerain aussi jaloux de ses droits. »

En apprenant que la comtesse était au pouvoir de Charles, Louis sentit redoubler ses angoisses. En expliquant par suite de quelles intrigues elle avait été amenée à recourir à la clémence de son suzerain, elle fournirait un témoignage que Louis avait cru faire disparaître avec Zamet Maugrabin. Le duc Charles s'armerait de cette preuve pour user et abuser de la position précaire du roi.

Louis, plein d'anxiété, discutait ce sujet avec le sieur de Comines, dont l'esprit politique et délié s'accordait mieux avec son propre caractère que la brusquerie militaire de Crèvecœur ou la hauteur féodale d'Imbercourt.

« Ces soldats gantés de fer, mon bon ami Comines, disait Louis à son futur historien, ne devraient jamais entrer dans les conseils d'un roi ; on devrait les laisser dans l'antichambre, avec les hallebardes et les pertuisanes. Ce qu'il faudrait aux rois pour conseillers, pour confidents, ce seraient des hommes comme vous, Philippe. »

Comines ne pouvait manquer d'être flatté d'un pareil éloge

dans la bouche du prince le plus intelligent de toute l'Europe, et Louis vit bien que sa flatterie avait porté coup.

« Combien je désirerais, dit-il, avoir un pareil serviteur, ou plutôt être digne de l'avoir ! Je ne me trouverais pas dans une si triste situation; et pourtant je ne regretterais pas d'y être, si je pouvais trouver moyen de m'assurer les services d'un homme d'Etat tel que vous. »

Comines répondit que toutes ses facultés étaient au service de Sa Majesté Très Chrétienne, sauf, bien entendu, son allégeance envers son seigneur légitime, le duc Charles de Bourgogne.

« Et suis-je homme à vous détourner de cette allégeance ? dit Louis d'un ton pathétique. Hélas ! si je suis présentement en danger, n'est-ce pas pour avoir montré trop de confiance envers mon vassal ? Qui donc est mieux en passe de tenir pour sacrée la foi féodale que moi, dont la sûreté dépend de l'appel que j'y fais ? Non, Philippe de Comines, continuez à servir Charles de Bourgogne, et le meilleur moyen de le servir, c'est de procurer un arrangement honorable entre lui et Louis de France. En cela, vous nous servirez tous les deux, et l'un de nous deux du moins vous en sera reconnaissant. On me dit que vos appointements égalent à peine ceux du Grand Fauconnier, et que les services du plus sage conseiller de l'Europe sont mis au niveau, que dis-je ! au-dessous de ceux de l'homme qui nourrit les faucons du duc et les soigne dans leurs maladies. La France a de vastes domaines et son roi possède beaucoup d'or. Permettez-moi, mon ami, de corriger cette scandaleuse inégalité. Les moyens, je les ai sous la main : permettez-moi d'en user. »

Le roi produisit alors un gros sac d'argent. Mais Comines, plus délicat que la plupart des courtisans de cette époque, déclina l'offre du roi. Il était pleinement satisfait de la libéralité de son prince; et le désir qu'il avait de servir le roi, aucun présent ne pouvait l'accroître.

« Singulier homme ! s'écria le roi, permettez-moi d'embrasser le seul conseiller de ce temps-ci qui soit à la fois capable et incorruptible. La sagesse est plus désirable que l'or le plus pur. Et crois-moi, Philippe, je compte plus sur ta bonté, dans la détresse où je suis, que sur l'assistance mercenaire de tant de gens qui ont accepté mes dons. Vous êtes incapable, je le sais, de conseiller à votre maître d'abuser de la situation où m'a mis la fortune, disons le mot : ma propre folie.

— D'en *abuser*, absolument non, répondit l'historien, mais certainement d'en *user*.

— Comment, et dans quelle mesure? dit Louis. Je ne suis pas assez sot pour compter que je m'en tirerai sans rançon; mais faites que ce soit une rançon raisonnable. Je suis toujours accessible à la raison, à Paris ou au Plessis comme à Péronne. Qu'est-ce que votre duc attend de moi?

— Je ne suis chargé d'aucune proposition, mon seigneur, dit Comines; le duc fera bientôt connaître son bon plaisir. Mais il me vient à l'esprit un certain nombre de choses sur lesquelles Votre Majesté fera bien de se tenir prête à l'avance. Par exemple, la cession définitive des villes de la Somme.

— Je m'y attendais, dit Louis.

— Il vous faudra désavouer les Liégeois et Guillaume de La Marck.

— Aussi volontiers que je renie l'enfer et Satan.

— On tiendra à s'assurer, par otages, ou occupation de forteresses, ou par tout autre moyen, que la France s'abstiendra à l'avenir de fomenter la rébellion parmi les Flamands.

— Ceci, c'est du nouveau, répondit le roi, de voir un vassal demander des gages à son suzerain; mais passons.

— Un apanage convenable et indépendant pour votre illustre frère, l'allié et l'ami de mon maître..., la Normandie ou la Champagne. Le duc aime la maison de votre père, mon suzerain.

— Il l'aime tant, répondit Louis, que, par la mort-Dieu! il veut faire des rois de tous ceux qui en font partie. Mais êtes-vous au bout de votre rouleau?

— Pas tout à fait, répondit le conseiller. On demandera certainement à Votre Majesté de ne plus molester, comme elle l'a fait dernièrement, le duc de Bretagne, et de ne plus lui contester, ni à lui ni à d'autres grands feudataires, le droit de battre monnaie et de s'intituler ducs et princes par la grâce de Dieu...

— En un mot, de faire de mes vassaux autant de rois. Sire Philippe, voudriez-vous faire de moi un fratricide? Vous vous rappelez bien mon frère Charles... : il ne fut pas plus tôt duc de Guyenne qu'il mourut. Et que restera-t-il au descendant et au représentant de Charlemagne, après qu'il aura renoncé à toutes ces belles provinces, que le droit de se faire oindre d'huile à Reims et celui de dîner sous un grand dais?

— Nous allons diminuer l'inquiétude de Votre Majesté à ce sujet, en lui donnant un compagnon dans cette grandeur solitaire, dit Philippe de Comines. Le duc de Bourgogne, sans réclamer encore le titre de roi indépendant, entend être dispensé, à l'avenir, des marques abjectes de soumission que réclame de lui la couronne de France; il a l'intention de fermer d'un arc impérial sa couronne de duc et de la surmonter d'un globe, comme signe que ses possessions sont indépendantes. »

Louis tressaillit et se montra plus ému que d'habitude.

« Comment, dit-il, le duc de Bourgogne, le vassal juré de la France, ose-t-il présenter de telles conditions à son souverain : ce qui, selon toutes les lois de l'Europe, entraînerait la forfaiture de son fief!

— Il serait difficile cette fois, répondit tranquillement Comines, de faire exécuter par la force la sentence de forfaiture. Votre Majesté n'ignore pas que la stricte observation de la loi féodale est tombée en désuétude, même dans l'Empire, et que vassal et suzerain cherchent à améliorer leur situation au regard l'un de l'autre, selon leur pouvoir et selon les circonstances. L'intervention de Votre Majesté auprès des vassaux de mon maître, en Flandre, justifie d'avance la conduite du duc, s'il prétend n'accroître son indépendance que pour empêcher Votre Majesté de recommencer ses pratiques sous quelque prétexte que ce soit.

— Comines, Comines, dit le roi, qui se leva vivement et parcourut l'appartement d'un air pensif; voilà un terrible commentaire du *Væ victis!* Vous ne voulez pas me donner à entendre que le duc insistera sur des conditions aussi dures?

— Du moins, je voulais mettre Votre Majesté en état de les discuter toutes.

— Pourtant, Comines, la modération dans le succès..., personne ne le sait mieux que vous..., est nécessaire pour que le succès porte tous ses fruits.

— Plaise à Votre Majesté, j'ai observé que c'est le perdant qui est toujours le plus disposé à vanter le mérite de la modération. Le gagnant, lui, tient en plus haute estime la prudence qui l'invite à profiter de l'occasion.

— C'est bien, nous y réfléchirons, repartit le roi; mais, du moins, tu m'as bien fait connaître toutes les exigences déraisonnables de ton duc? Il n'y a plus rien..., ou s'il y a quelque chose, comme l'expression de ta figure me le fait craindre..., qu'est-ce encore... s'il ne s'agit de ma couronne, que toutes les conditions précédentes, si j'y souscris, dépouilleront de tout mon éclat?

— Mon seigneur, reprit Comines, ce qui me reste à vous dire, est en grande partie au pouvoir du duc; malgré cela, il invitera Votre Majesté à donner son consentement; car en réalité cela vous touche de très près.

— Pasques-Dieu ! s'écria le roi avec impatience ; qu'est-ce que c'est ? Expliquez-vous, messire Philippe.

— Le cousin de Votre Majesté, l'illustre duc d'Orléans, ayant placé ses affections sur la jeune comtesse Isabelle de Croye, le duc compte que vous, de votre côté, comme lui du sien, vous donnerez votre consentement au mariage et vous joindrez à lui pour assurer au jeune couple un apanage qui, joint aux fiefs de la comtesse, formera un établissement digne d'un fils de France.

— Jamais ! jamais ! s'écria le roi avec une violence extraordinaire. Qu'on apporte des ciseaux, qu'on me tonde comme un fou de paroisse ; je ne suis pas autre chose ! qu'on m'ouvre la porte d'un monastère, ou qu'on m'ôte la vie ; mais d'Orléans ne violera pas le serment qui le lie à ma fille ; jamais, elle vivante, il n'en épousera une autre.

— Sire, dit Comines, avant de vous prononcer si vivement contre ce que l'on vous propose, demandez-vous si vous avez le pouvoir de vous y opposer. Un homme avisé, quand il voit rouler un rocher, se garde bien de vouloir l'arrêter dans sa chute.

— Mais un homme brave, dit Louis, peut du moins se laisser écraser bravement et faire de ce rocher la pierre de son tombeau. Songez quelle perte, songez quelle ruine un tel mariage serait pour mon royaume. Songez, je n'ai qu'un fils, sa santé est délicate, et le duc d'Orléans est, après lui, l'héritier de la couronne. L'Eglise a autorisé entre lui et Jeanne cette union qui confondra si heureusement les intérêts des deux branches de ma famille. Songez que ce mariage a été le rêve de toute ma vie. Philippe de Comines, je n'y renoncerai pas ! Songez donc, mon ami, songez donc ! Prenez pitié de moi dans une pareille extrémité ; que votre cerveau inventif imagine quelque chose que l'on puisse offrir à la place.

— Mon seigneur et roi, repartit Comines, j'ai de la sympathie pour votre détresse autant que mon devoir envers mon maître...

— Ne me parlez pas de lui ! s'écria Louis avec une violence qui pouvait bien être feinte. Charles de Bourgogne est indigne de votre attachement ; un homme capable de frapper ses conseillers, un homme capable de donner l'injurieux sobriquet de Tête Bottée au plus avisé et au plus fidèle d'entre eux ! »

Toute la sagesse de Comines ne l'empêchait pas d'avoir une haute opinion de son importance personnelle. Il fut très frappé des deux mots que Louis avait laissé échapper, soi-disant dans un moment de colère, et il répéta : « Tête Bottée ! » ajoutant :

« Il est impossible que mon maître le duc ait parlé ainsi d'un serviteur qui ne l'a pas quitté depuis le premier jour où il a monté un palefroi..., et cela devant un monarque étranger ! C'est impossible ! »

Louis s'aperçut ausitôt de l'impression qu'il avait produite. Evitant le ton de la condoléance qui eût été insultant, et celui de la sympathie qui aurait paru affecté, il dit avec un mélange de simplicité et de dignité : « Mes malheurs m'ont fait manquer aux lois de la courtoisie; autrement je ne vous aurais pas parlé d'une chose qui pouvait vous blesser. Mais vous avez dit : « c'est impossible ! » ceci touche à mon honneur. Me voilà contraint, pour me justifier, de vous dire à propos de quoi ont été prononcés les deux mots que je ne répéterai pas. Vous, messire Philippe de Comines, vous étiez à la chasse avec le duc de Bourgogne, votre maître. Et quand il descendit de cheval, après la chasse, il vous demanda de lui tirer ses bottes. Lisant dans vos yeux, peut-être, quelque mécontentement assez naturel, après l'indigne traitement qu'il vous avait fait subir, il vous ordonna de vous asseoir et vous rendit le service que vous veniez de lui rendre. Mais, irrité de se voir pris au mot, il eut à peine retiré une de vos bottes, qu'il vous en frappa à la tête, au point de faire couler le sang, se récriant sur l'insolence d'un sujet assez présomptueux pour accepter un service de ce genre de la main de son souverain. »

En parlant ainsi, Louis éprouvait double plaisir : le plaisir de mortifier son interlocuteur, et celui de trouver dans Comines le défaut de la cuirasse. En usant habilement de cette découverte, il pouvait amener peu à peu l'homme d'Etat à préférer les intérêts de la France à ceux de la Bourgogne. Mais ce changement ne se produisit que plus tard; pour le moment Comines se contenta de laisser échapper quelques mots de sympathie pour la France, bien persuadé que Louis saurait les interpréter.

Prenant sur lui de rire de l'anecdote, il dit : « Je ne croyais pas que le duc eût gardé d'un pareil enfantillage un assez fidèle souvenir pour pouvoir le raconter. Mais, passons !

— Soit ! passons, dit le roi; nous devrions même rougir de nous être arrêtés à cela une minute. Et maintenant, messire Philippe, j'espère que vous êtes assez Français pour me venir en aide dans cette situation difficile. Vous avez, je le sais, le fil qui peut me guider dans ce labyrinthe, si seulement vous voulez me le mettre en main.

— Mes meilleurs avis, mes meilleurs services sont à la disposition de Votre Majesté, sous réserve toujours de ce que je dois à mon maître. »

Cette phrase, le courtisan l'avait déjà prononcée : mais il y mettait cette fois un autre accent.

« Les conditions, reprit-il, que j'ai soumises aux réflexions de Votre Majesté, si dures qu'elles puissent vous paraître, ne sont rien au prix de celles qui avaient été proposées par des conseillers plus hostiles à Votre Majesté. Et je n'ai pas besoin de rappeler à Votre Majesté que plus une proposition est violente, plus elle a de chances d'être accueillie par notre maître, qui préfère les mesures dangereuses et expéditives aux moyens plus lents, mais plus sûrs.

— C'est vrai, dit le roi. Mais, mon cher ami de Comines, quelle conclusion tirez-vous de vos prémisses?

— Simplement celle-ci, mon seigneur, répondit le Bourguignon. Votre Majesté, en donnant satisfaction au duc sur les points qui flattent ses idées sur l'honneur et ses désirs de vengeance, peut esquiver quelques-unes des conditions peu acceptables auxquelles j'ai fait allusion, notamment celles qui ont pour objet l'affaiblissement de la France. Celles-là sortiront de sa mémoire et échapperont à son attention; et quand on en fera mention dans les conférences suivantes, il sera possible de les éluder entièrement.

— Je vous comprends, mon bon messire Philippe, mais revenons à notre affaire. Quelles sont les conditions auxquelles il tient le plus, et à propos desquelles la contradiction le rendrait déraisonnable et intraitable?

— Ce sont, s'il plaît à Votre Majesté, toutes celles sur lesquelles Votre Majesté s'aventurerait à le contredire. C'est précisément ce qu'il faut éviter. Sa fureur, déjà bien calmée, s'éteindra d'elle-même faute d'opposition, et vous le trouverez alors plus amical et plus traitable.

— Mais encore, dit le roi, il y doit y avoir quelques demandes particulières auxquelles il tient plus qu'aux autres. Si j'en avais quelque idée, messire Philippe...

— Autant que je puis croire, reprit Comines, il n'y aura pas l'ombre d'un traité possible, si vous ne désavouez pas Guillaume de La Marck et les Liégeois.

— J'ai déjà dit que je les désavouerais; et ils n'auront que ce qu'ils méritent. Les misérables ont commencé leur insurrection à un moment où elle aurait pu me coûter la vie.

— Mais, reprit Comines, le duc Charles demandera à Votre Majesté plus qu'un désaveu. Il exigera votre assistance pour abattre l'insurrection, et la présence de Votre Majesté, pour que vous soyez témoin du châtiment des rebelles.

— Comines, dit le roi, et notre honneur, si nous acceptons !

— Et votre sûreté, si vous refusez, répliqua Comines. Charles est décidé à montrer aux gens de Flandre que ni espoir, ni promesse de secours du côté de la France ne pourra les préserver, dans leurs révoltes, de la colère et de la vengeance de la Bourgogne.

— Mais, messire Philippe, je vais parler sans détour, répondit le roi : si nous pouvions traîner les choses en longueur, est-ce que ces coquins de Liège ne pourraient pas en venir à tenir tête au duc de Bourgogne ? Les drôles sont nombreux et solides; est-ce qu'ils ne pourraient pas tenir contre lui ?

— Avec l'aide des milles archers de France que Votre Majesté leur avait promis, ils auraient pu faire quelque chose. Mais...

— Que je leur avais promis ! s'écria le roi. Hélas ! mon bon Philippe, vous me faites grand tort en parlant ainsi.

— Mais sans lesquels, continua Comines sans tenir compte de l'interruption..., car sans doute Votre Majesté ne trouvera pas convenable de les fournir en ce moment..., sans lesquels, dis-je, les bourgeois n'ont aucune chance de tenir, d'autant plus que les brèches faites à leurs murailles, après la bataille de Saint-Tron, sont encore ouvertes; de sorte que les lances de Hainaut, Brabant et Bourgogne peuvent attaquer par vingt hommes de front.

— Quels idiots imprévoyants ! dit le roi; s'ils ont si peu songé à leur propre sûreté, ils ne sont pas dignes de ma protection. Passons. Ce n'est pas à cause d'eux que j'aurai querelle.

— Le second point, j'en ai peur, touchera plus vivement Votre Majesté, dit Comines.

— Ah ! répliqua le roi : vous voulez parler de cet infernal mariage. Je ne consentirai jamais à rompre le contrat qui lie Jeanne et mon cousin d'Orléans. Ce serait arracher le sceptre de France à moi et à ma postérité, car le pauvre Dauphin est une fleur flétrie, qui ne donnera jamais de fruit. Ce mariage de Jeanne et du duc d'Orléans a été la pensée de mes jours et le rêve de mes nuits. Je te le dis, messire Philippe, il m'est impossible d'y renoncer ! D'ailleurs, c'est inhumain de me demander à moi d'anéantir de ma propre main les plans de ma politique et le bonheur de deux personnes élevées l'une pour l'autre.

— Sont-ils donc si fort attachés l'un à l'autre ? demanda Comines.

— L'un des deux du moins, répondit le roi, et c'est celui qui a droit à toute ma sympathie. Mais vous souriez, messire Philippe. Vous ne croyez donc pas à la force de l'amour ?

— Pardon, sire, s'il vous plaît ; je suis si loin d'être un mécréant, que j'allais vous poser une question : seriez-vous mieux disposé à autoriser un mariage entre le duc d'Orléans et Isabelle de Croye, si je vous affirmais que les préférences de la comtesse sont tournées d'un autre côté, et qu'elle n'acceptera pas le duc d'Orléans ? »

Louis soupira : « Hélas, dit-il, que me parlez-vous de ses préférences ? Eh bien ! à vrai dire, que Louis d'Orléans déteste ou non ma fille Jeanne, il l'aurait quand même épousée, sans cette misérable complication. Comment, dans des circonstances pareilles, cette jeune fille oserait-elle le refuser, lui un fils de France ? Ah non ! Philippe, cette jeune fille n'aura pas l'obstination de refuser un pareil prétendant.

— Votre Majesté peut-être, dans le cas présent, ne rend pas justice au courage obstiné de cette jeune dame. Elle descend d'une race déterminée et volontaire. Je tiens de Crèvecœur qu'elle a une passion romanesque pour un jeune écuyer : il est vrai que ce jeune écuyer lui a rendu de grands services en voyage.

— Ah ! fit le roi, un archer de ma garde, nommé Quentin Durward ?

— Lui-même, je crois, répondit Comines ; il a été fait prisonnier avec la comtesse.

— Maintenant, notre Seigneur et notre Dame, monseigneur saint Martin et monseigneur saint Julien soient loués ! dit le roi ; en même temps, gloire et honneur au savant Galeotti, pour avoir lu dans les étoiles que la destinée de ce jeune homme était liée à la mienne. Si cette jeune fille lui est assez attachée pour résister à la volonté de Bourgogne, ce Quentin m'aura été réellement très utile.

— Monseigneur, si j'en crois Crèvecœur, elle se montrera probablement aussi obstinée que vous pouvez le souhaiter.

— Bon, et maintenant, Philippe, dit le roi, m'avez-vous bien fait connaître toutes les exigences de votre maître ?

— Oui, sire, répondit Comines, toutes celles sur lesquelles il est décidé à insister pour le moment. Mais le duc est si soudain et si emporté que la moindre circonstance peut en faire naître d'autres à l'improviste ; s'il avait, tout d'un coup, des preuves plus convaincantes de vos pratiques (pardonnez-moi le mot, mais je n'ai guère le temps de choisir mes expressions) du côté des Liégeois et de Guillaume de La Marck, le résultat pourrait être terrible. Il nous vient d'étranges nouvelles de ce côté-là; on dit que La Marck a épousé Hameline, l'aînée des comtesses de Croye.

— Cette vieille folle, dit le roi, avait une telle envie de se marier, qu'elle aurait accepté la main de Satan en personne; mais que ce La Marck, tout Sanglier qu'il est, se soit décidé à l'épouser, voilà ce qui me surprend le plus.

— On dit aussi, continua Comines, qu'un envoyé ou héraut de La Mark se dirige sur Péronne. Voilà de quoi rendre le duc fou de rage. J'espère qu'il n'a ni lettres ni rien de pareil à montrer de la part de Votre Majesté?

— Des lettres à un Sanglier! répondit le roi. Non, non, messire Philippe, je n'ai pas été assez sot pour jeter des perles devant des pourceaux. Le peu de rapports que j'ai eus avec lui, a été par des messages verbaux, confiés à des coquins et à des vagabonds si vils et si misérables, que leur témoignage ne serait pas accepté, quand même il ne s'agirait que du pillage d'un poulailler.

— Alors, dit Comines en prenant congé, je n'ai plus qu'une seule chose à vous recommander : que Votre Majesté se tienne sur ses garde, qu'elle se laisse guider par les événements, et surtout qu'elle s'abstienne de toute expression et de tout argument qui serait plus en rapport avec votre dignité qu'avec votre condition présente.

— Si ma dignité, dit le roi, devient gênante pour moi, ce qui ne m'arrive guère quand j'ai de plus puissants intérêts dans l'esprit, je n'aurai qu'à regarder ici près une méchante cellule, et à me rappeler la mort de Charles le Simple. Et maintenant, mon ami et mon conseiller, il faut donc que vous me quittiez? Eh bien, messire Philippe, le temps viendra nécessairement où vous vous lasserez de donner des leçons de politique au taureau de Bourgogne, qui est incapable de suivre un raisonnement. Si Louis de Valois vit encore dans ce temps-là, tu as un ami à la cour de France »

Louis, après avoir regardé longtemps Comines pendant qu'il se retirait, se mit à rire d'un rire amer. « Il se croit vertueux, se dit-il, parce qu'il a résisté à l'appât de l'or, et s'est contenté de flatteries, de promesses et du plaisir de venger un affront fait à sa vanité. Eh bien, pour avoir refusé cet or, il est plus pauvre d'autant, mais non pas plus honnête. Il faut cependant qu'il soit à moi, car c'est la meilleure tête de toute la bande. Maintenant, c'est le tour de son maître! »

CHAPITRE XXXI

L'ENTENTE

La matinée même qui précéda l'entrevue des deux princes au château de Péronne, Olivier le Daim l'employa au service de son maître, en agent habile et zélé. De tous les côtés il intéressa les gens au sort de Louis, soit par des présents, soit par des promesses. Quand la colère du duc éclaterait, il serait entouré de gens plus disposés à éteindre le feu qu'à l'attiser. Là où Olivier pensait que sa personne et ses arguments n'auraient aucun crédit, il employait d'autres serviteurs du roi. C'est ainsi que, grâce au comte de Crèvecœur, il ménagea à lord Crawford, accompagné du Balafré, une entrevue avec Quentin Durward qui, depuis son arrivée à Péronne, avait été maintenu dans une sorte d'emprisonnement honorable. Le prétexte avoué de l'entrevue, c'étaient des affaires privées. Mais il est probable que le comte, craignant de voir l'emportement du duc l'entraîner à quelque violence peu honorable, n'était pas fâché de mettre Crawford à même de faire la leçon au jeune archer, dans l'intérêt du roi.

L'entrevue fut cordiale, et même touchante.

« Tu es un singulier garçon, dit Crawford en caressant la tête de Quentin Durward comme un grand-père caresserait celle de son petit-fils. Certes, vous avez eu autant de chance que si vous étiez né coiffé.

— Voilà ce que c'est, ajouta le Balafré, que d'être entré tout jeune dans la garde écossaise.

— Je crains, dit Quentin en baissant les yeux, de ne pas jouir longtemps de ce privilège; car j'ai l'intention de ne pas continuer à servir dans la garde. »

Le Balafré demeura muet d'étonnement, et une expression de déplaisir apparut sur la figure ridée de Crawford.

« Ne pas continuer à servir dans la garde ! Jamais on n'a eu idée d'une chose pareille ! s'écria le Balafré, qui avait recouvré la parole. Je ne quitterais pas ma place, moi, pour celle de connétable de France.

— Chut ! Ludovic, dit Crawford; ce jeune homme sait ce qu'il a à faire pour réussir, mieux que nous autres, vieux soldats à l'ancienne mode. Son voyage lui a appris quelques jolies petites histoires sur le compte du roi Louis, et il se fait Bourguignon pour en tirer son petit profit, en les racontant au duc Charles.

— Si je croyais cela, s'écria le Balafré, je lui couperais la gorge de ma propre main, fût-il cinquante fois le fils de ma sœur!

— Mais, mon beau parent, s'écria Quentin, vous commenceriez par vous assurer que je mérite ce traitement; et vous, mylord, vous savez que je ne suis pas de ceux qui s'en vont racontant des histoires; ni question, ni torture ne tirerait un mot de moi au préjudice du roi Louis, sur ce qui a pu venir à ma connaissance pendant que j'étais à son service. Le serment que j'ai prêté en entrant dans la garde, je le tiendrai scrupuleusement. Mais je ne veux pas rester de service là où, en outre des périls de la lutte à visage découvert contre mes ennemis, j'ai à craindre des embuscades de la part de mes amis.

— Jeune homme, dit Crawford, je devine à peu près ce que vous voulez dire. Vous avez trouvé de la tricherie au cours du voyage entrepris par ordre du roi, et vous croyez avoir quelque raison de le soupçonner d'y avoir été pour quelque chose.

— J'ai eu affaire à des traîtres pendant que j'exécutais la commission du roi, reprit Quentin, mais j'ai eu la bonne fortune de déjouer la trahison. Que le roi soit innocent ou non dans cette affaire, je laisse cela à Dieu et à sa conscience. Il m'a nourri quand j'avais faim, et il m'a accueilli quand je n'étais qu'un étranger sans asile. Dans son malheur, je n'irai pas le charger d'accusations qui, après tout, peuvent être fausses car ceux de qui je tiens le récit des faits n'étaient que de vils misérables.

— Mon cher garçon, mon enfant, dit Crawford en le pressant dans ses bras, vous avez les sentiments d'un vrai Écossais. Vous savez oublier vos griefs envers un ami malheureux, et ne vous souvenir que de sa bonté.

— Puisque lord Crawford a embrassé mon neveu, dit Ludovic Lesly, il faut que je l'embrasse aussi.

— Tais-toi, Ludovic, repartit Crawford. Et maintenant, dis-moi, Quentin mon ami, le roi a-t-il connaissance de cette brave résolution, si chrétienne et si virile? Car, le pauvre homme, dans la peine où il est, a besoin de savoir sur quoi compter. Ah! s'il avait seulement amené toute la brigade des gardes avec lui! Mais que la volonté de Dieu soit faite! Connaît-il vos intentions? Croyez-vous?

— Je n'en sais trop rien, répondit Quentin, mais j'ai assuré à son savant astrologue, Martius Galeotti, que j'étais décidé à ne rien dire qui pût faire du tort au roi Louis auprès du duc de Bourgogne. Ce que je soupçonne (avec votre permission), je ne le communiquerai pas même à Votre Seigneurie. Quant au philosophe, je me suis bien gardé de lui faire aucune confidence.

— Ah!... oui! répondit lord Crawford. Olivier m'a dit, en effet, que Galeotti avait été très net dans ses prédictions au sujet de la conduite que vous tiendriez. Je suis heureux de savoir qu'il avait pour cela une meilleure autorité que les étoiles. Que Dieu vous bénisse, mon garçon; et réfléchissez-y à deux fois avant de quitter notre corps; car je crois qu'il y aura d'ici peu de bons coups à donner, non pas dans une embuscade, mais à la clarté du soleil.

— Ma bénédiction aussi, neveu, dit Ludovic Lesly; car du moment que mon noble capitaine est satisfait, je le suis aussi, comme c'est mon devoir.

— Arrêtez, mylord, reprit Quentin, et il emmena Crawford à quelques pas de son oncle. Voici, dit-il, une chose que je ne dois pas oublier. Il y a une autre personne à qui j'ai raconté les détails qu'il est bon de taire, à cause du roi. Cette personne peut penser qu'elle n'est pas tenue au secret comme moi, qui suis soldat du roi et qui lui dois de la reconnaissance pour sa bonté. Cette dame...

— Une dame! s'écria Crawford; s'il y a une femme dans le secret, merci de nous; qu'allons-nous devenir?

— Ne craignez rien, répondit Durward; usez seulement de votre influence sur le comte de Crèvecœur, pour que je puisse voir la comtesse Isabelle de Croye : c'est elle qui possède mon secret. Je lui persuaderai, j'en suis sûr, d'être aussi discrète que moi. »

Le vieux soldat rêva assez longtemps, les yeux fixés tantôt sur le plafond, tantôt sur le plancher. A la fin, il dit : « Sur mon honneur, il y a dans tout cela quelque chose que je ne comprends pas. La comtesse Isabelle de Croye! Une entrevue avec une dame d'un si haut rang..., et toi, un jeune garçon écossais, à peine dégrossi, tu es si sûr d'obtenir d'elle ce que tu demandes! Mon jeune ami, ou bien vous nous en faites accroire, ou vous avez bien employé le temps du voyage. Mais, par la croix de saint André! je vais te recommander à Crèvecœur; et comme il craint de voir le duc aller beaucoup trop loin dans sa vengeance, j'espère qu'il t'accordera ta requête, une requête bien drôle, sur mon honneur! »

En parlant ainsi avec un haussement d'épaules, le vieux lord sortit, suivi de Ludovic Lesly. Celui-ci, pour se conformer aux allures de son supérieur, prit un air de profond mystère, quoiqu'on ne l'eût mis au courant de rien.

Au bout de quelques minutes, Crawford revint, mais seul cette fois. Le vieux soldat semblait être dans une singulière disposition d'esprit, riant et ricanant tout seul, et secouant la tête, comme à l'idée d'une chose qu'il condamnait, mais qu'il ne pouvait s'empêcher de trouver d'un comique irrésistible.

« Ma foi, compatriote, dit-il, vous n'y allez pas par quatre chemins, et comme dit le proverbe, si vous perdez belle dame, ce ne sera pas par faiblesse de courage ! Crèvecœur, en écoutant votre requête, avait l'air de boire une coupe de vinaigre. Ensuite il a juré par tous les saints de la Bourgogne que, s'il n'y avait en jeu l'honneur de deux princes et la paix de deux royaumes, vous n'auriez vu ni la comtesse, ni même l'empreinte de son pas sur la poussière. Peut-être songe-t-il à son neveu, le comte Étienne. Une comtesse ! ne sauriez-vous en rabattre ? Venez. L'entrevue doit être courte, mais je vous crois homme à bien profiter du temps. »

Durward suivit Crawford, sans dire un mot, jusqu'au couvent des Ursulines où logeait la comtesse Isabelle. Il trouva le comte de Crèvecœur au parloir.

« Ainsi, mon jeune galant, dit sévèrement le comte, il faut, paraît-il, que vous voyiez encore une fois la compagne de votre romanesque expédition ?

— Oui, monseigneur le comte, répondit Quentin d'une voix ferme, et, qui plus est, il faut que je la voie seule.

— Jamais ! s'écria le comte de Crèvecœur. Lord Crawford, je vous prends pour juge. Cette jeune dame, la fille de mon ancien ami et compagnon d'armes, la plus riche héritière de Bourgogne, a confessé une sorte de... qu'est-ce que j'allais dire !... bref, c'est une sotte, et votre homme d'armes est un faquin présomptueux. En un mot, ils ne se verront pas sans témoins.

— Alors, je ne dirai pas un seul mot à la comtesse en votre présence, reprit Quentin au comble de la joie. Vous m'en avez dit plus que je n'aurais osé espérer, tout présomptueux faquin que je suis.

— Oui, c'est la vérité, mon ami, dit Crawford. Vous avez eu la langue trop longue ; et, puisque vous vous en rapportez à moi, considérant qu'il y aura entre eux une belle grille bien solide, laissez-les se parler sans témoins. La vie d'un roi et de plusieurs milliers d'hommes dépend de votre complaisance. Venez. »

En parlant ainsi, il entraîna vers le couvent Crèvecœur, qui le suivit de fort mauvaise grâce, lançant tout le temps des regards furieux au jeune archer.

Aussitôt après leur arrivée, la comtesse Isabelle entra de l'autre côté de la grille. A peine eut-elle aperçu Quentin seul dans le parloir qu'elle s'arrêta tout court, les yeux baissés. Enfin elle dit : « Au fait, pourquoi me montrerais-je ingrate parce que d'autres sont injustement soupçonneux ? Mon ami..., mon sauveur, mon seul ami fidèle et constant ! »

En parlant ainsi, elle lui tendit la main entre deux barreaux. Quentin déposa sur cette main un baiser respectueux.

« Quentin, dit-elle, si nous devions jamais nous revoir, je ne vous permettrais pas une pareille folie ! »

Alors, reculant d'un pas, elle demanda, non sans embarras, au jeune Ecossais ce qu'il attendait d'elle.

« Car je sais que vous avez une requête à m'adresser : je l'ai appris du vieux lord écossais, qui est venu ici il y a un instant avec mon cousin de Crèvecœur. Que me demandez-vous ?

— Votre pardon pour un homme qui, dans l'intérêt de ses projets égoïstes, s'est conduit comme votre ennemi.

— J'espère pardonner à tous mes ennemis, répondit Isabelle. Mais, Durward, à travers quelles scènes terribles votre courage et votre présence d'esprit m'ont protégée ! Cette salle ensanglantée..., le bon évêque... Jusqu'à hier j'ai ignoré la moitié des horreurs dont j'avais été témoin, sans m'en douter.

— N'y pensez plus, dit Quentin, qui avait vu une pâleur mortelle succéder sur le visage de la comtesse à la rougeur des premiers instants de l'entrevue. Ne regardez pas en arrière, mais envisagez bravement l'avenir, comme les voyageurs qui s'avancent sur une route pleine de périls. Ecoutez-moi. Tout ce que le roi Louis mérite de votre part, c'est d'être proclamé le plus perfide et le plus astucieux des rois. Mais si vous l'accusiez en ce moment d'avoir favorisé votre fuite; plus, encore, d'avoir médité le plan qui devait nous livrer à La Marck, vous l'exposeriez à perdre la vie, ou tout au moins la couronne; dans tous les cas, vous susciteriez entre la France et la Bourgogne la guerre la plus sanglante qu'elles aient jamais soutenue l'une contre l'autre.

— Ces malheurs n'arriveront pas par ma faute, s'il est possible de les prévenir, dit la comtesse Isabelle. Un mot de vous suffirait pour me faire renoncer à toute vengeance, si j'étais vindicative. Me serait-il possible de me rappeler les injures du roi Louis après vos inappréciables services? Mais comment dois-je m'y prendre? Quand je serai appelée devant mon souverain le duc de Bourgogne, il me faudra ou garder le silence, ce qui ressemblerait à de l'obstination, ou dire la vérité; vous ne voudriez pas me conseiller de mentir!

— Assurément non, dit Durward; mais bornez votre témoignage, en ce qui concerne Louis, aux choses que vous savez positivement, et par vous-même, être la vérité. Quand vous redirez ce que l'on vous a raconté, si plausible que ce soit, ne le mentionnez que comme un ouï-dire. Le conseil de Bourgogne ne peut pas refuser à un monarque la justice que, dans mon pays, on n'hésite pas à rendre à l'accusé le plus humble. On peut le considérer comme innocent jusqu'à preuve du contraire.

— Je crois vous comprendre, répondit la comtesse Isabelle.

— Je vais m'expliquer plus clairement encore, dit Quentin. Mais la cloche du couvent le força d'abréger ses explications.

— Ceci, dit la comtesse, c'est le signal de notre séparation, de notre séparation éternelle. Mais, Durward ne m'oubliez pas. Moi, je ne vous oublierai jamais, non plus que vos fidèles services...»

Alors elle lui tendit la main, et pour la seconde fois il y déposa un baiser respectueux.

CHAPITRE XXXII
L'ENQUETE

Au premier tintement de la cloche qui convoquait au conseil les grands seigneurs de Bourgogne et les quelques pairs de France qui se trouvaient à Péronne, Charles, escorté de soldats armés de pertuisanes et de haches d'armes, fit son entrée dans la salle de la Tour d'Herbert. Le roi Louis, qui l'attendait, se leva et fit deux pas vers lui. Ensuite il demeura immobile, avec cet air de dignité qu'il savait si bien prendre quand il le jugeait nécessaire, en dépit de la vulgarité de son costume et de la familiarité de ses allures. Dans cette circonstance si importante, le calme de ses manières produisait un effet visible sur son rival, qui, entré d'abord d'un pas brusque et pressé, prit une démarche qui convenait mieux à un grand vassal admis en la présence de son souverain.

Mais il avait beau se contraindre aux actes extérieurs et, dans une certaine mesure, au langage de la courtoisie et du respect, il changeait de couleur à chaque instant; sa parole était brusque, rauque, entrecoupée; il tremblait de tout son corps sous l'effort de la contrainte qu'il s'imposait; il se mordait les lèvres jusqu'au sang; chaque mouvement, chaque regard prouvait que le prince le plus irritable qui fût jamais était sous l'empire d'un de ses plus violents accès de fureur.

Le roi suivait d'un œil calme et intrépide cette lutte de la passion et de la volonté. Si l'aspect du duc lui donnait, pour ainsi dire, un avant-goût de la mort, dont il avait peur comme homme et comme pécheur, il avait pourtant résolu de lutter jusqu'au bout. Aussi, lorsque le duc d'une voix rauque et entrecoupée lui présenta quelque excuse sur l'incommodité de son logement, il répondit en souriant qu'il n'avait pas lieu de se plaindre, puisque la Tour d'Herbert était jusque-là pour lui une résidence meilleure qu'elle ne l'avait été pour un de ses ancêtres.

« Alors, on vous a conté la tradition? dit Charles... Oui, c'est là qu'il a été tué..., parce qu'il refusait de prendre le froc et de finir ses jours dans un monastère.

— Il n'en a été que plus sot, dit Louis avec une affectation d'indifférence, puisqu'il a souffert la mort d'un martyr sans avoir le mérite d'être un saint.

— Je viens, reprit le duc, prier Votre Majesté d'assister à un grand conseil où il sera délibéré sur des choses graves qui importent au bien de la France et de la Bourgogne. Vous allez présentement en prendre connaissance..., c'est-à-dire si tel est votre bon plaisir.

— Non, non, beau cousin, ne poussez pas la courtoisie jusqu'à prier là où vous avez le droit de commander hardiment. Au conseil..., puisque tel est le bon plaisir de Votre Grâce. Notre suite n'est pas brillante, ajouta-t-il en regardant la petite escorte qui se mettait en ordre pour l'accompagner; mais vous, cousin, vous brillerez pour deux. »

Sous la conduite de Toison d'Or, le chef des hérauts de Bourgogne, les princes quittèrent la Tour d'Herbert et descendirent dans la cour. D'un coup d'œil Louis vit qu'elle était remplie par la garde du duc et par des hommes d'armes en équipage magnifique, tous sous les armes, en ordre de bataille. Après avoir traversé la cour, ils entrèrent dans la salle du conseil. Deux fauteuils d'honneur avaient été placés sous un même dais : celui du roi était de deux marches plus élevé que celui du duc. Une vingtaine environ des personnages les plus importants de la noblesse avaient place, par ordre de préséance, des deux côtés du dais. De sorte que quand les deux princes furent assis, celui qui allait passer en jugement occupait la place d'honneur et semblait présider l'assemblée.

Le duc Charles, adressant un léger salut du côté du fauteuil royal, ouvrit brusquement la séance par le discours suivant :

« Mes bons vassaux et conseillers, vous n'ignorez pas quels troubles se sont élevés dans nos États, du temps de notre père et de notre temps aussi, par la rébellion des vassaux contre leurs supérieurs et des sujets contre leurs princes. Tout dernièrement, nous avons pu juger de la profondeur du mal par la fuite scandaleuse de la comtesse Isabelle de Croye et de sa tante la dame Hameline, qui sont allées chercher un refuge auprès d'une puissance étrangère, renonçant par ce seul fait à leur féauté envers nous et encourant la forfaiture de leurs fiefs. Un autre exemple, plus terrible et plus déplorable, c'est le meurtre sacrilège de notre bien-aimé frère et allié l'évêque de Liège, et la révolte de cette perfide cité, qui n'avait pas été suffisamment châtiée lors de sa dernière rébellion. On nous a informé que la cause de ces tristes événements semble remonter non pas seulement à la folie et à la légèreté de deux femmes, ou à la présomption de quelques riches bourgeois, mais à l'intervention d'une puissance étrangère et à l'action d'un puissant voisin, de qui la Bourgogne aurait dû attendre une amitié sincère et dévouée. Si les faits sont prouvés, ajouta le duc en grinçant des dents et en frappant du pied, quelle considération pourrait nous empêcher, puisque nous en avons les moyens, de couper le mal dans sa racine? »

En commençant son discours, le duc était à peu près calme; mais peu à peu il avait élevé la voix. La dernière phrase fut prononcée d'un ton qui fit trembler les conseillers et pâlir Louis, l'espace d'un moment. Il rappela aussitôt son courage et prit la parole à son tour, avec tant d'aisance et de calme, que le duc, malgré son désir de l'interrompre ou de l'arrêter, n'en put trouver l'occasion.

« Nobles de France et de Bourgogne, dit le roi, chevaliers du Saint-Esprit et de la Toison d'Or! puisque un roi en est réduit à plaider sa cause comme un simple accusé, il ne peut souhaiter des juges plus distingués que la fleur de la noblesse et l'honneur de la chevalerie. Notre beau cousin de Bourgogne a rendu plus obscur le point du débat, en ce que sa courtoisie l'a empêché de l'établir en termes clairs et précis. Moi, qui n'ai pas de motifs pour être aussi discret, ou plutôt à qui ma situation ne me permet pas de l'être, je demande la permission d'aller droit au fait. C'est à Nous, messeigneurs, à Nous, son seigneur suzerain, son parent, son allié..., que des circonstances fâcheuses, altérant son jugement et son bon naturel, l'ont amené à faire remonter l'odieuse accusation d'avoir détourné ses vassaux de leur allégeance, poussé les gens de Liège à la révolte et excité ce bandit de Guillaume de La Marck à commettre un meurtre cruel et sacrilège! Nobles de France et de Bourgogne, je pourrais, en toute vérité, faire appel à la situation même où je me trouve et qui réfute à elle seule l'accusation portée contre moi. Peut-on supposer qu'un homme dans son bon sens serait venu se placer sans réserve en la puissance du duc de Bourgogne, au moment même où il usait de trahison envers lui, sûr d'être découvert, et une fois découvert, de se trouver, comme je le suis, à la merci d'un prince justement irrité? Je ne doute pas que, parmi ceux qui ont participé à cette horrible trahison de Schonwaldt... il ne se soit trouvé des misérables pour abuser de mon nom... Suis-je donc responsable, moi qui ne leur ai pas donné le droit de s'en servir? Si deux sottes femmes, sous prétexte d'un mécontentement romanesque, ont cherché un refuge à ma cour, s'ensuit-il que c'est moi qui les y ai appelées ? On découvrira, en faisant une enquête, que, puisque l'honneur et un sentiment chevaleresque m'empêchaient de les renvoyer prisonnières à la cour de Bourgogne (et personne, je pense, gentilshommes, parmi ceux qui portent ces ordres ne suggérerait une pareille conduite), je me suis rapproché de ce point autant que possible, en les plaçant entre les mains du vénérable père en Dieu, qui est maintenant un saint dans les cieux. » En prononçant ces paroles, Louis parut très affecté et porta son mouchoir à ses yeux. « Entre les mains, dis-je, d'un membre de ma propre famille, et plus étroitement lié encore à la maison de Bourgogne. C'était un homme qui par sa situation, son haut rang dans l'Eglise, et hélas ! ses nombreuses vertus, avait qualité pour protéger temporairement ces malheureuses femmes errantes, et pour servir de médiateur entre elles et leur seigneur suzerain. Donc les seules circonstances qui semblent à mon frère de Bourgogne, incomplètement renseigné, justifier d'indignes soupçons contre moi, sont de nature à être interprétées d'après les motifs les plus loyaux et les plus honorables. J'ajoute ceci, on ne peut pas avancer l'ombre d'une preuve pour étayer les injustes accusations qui ont poussé mon frère de Bourgogne à tourner des regards irrités vers celui qui est venu à lui avec la pleine confiance de l'amitié..., à changer la salle du festin en une cour de justice et sa demeure hospitalière en une prison.

— Mon seigneur, mon seigneur ! s'écria le duc de Bourgogne aussitôt que Louis s'arrêta, que vous soyez ici juste au moment où, par une fatale coïncidence, éclatent vos projets, je ne me l'explique que par cette supposition que ceux qui font métier d'en imposer aux autres se trompent quelquefois eux-mêmes d'une façon extraordinaire. Pour le reste, tout dépendra de l'issue de cette enquête solennelle. Que l'on introduise la comtesse Isabelle de Croye. »

La jeune dame fut introduite, soutenue d'un côté par la comtesse de Crèvecœur, qui avait reçu à cet effet les instructions de son mari, de l'autre par l'abbesse du couvent des Ursulines. A sa vue, Charles s'écria avec sa rudesse habituelle de ton et de manières :

« Hola ! ma douce princesse ! Voilà une belle équipée ! que pensez-vous du beau gâchis que vous avez fait entre deux grands princes, entre deux puissants pays, qui ont failli en venir aux mains pour votre figure de petite fille ? »

La présence d'un public nombreux et la violence des manières de Charles empêchèrent la comtesse Isabelle de mettre à exécution la résolution qu'elle avait formée de se jeter aux pieds du duc, de le supplier de prendre ses fiefs et de la laisser se retirer dans un couvent. La comtesse de Crèvecœur, dont le courage égalait la naissance, et qui était encore fort belle malgré son âge, jugea nécessaire d'intervenir : « Mon seigneur le duc, dit-elle, ma belle cousine est sous ma protection. Je sais mieux que Votre Grâce comment on doit se conduire avec les femmes; et nous allons nous retirer immédiatement si vous ne prenez pas un ton et un langage mieux en rapport avec notre rang et avec notre sexe. »

Le duc lui répondit par un éclat de rire. « Crèvecœur, dit-il, ta débonnaireté a fait de la comtesse une dame bien accrêtée; mais ce ne sont pas là mes affaires. Qu'on donne un siège à cette jeune fille; bien loin d'être son ennemi, je lui destine les plus hautes grâces et les plus grands honneurs. Asseyez-vous, madame, et dites-nous tout à votre aise quel diable vous a poussée à fuir de votre pays natal et à embrasser la profession d'aventurière. »

Non sans effort, et non sans de nombreuses interruptions, Isabelle confessa que, absolument opposée à un mariage que lui proposait le duc de Bourgogne, elle avait nourri l'espoir d'obtenir la protection de la cour de France.

— Et du roi de France aussi, dit Charles. Cette protection-là sans doute vous en étiez bien assurée ?

— Je m'en croyais du moins assurée, dit la comtesse Isabelle; autrement, je n'aurais pas fait une démarche aussi décisive. » Alors Charles regarda Louis avec un sourire d'une inexprimable amertume; le roi soutint son regard avec la plus grande fermeté; seulement ses lèvres blêmirent. « Mais, reprit la comtesse Isabelle après une courte pause, mon opinion au sujet des intentions du roi Louis s'était formée sur celle de mon infortunée tante Hameline, et la sienne provenait des insinuations et affirmations de certains personnages qui, je l'ai découvert depuis, étaient les traîtres les plus vils et les misérables les plus perfides du monde. » En peu de mots elle raconta ce qu'elle avait appris de la perfidie de Marthon et d'Hayreddin Maugrabin; elle ne doutait pas que Zamet Maugrabin, celui qui leur avait conseillé de fuir, ne fût capable de toutes les trahisons, et n'eût pris, sans autorisation, le caractère d'agent de Louis.

Elle raconta alors l'histoire de sa fuite, depuis le moment où elle avait quitté le territoire de Bourgogne, en compagnie de sa tante, jusqu'à la prise de Schonwaldt, après laquelle elle s'était remise aux mains du comte de Crèvecœur. Toute l'assistance demeura silencieuse; quant à Charles, il tenait baissés ses farouches yeux noirs, cherchant un prétexte pour donner un libre cours à sa colère, et n'en trouvant aucun qui pût le justifier à ses propres yeux. « La taupe, dit-il enfin en levant les yeux, n'en trace pas moins sa route souterraine sous nos pieds, quoique nous ne puissions la prendre sur le fait, encore que nous soyons sûrs de ses mouvements. Cependant je voudrais apprendre du roi Louis pourquoi il entretenait ces deux dames à sa cour, puisqu'elles n'y étaient pas venues sur son invitation!

— Je ne les ai pas entretenues si brillamment, beau cousin, répondit le roi. Par compassion, oui, je les ai reçues en particulier; mais j'ai saisi la première occasion de les placer sous la protection de feu l'excellent évêque votre allié, et qui était mieux à même que moi ou que tout autre prince séculier de concilier la protection due à des fugitives avec le devoir d'un souverain envers son allié. Je demande hardiment à cette jeune dame si ma réception a été cordiale, ou si elle n'a pas été, au contraire, de nature à leur faire exprimer le regret d'avoir cherché un refuge à ma cour?

— Elle a été si loin d'être cordiale, répondit la comtesse, que j'ai été amenée à me demander s'il était possible que Votre Majesté nous eût réellement invitées, comme le prétendaient vos soi-disant agents; car, à supposer qu'ils eussent été dûment autorisés, la conduite de Votre Majesté n'était pas celle que l'on devait attendre d'un roi, d'un chevalier, d'un gentilhomme. »

En parlant ainsi, la comtesse tourna ses regards vers Louis avec une expression qui était probablement celle du reproche; mais Louis était à l'épreuve de ces regards-là. Au contraire, d'un geste lent de ses deux mains ouvertes, il sembla, en regardant autour de lui, faire un triomphant appel à tous les assistants sur le témoignage que la comtesse, par sa réponse, venait de rendre à son innocence.

Le duc cependant lui lança un regard où l'on voyait bien que, s'il était réduit au silence, il était loin de se tenir pour satisfait; tout à coup il dit brusquement à la comtesse : « M'est avis, belle madame, que, dans le récit de vos aventures, vous avez complètement oublié certaines circonstances romanesques... Holà; voilà déjà que vous rougissez!... Certains chevaliers de la forêt n'auraient-ils point troublé votre repos? Eh bien! cet incident est venu à nos oreilles, et nous en pouvons présentement tirer quelque chose. Dites-moi, roi Louis, ne ferions-nous pas bien, avant que cette Hélène errante ait fait ses captifs de quelques autres rois, de lui ménager une alliance digne d'elle ? »

Le roi Louis savait bien quelle désagréable proposition l'autre allait lui faire; néanmoins, sans rien dire, il acquiesça d'un signe aux paroles de Charles; quant à la comtesse, l'extrémité même où elle se voyait réduite lui rendit tout son courage. Quittant le bras de la comtesse de Crèvecœur, elle s'avança timidement, mais avec un air de dignité et, s'agenouillant devant le duc, elle lui parla ainsi : « Noble duc de Bourgogne, et mon seigneur suzerain, je reconnais la faute que j'ai commise en quittant vos domaines sans votre gracieuse permission, et je me soumettrai très humblement à toute peine qu'il vous plaira de m'infliger. Je mets mes terres et mes châteaux à votre disposition, et ne demande à votre bonté qu'une faveur, en souvenir de mon père : accordez à la dernière de la famille de Croye, sur sa grande fortune, juste de quoi lui permettre de vivre dans un couvent le reste de sa vie.

« — Que pensez-vous, sire, de la demande de cette jeune personne ? dit le duc à Louis.

— C'est une demande sainte et humble, répondit le roi, un de ces appels de la grâce auxquels on ne doit ni résister ni mettre obstacle.

— Les humbles seront élevés, reprit Charles. Levez-vous, comtesse Isabelle. Nous voulons faire en votre faveur mieux que vous n'avez rêvé pour vous-même. Nous n'avons dessein ni de séquestrer vos biens, ni de vous priver de vos honneurs, au contraire.

— Hélas ! mon seigneur, s'écria la comtesse, toujours à genoux; c'est cette bonté même que je redoute encore plus que le déplaisir de Votre Grâce, puisqu'elle me contraint...

— Saint Georges de Bourgogne ! s'écria le duc Charles, est-ce que notre volonté va être foulée aux pieds, et nos ordres seront-ils discutés en toute rencontre ? Levez-vous, dis-je, belle mignonne, et retirez-vous pour le moment. Quand nous aurons le temps de nous occuper de toi, nous arrangerons les choses de telle façon que, Tête-Saint-Gris ! il te faudra bien obéir, ou dire pourquoi. »

Malgré la dureté de cette réponse, la comtesse Isabelle demeura à ses pieds; et peut-être son obstination allait-elle lui attirer quelque parole encore plus dure, lorsque la comtesse de

Crèvecœur, qui connaissait bien l'humeur du prince, fit relever sa jeune amie et l'emmena hors de la salle.

Ce fut ensuite au tour de Quentin Durward d'être introduit. Il se présenta devant les deux princes avec l'assurance modeste d'un jeune homme bien né et bien élevé, qui sait rendre honneur à qui de droit, mais sans se laisser ni intimider ni troubler. Son oncle lui avait fourni les moyens de s'armer et de s'équiper en archer de la garde écossaise, et la richesse du costume faisait ressortir sa beauté et sa bonne mine. Son extrême jeunesse prévint tout de suite les conseillers en sa faveur. D'autant plus que l'on ne pouvait guère soupçonner le sagace Louis d'avoir choisi un si jeune confident pour ses intrigues politiques. Sur l'ordre du duc, et avec l'assentiment de Louis, Quentin rendit compte de son voyage avec les dames de Croye jusqu'aux approches de Liège. Il avait résumé d'abord les instructions du roi, qui étaient d'escorter ces dames et de veiller à leur sûreté jusqu'au château de l'évêque.

— Et vous avez obéi à mes ordres en conséquence ? demanda le roi.

— Oui, sire, répondit l'Ecossais.

— Vous omettez une circonstance, dit le duc. Vous avez été attaqué en route par deux chevaliers errants.

— Ce n'est pas à moi qu'il convient de parler de cet incident, répondit le jeune homme, qui rougit ingénument.

— Mais c'est à *moi* qu'il convient de ne pas l'oublier, dit le duc d'Orléans. Ce jeune homme s'est bravement acquitté de sa mission, et a tenu sa parole d'une manière que je n'oublierai de longtemps. Venez me voir à mon appartement, archer, quand nous en aurons fini; tu verras que je n'oublie pas ta belle conduite, et que je suis heureux de te voir aussi modeste que brave.

— Et viens me voir aussi, dit Dunois. J'ai un casque pour toi, car je crois que je t'en dois bien un. » Quentin leur adressa un profond salut, et l'enquête reprit son cours. Sur l'ordre du duc Charles, Quentin produisit les instructions écrites qu'il avait reçues.

— Soldat, dit le duc, avez-vous suivi ces instructions à la lettre ?

— Non, s'il plaît à Votre Grâce, répondit Quentin; elles m'enjoignaient, comme vous pouvez le voir, de traverser la Meuse près de Namur, tandis que j'ai continué à suivre la rive gauche, parce que c'était la route la plus courte et la plus sûre pour gagner Liège.

— Et pourquoi ce changement ? demanda le duc.
— Parce que je commençais à douter de la fidélité de mon guide, répondit Quentin.
— Maintenant, attention aux questions que je vais t'adresser, dit le duc. Réponds la vérité, sans craindre le ressentiment de qui que ce soit. Mais si tu te coupes dans tes réponses, je te ferai pendre vivant avec une chaîne de fer au clocher des Halles, et tu souhaiteras longtemps la mort avant qu'elle vienne te délivrer. »

Ces paroles furent suivies d'un profond silence. A la fin, ayant donné au jeune homme tout le temps de réfléchir à la situation où il se trouvait placé, le duc lui demanda quel était son guide, qui le lui avait fourni, et comment il avait été amené à le soupçonner. Quentin répondit que ce guide était Hayreddin Maugrabin, le Bohémien; que ce guide lui avait été recommandé par Tristan l'Hermite, et que ce qui avait éveillé ses soupçons, c'était sa conduite au couvent des Franciscains, près de Namur. Et il raconta les faits : comment le Bohémien avait été chassé de la maison sainte; comment il l'avait suivi jusqu'à un endroit où il avait rendez-vous avec un lansquenet de Guillaume de La Marck; et comment il les avait entendus arranger un complot pour surprendre les dames qu'il avait sous sa protection.

— Maintenant, écoute bien, dit le duc, et une fois de plus rappelle-toi que ta vie dépend de ta véracité. Est-ce que ces drôles ont prétendu être autorisés par le roi... je veux dire le roi Louis de France, à surprendre l'escorte et à enlever les deux dames ?
— Quand bien même j'aurais entendu ces infâmes gredins tenir un pareil propos, comment aurais-je pu les croire, ayant la parole du roi lui-même à opposer à la leur ? »

Louis, qui jusque-là avait écouté avec la plus sérieuse attention, ne put s'empêcher de pousser un profond soupir, comme un homme à qui l'on vient d'ôter un poids de dessus le cœur. Le duc parut déconcerté et de mauvaise humeur. Revenant à la charge, il précisa et multiplia ses questions, pour savoir si, d'après la conversation de ces hommes, il n'avait pas compris que leurs complots pussent avoir la sanction du roi Louis.

— Je le répète, je n'ai rien entendu qui fût de nature à me le faire croire », répondit le jeune homme. Au fond il croyait que Louis était de connivence avec Hayreddin; mais il aurait cru manquer à ses serments d'allégeance en faisant part de ses soupçons personnels sur ce sujet « Et si, ajouta-t-il, j'avais entendu des gens de cette espèce se permettre une semblable assertion, leur témoignage ou rien c'eût été la même chose en regard des instructions du roi lui-même.

— Tu es un fidèle messager, dit le duc en ricanant, et j'ose dire qu'en obéissant aux intructions du roi tu as trompé son attente. Ta fidélité obstinée t'aurait coûté cher, si la suite des événements ne l'avait pas transformée en un service important.

— Je ne vous comprends pas, mon seigneur, reprit Quentin Durward; tout ce que je sais, c'est que mon maître Louis m'a envoyé pour protéger ces dames, et que je les ai protégées en conséquence, dans la mesure de mes forces; soit pendant le voyage de Schonwaldt, soit au milieu des événements qui ont suivi, j'ai compris que les instructions du roi étaient honorables, et je les ai exécutées honorablement; si elles eussent été autres, elles n'auraient convenu ni à mon nom ni à ma nationalité.

— *Fier comme un Ecossais* », dit Charles. La réponse de Durward l'avait certainement désappointé, mais il n'était pas assez injuste pour le blâmer de sa hardiesse. « Ecoute, archer, reprit-il : en vertu de quelles instructions as-tu paradé dans les rues de Liège, comme nous l'ont appris certains fugitifs de Schonwaldt, à la tête de ces mutins qui ont ensuite assassiné leur prince et père spirituel ? Et quelle est cette harangue que tu as prononcée, immédiatement après le meurtre, et où tu as pris la qualité d'agent de Louis ?

— Mon seigneur, répondit Quentin, bien des gens peuvent attester que je n'ai point pris, dans les rues de Liège, la qualité d'envoyé de France; mais qu'elle m'a été imposée par les gens de la ville, en dépit de toutes mes dénégations. Une fois de retour au château, j'ai raconté la chose aux domestiques de l'évêque; je leur ai recommandé de prendre garde; et s'ils m'avaient écouté, peut-être les horreurs de la nuit suivante n'auraient-elles pas eu lieu. D'autre part, il est parfaitement vrai que, dans un danger extrême, je me suis prévalu de ce prétendu titre et de l'influence qu'il me donnait, pour sauver la comtesse Isabelle, pour protéger ma propre vie, et autant que possible, pour refréner la rage de verser le sang qui avait déjà éclaté dans une circonstance semblable. Je répète, et je soutiendrai contre tout venant, que je n'avais de commission d'aucune espèce de la part du roi pour les gens de Liège, encore moins des instructions pour les pousser à la révolte; et finalement, lorsque je me suis prévalu de ce prétendu caractère, c'est comme si je m'étais saisi d'un bouclier, dans un moment critique, et comme si j'en avais usé pour ma défense et celle des autres, sans me demander si, oui ou non, j'avais droit aux armoiries peintes sur ce bouclier.

— Et en cela, dit Crèvecœur, incapable de garder plus longtemps le silence, mon jeune prisonnier a agi avec autant de courage que de bon sens, et ce qu'il a fait ne pourrait être sans injustice imputé à blâme au roi Louis. »

Il y eut, parmi la noble assemblée, un murmure d'assentiment, qui réjouit le cœur de Louis et dont Charles fut profondément mortifié. Il roula des yeux irrités tout autour de lui; et les sentiments exprimés par ses plus puissants vassaux et ses plus sages conseillers ne l'eussent pas empêché peut-être de lâcher la bride à son caractère violent et despotique; mais Comines, qui prévit le danger, le prévint en annonçant à l'improviste un héraut de la ville de Liège.

« Un héraut envoyé par des tisserands et par des cloutiers? s'écria le duc; mais qu'on l'introduise à l'instant. Par Notre-Dame! j'en apprendrai dudit héraut, sur les projets et les espérances de ceux qui l'envoient, plus que ce jeune homme d'armes écossais-français ne semble disposé à m'en dire! »

CHAPITRE XXXIII
LE HÉRAUT

On fit de la place dans l'assemblée, et les assistants attendirent avec la plus vive curiosité que le héraut que les Liégeois insurgés avaient l'audace d'envoyer à un prince aussi hautain que le duc de Bourgogne, et cela au moment où il était le plus indigné contre eux. Car il faut se rappeler qu'à cette époque les princes souverains seuls s'envoyaient des hérauts dans les circonstances solennelles ; les nobles d'un rang inférieur employaient des poursuivants. On peut remarquer aussi, en passant, que Louis XI, professant un profond mépris pour tout ce qui n'était pas pouvoir réel et avantage substantiel, affectait de se moquer des hérauts et de la science héraldique.

Le héraut que l'on introduisit en présence des princes était revêtu d'un tabar ou surcot, brodé des armes de son maître, dans lesquelles la hure de sanglier jouait un grand rôle, trop grand au dire des connaisseurs. Le reste de son costume était surchargé de dentelles, de broderies et d'ornements de toute espèce, et l'aigrette de plumes qu'il portait était d'une hauteur démesurée. En somme, la splendeur éclatante du costume du héraut tournait ici à la charge et à la caricature. Non seulement la hure de sanglier était reproduite sur chaque partie de son costume, mais encore son bonnet était en la forme d'une hure de sanglier, avec une langue rouge et des défenses sanglantes, en termes de blason, *languée et dentée de gueules*. Il y avait dans l'extérieur de l'homme un mélange de hardiesse et d'appréhension comme si, chargé d'une commission dangereuse, il savait bien ne pouvoir s'en tirer qu'en payant d'audace. Il y avait aussi quelque chose de ce mélange de peur et d'effronterie dans la manière dont il fit son salut : c'était un embarras grotesque, tel que n'en éprouvent point ceux qui ont l'habitude d'être admis en la présence des princes.

« Qui es-tu, au nom du diable ? » Voilà en quels termes Charles souhaita la bienvenue à ce singulier envoyé.

« Je suis Sanglier Rouge, répondit le héraut, officier d'armes de Guillaume de La Marck, par la grâce de Dieu et l'élection du chapitre prince-évêque de Liège.

— Ha! fit Charles; mais, surmontant sa colère, il fit signe à l'autre de continuer.

— Et, du droit de sa femme, l'honorable comtesse Hameline de Croye, comte de Croye et seigneur de Bracquemont.

La stupéfaction de Charles devant cette énumération de titres semblait l'avoir rendu muet. Le héraut, se figurant sans doute avoir produit une grande impression en faisant connaître son caractère, se mit en devoir de s'acquitter de sa mission.

« *Annuntio vobis gaudium magnum*, dit-il. Charles de Bourgogne, comte de Flandre, au nom de mon maître je vous fais assavoir que, par dispense de notre Saint-Père de Rome, présentement attendue, et appointant un substitut autorisé *ad sacra*, mon dit maître se propose de remplir immédiatement l'office de prince-évêque et de maintenir ses droits comme comte de Croye. »

Le duc de Bourgogne, à chaque pause du héraut, se contentait de dire : « Ha ! » ou de pousser toute autre interjection de même nature, mais sans faire de réponse. Le ton dont il poussait ces exclamations était celui d'un homme qui, malgré sa surprise et sa colère, veut entendre tout ce que l'autre a à dire avant de se commettre en lui adressant une réponse. Au grand étonnement de toute l'assistance, il s'abstint des gestes brusques et violents dont il avait l'habitude; tenant l'ongle de son pouce pressé contre ses dents, ce qui était son attitude favorite quand il prêtait toute son attention, il restait les yeux fixés sur le sol, ne voulant pas laisser paraître la colère qu'ils exprimaient.

L'envoyé donc continua hardiment à donner connaissance de son message.

« Au nom du prince-évêque de Liège, comte de Croye, je vous requiers, duc Charles, de renoncer à vos prétentions et aux empiétements que vous avez faits sur la cité libre et impériale de Liège, avec la connivence de feu Louis de Bourbon, indigne évêque de cette ville.

— Ha !

— En plus, de restituer les bannières de la communauté, que vous avez enlevées violemment de la cité, au nombre de trente-six; de réparer les brèches des murailles et de refaire les fortifications que vous avez tyranniquement démantelées; et de reconnaître mon maître, Guillaume de La Marck, comme prince-évêque, légalement élu dans un chapitre libre de chanoines; dont procès-verbal que voici.

— Avez-vous fini ? demanda le duc.

— Pas encore, répondit l'envoyé; j'ai de plus à requérir de Votre Grâce, de la part dudit noble et vénérable prince-évêque et comte, de retirer immédiatement la garnison du château de Bracquemont et autres places fortes appartenant au comte de Croye, et qui y ont été introduites, soit en votre gracieux nom, soit à celui d'Isabelle, soi-disant comtesse de Croye, soit en tout autre nom, jusqu'à ce qu'il ait été décidé par la diète impériale si les fiefs en question ne doivent pas appartenir à la sœur du feu comte, ma très gracieuse dame Hameline, plutôt qu'à sa fille, en vertu du *jus emphyteusis*.

— Votre maître est bien savant! répliqua le duc.

— Néanmoins, continua le héraut, le vénérable prince et comte sera disposé, toutes autres discussions réglées entre la Bourgogne et Liège, à accorder à la dame Isabelle tel apanage qui pourra convenir à sa qualité.

— Est-ce bien tout, cette fois? demanda le duc au héraut.

— Encore un mot, répondit Sanglier-Rouge, de la part de mon noble et vénérable seigneur, au sujet de son digne et fidèle allié, le Roi Très Chrétien...

— Ha! s'écria le duc d'un ton encore plus farouche; mais, se contenant aussitôt, il se disposa à écouter avec plus d'attention encore.

— Dont la personne aurait été, dit-on, séquestrée par vous, Charles de Bourgogne, contrairement à votre devoir comme vassal de la couronne de France et à la foi observée entre princes chrétiens. Pour laquelle raison, mon dit noble et vénérable maître, par ma bouche, vous requiert de mettre immédiatement en liberté son royal et fidèle allié; sinon, de recevoir le défi que je suis autorisé à vous porter.

— Avez-vous fini? demanda le duc.

— Oui, répondit le héraut, et j'attends la réponse de Votre Grâce, espérant qu'elle sera de nature à éviter l'effusion du sang chrétien.

— Eh bien! par saint Georges de Bourgogne! » s'écria le duc; mais, sans lui laisser le temps d'en dire plus long, Louis se leva, et prit la parole avec tant de dignité et d'autorité, qu'il fut impossible à Charles de l'interrompre.

« Avec votre permission, beau cousin de Bourgogne, dit le roi, nous demandons la priorité de la parole pour répondre à ce drôle insolent. Coquin de héraut, ou qui que tu sois, fais savoir à ce bandit, à cet assassin de Guillaume de La Marck, que le roi de France sera avant peu sous les murs de Liège, à l'effet de venger le meurtre sacrilège de feu son bien aimé parent, Louis de Bourbon; qu'il se propose de faire accrocher tout vif Guillaume de La Marck au gibet, pour avoir eu l'insolence de l'appeler son allié et de mettre son royal nom dans la bouche d'un de ses vils messagers.

— Ajoute de ma part, dit Charles, tout ce qu'il n'est pas inconvenant à un prince de dire à un vulgaire voleur et à un meurtrie. Va-t'en! Ou plutôt, reste. Jamais héraut n'est venu à la cour de Bourgogne sans avoir lieu de crier : Largesse! Qu'on le fouette jusqu'à ce qu'il ait les os à nu.

— Plaise à Votre Grâce, dirent à la fois Crèvecœur et d'Imbercourt, c'est un héraut, et comme tel il a ses privilèges.

— C'est vous, messires, qui êtes assez aveugles pour croire que le tabard fait le héraut. Je vois aux armoiries de ce drôle que c'est un imposteur. Que Toison d'Or s'avance et le questionne devant moi. »

En dépit de son effronterie naturelle, l'envoyé du Sanglier des Ardennes pâlit sous les quelques couches de rouge dont il avait orné son visage. Toison d'Or s'avança avec la gravité d'un homme qui connaît l'importance de sa fonction, et demanda à son soi-disant confrère dans quel collège il avait étudié la science héraldique.

« J'ai fait mes études comme poursuivant au collège héraldique de Ratisbonne, répondit Sanglier-Rouge, et j'ai reçu mon diplôme d'Ehrenvold, un des membres de cette savante confrérie.

— Vous ne pouviez pas puiser la science à une source plus pure, répondit Toison d'Or en faisant un salut cérémonieux, et si je me permets de conférer avec vous sur les mystères de notre science sublime, pour me conformer aux ordres de notre très gracieux duc, c'est avec l'espoir d'apprendre et non pas d'enseigner.

— Va donc! lui dit le duc avec impatience. Laisse de côté la cérémonie, et pose-lui quelques questions pour qu'il nous montre son savoir.

— Ce serait faire injure à un disciple du digne collège d'armes de Ratisbonne que de lui demander s'il comprend les termes ordinaires du blason, dit Toison d'Or. Mais je puis demander sans offense à Sanglier-Rouge de me dire s'il est instruit des termes plus mystérieux et plus secrets de la science, à l'aide desquels les savants expriment par emblèmes, et pour ainsi dire par paraboles, ce que le commun des mortels exprime en langue vulgaire?

— Je connais également bien l'un et l'autre blason, répondit hardiment Sanglier-Rouge; mais il se peut qu'on n'emploie pas les mêmes termes en Allemagne et en Flandre.

— Comment pouvez-vous dire cela? répliqua Toison d'Or, notre noble science, qui est vraiment la bannière de la noblesse et la gloire de la générosité, étant la même dans tous les pays chrétiens, que dis-je? connue et acceptée même des Sarrasins et des Mores. Je vous prie donc de vouloir bien me blasonner n'importe quel écusson, à la manière céleste, c'est-à-dire à l'aide des planètes.

— Blasonnez-le vous-même si vous voulez, riposta Sanglier-Rouge; je ne vais pas, sur commandement, exécuter de ces tours de singe.

— Montrez-lui un écusson, et qu'il le blasonne à sa manière, dit le duc; et s'il n'y réussit pas, je lui promets que son dos sera de gueules, d'azur et de sable.

— Eh bien! reprit le héraut de Bourgogne, tirant un parchemin de sa poche, voici un rouleau où, pour de certaines raisons, j'ai dessiné le moins mal que j'ai pu un ancien écusson. Je prierai mon frère, s'il appartient réellement à l'honorable collège d'armes de Ratisbonne, de le déchiffrer en se servant des termes usités.

Le Glorieux, qui semblait prendre grand plaisir à cette discussion, s'était rapproché des deux hérauts.

« Je vais t'aider, mon brave, dit-il à Sanglier-Rouge, qui regardait le parchemin d'un air fort embarrassé... Ceci, seigneurs et maîtres, représente le chat renfermé dans la laiterie, qui regarde par la fenêtre. »

Cette saillie fit rire, et ce fut heureux pour Sanglier-Rouge, car Toison d'Or, indigné de voir interpréter son dessin d'une façon si étrange, se mit à l'expliquer. C'était l'écusson adopté par Childebert, roi de France, après qu'il eut fait prisonnier Gandemar, roi de Bourgogne. Ce dessin représentait un once, ou chat-tigre, emblème du prince captif, derrière une grille, ou, selon l'explication technique de Toison d'Or : « Sable, un chat-tigré passant, or, opprimé d'un treillis gueules, cloué du second. »

« Par ma marotte! s'écria Le Glorieux, si le chat ressemble à Bourgogne, c'est lui qui est, cette fois, du bon côté du grillage.

— C'est vrai, mon brave, dit Louis en riant, pendant que le reste de l'assistance, et Charles lui-même, semblaient déconcertés de l'énormité de cette plaisanterie. Je te dois une pièce d'or pour avoir tourné en une joyeuse plaisanterie une affaire de sinistre apparence, qui se terminera, je l'espère, aussi gaîment

— Silence, Le Glorieux ! cria le duc, et vous, Toison d'Or, vous êtes trop savant pour être clair; retirez-vous, et qu'on fasse approcher ce coquin. Ecoutez, vilain, ajouta-t-il de son ton le plus rude, connaissez-vous la différence entre argent et or, je ne parle pas, bien entendu, des pièces de monnaie ?

— Par pitié, Votre Grâce, soyez indulgent pour moi! noble roi Louis, parlez en ma faveur.

— Parle pour toi-même, reprit le duc; en un mot, es-tu ou n'es-tu pas héraut ?

— Seulement pour cette fois, répondit le malheureux.

— Allons, qu'on le traîne à la place du Marché ! Qu'on le sangle à coups de brides et de fouets à chiens, jusqu'à ce que son tabard lui pende en guenilles autour du corps. Sus au Sanglier-Rouge !... ça ! ça ! halo ! halo ! »

Quatre ou cinq grands chiens de chasse, de ceux que l'on voit dans les tableaux où Rubens et Snyders ont travaillé ensemble, entendant les notes bien connues par lesquelles le duc avait terminé son discours, se mirent à hurler et à aboyer, comme si l'on venait de faire lever un sanglier de sa bauge.

— Par le crucifix ! dit le roi Louis, cherchant à flatter la manie de son cousin, puisque l'âne s'est revêtu de la peau du sanglier, moi je mettrais les chiens à ses trousses pour l'en faire sortir.

— Parfait ! parfait ! s'écria le duc Charles, dont l'humeur, pour le moment, donna en plein dans cette fantaisie. C'est ce que nous allons faire. Taïaut, Talbot ! Taïaut, Beaumont ! nous allons lui donner la chasse depuis le château jusqu'à la porte de l'Est.

— J'espère que Votre Grâce me traitera comme une bête de chasse et me donnera beau jeu, répliqua le pauvre diable, faisant contre mauvaise fortune bon visage.

— Tu n'es qu'une vermine, dit le duc, et le texte du livre de chasse ne t'accorde aucun privilège. Mais tu auras six pas d'avance, ne fût-ce qu'à cause de ton impudence sans pareille. En avant ! en avant ! messires, il faut que nous voyions cela ! »

L'assemblée se sépara en tumulte, et nul ne courait plus vite que les deux princes, pour assister au spectacle plein d'humanité dont Louis avait donné l'idée.

Le Sanglier-Rouge ne trompa pas leur attente; comme la terreur lui donnait des ailes, et qu'il avait à ses trousses cinq ou six chiens de vautrait, excités par le bruit des cors et les cris de chasse, il fuyait comme le vent, et s'il n'eût été embarrassé de son tabard (vêtement peu commode pour courir), il se serait tiré de là sain et sauf; il fit même deux ou trois crochets qui eurent l'approbation des spectateurs. Personne, pas même Charles, ne prenait plus de plaisir à ce jeu que Louis, qui, moitié par des considérations politiques, moitié par le plaisir qu'il prenait naturellement au spectacle de la souffrance humaine quand elle prenait une forme comique, riait aux larmes, et dans une extase de joie s'accrochait au manteau d'hermine du duc, comme pour s'empêcher de tomber.

À la fin, l'agilité du pseudo-héraut ne put le sauver plus longtemps de l'atteinte des chiens; ils le saisirent, le renversèrent et l'auraient mis en pièces, si le duc n'avait pas crié : « Assez! Retirez-les de dessus lui. Il a bien couru, et quoiqu'il se soit montré peu divertissant aux abois, nous ne voulons pas qu'on le dépêche. »

Quelques officiers se mirent en devoir de retirer les chiens; quelques-uns se laissèrent coupler, les autres se firent poursuivre à travers les rues de la ville, secouant les lambeaux du costume que le malheureux avait revêtu dans une heure fatale.

Pendant que le duc était trop occupé de ce qui se passait devant lui pour entendre ce qui se disait derrière, Olivier le Daim se glissa près du roi Louis, et lui dit à l'oreille : « C'est le Bohémien, Hayreddin Maugrabin. Ce serait une mauvaise affaire s'il venait à parler au duc.

— Il faut qu'il meure, répondit Louis également à voix basse. Les morts ne racontent point d'histoires. »

Un instant après, Tristan l'Hermite, à qui Olivier avait donné le mot, s'avança en présence du roi et du duc, et dit de son ton bourru : « Plaise à Votre Majesté et à Votre Grâce, ce gibier est à moi et je le réclame..., il est marqué de mon estampille, la fleur de lis, imprimée au fer rouge sur l'épaule, comme tout le monde peut le voir. C'est un scélérat avéré, il a assassiné les sujets du roi, volé les églises, tué des daims dans les parcs royaux.

— Assez! assez! s'écria le duc Charles; il est, à plus d'un titre, la propriété de mon royal cousin. Qu'est-ce que Votre Majesté veut faire de lui?

— Si j'en puis disposer, dit le roi, je lui donnerai du moins une leçon de blason, puisqu'il le sait si mal; je lui montrerai par la pratique ce que c'est qu'une croix potencée, avec un beau nœud coulant.

— Ah Louis, ah Louis! s'écria le duc, plût à Dieu que tu

fusses monarque aussi loyal que tu es joyeux compagnon. Je ne puis pas m'empêcher de repenser souvent aux bonnes heures que nous avons passées ensemble autrefois.

— Vous pouvez les ramener quand il vous plaira, répondit Louis. Je vous concéderai tout ce que vous pourrez décemment me demander dans la position où je suis sans vous rendre la fable de la chrétienté. Je jurerai de tenir mes engagements, oui, je le jurerai sur la sainte relique que j'ai toujours la grâce de porter sur moi : c'est un fragment de la vraie croix.

— Eh bien ! dit le duc, voulez-vous me jurer de bonne foi, sans arrière-pensée, de venir avec moi punir cet assassin de La Marck et les Liégeois ?

— Je marcherai contre eux, dit Louis, avec le ban et l'arrière-ban de France, oriflamme déployée.

— Non, non ! reprit le duc, c'est plus qu'il n'est nécessaire, et même prudent. La présence de votre garde écossaise et de deux cents lances d'élite suffira pour prouver que vous venez à Liège sans y être contraint. Et pour en finir avec une autre cause de discorde, vous autoriserez le mariage de la comtesse Isabelle de Croye avec le duc d'Orléans.

— Beau cousin, répliqua le roi, vous poussez ma courtoisie à bout. Le duc d'Orléans est le fiancé de ma fille Jeanne. Soyez généreux, cédez sur ce point et parlons plutôt des villes de la Somme.

— Mon conseil s'en entretiendra avec Votre Majesté, dit Charles. Quant à moi, j'ai moins à cœur un accroissement de territoire que le redressement des injures. Vous vous êtes mêlé des affaires de mes vassaux, et voilà Votre Majesté obligée de disposer de la main d'une pupille de Bourgogne. Vous ne pouvez pas faire moins que de la marier dans votre propre famille, maintenant que vous vous êtes occupé de cette affaire..., sinon, brisons là.

— Si je disais que je cède de bon cœur, reprit le roi, personne ne voudrait me croire. Donc, mon cousin, jugez de mon désir de vous plaire quand je vous dirai, bien à contre-cœur : Si les parties sont consentantes, si l'on peut obtenir dispense du pape, je ne m'opposerai pas à l'union que vous proposez.

— Tout le reste peut être arrangé par nos ministres, s'écria le duc, et nous voilà redevenus cousins et amis.

— Le Ciel soit loué ! répondit Louis. Olivier, ajouta-t-il en s'adressant en aparté à ce favori, qui était pour lui comme le démon familier du sorcier, dis à Tristan d'en finir au plus vite avec ce vagabond de Bohémien. »

CHAPITRE XXXIV
L'EXECUTION

Par suite de la réconciliation des deux princes, les gardes bourguignons furent retirés du château de Péronne, le roi quitta la sinistre Tour d'Herbert et, à la grande joie des Français et des Bourguignons, une apparence de confiance et d'amitié sembla rétablie entre le duc Charles et son seigneur suzerain. Ce dernier cependant, quoique traité selon toutes les règles du cérémonial, sentait bien qu'il continuait d'être un objet de soupçon; mais il affectait prudemment de ne pas s'en apercevoir, et semblait se considérer comme complètement à son aise.

Hayreddin Maugrabin, livré par les officiers du duc au prévôt du roi, fut placé par ce dernier entre les mains de ses deux fidèles aides de camp, Trois-Echelles et Petit-André, pour être expédié sans délai. Marchant entre eux deux et suivi de quelques gardes et d'une multitude de gens de rien, il fut conduit à la forêt voisine; les deux acolytes voulaient s'épargner l'embarras et le cérémonial d'un gibet, en accrochant leur patient au premier arbre qui ferait leur affaire.

Ils ne furent pas longs à trouver un chêne « digne d'un tel gland », selon l'expression facétieuse de Petit-André. Laissant le malheureux criminel sous la surveillance de quelques gardes, les deux compères firent à la hâte les préparatifs requis pour la catastrophe finale. A ce moment Hayreddin, promenant ses regards sur la foule, rencontra les yeux de Quentin Durward. Notre ami, en effet, croyant reconnaître la physionomie de son guide infidèle, l'avait suivi avec la foule pour être témoin de l'exécution et s'assurer de son identité.

Quand les bourreaux lui annoncèrent que tout était prêt, Hayreddin, avec beaucoup de calme, leur demanda une seule faveur.

« Tout ce qui ne sera pas contre notre devoir, mon fils, lui dit Trois-Echelles. Comme vous paraissez disposé à mourir en homme, sans grimaces, eh bien! quoiqu'on nous ait commandé d'être expéditifs, je ne regarde pas à vous accorder dix minutes de plus.

— Vous êtes même trop généreux, reprit Hayreddin.
— On nous en blâmera peut-être, dit Petit-André, mais, ma foi, tant pis !
— Je vous demande la faveur de parler pendant quelques minutes à ce jeune archer écossais, que je vois là-bas. »

Les deux compères hésitèrent un moment; mais Trois-Echelles se rappelant que Quentin passait pour être fort avant dans la faveur de leur commun maître, le roi Louis, ils permirent l'entrevue.

Lorsque Quentin s'approcha du condamné, il fut pris de pitié à sa vue, quelque juste que fût l'arrêt qui le condamnait. Les restes de son brillant costume de héraut, déchirés en lambeaux par la dent des chiens et la main des hommes qui l'avaient arraché à leur furie, lui donnaient un air à la fois ridicule et pitoyable. Sa face était défigurée par la peinture et par les restes d'une fausse barbe qui lui avait servi à se déguiser; ses joues et ses lèvres étaient d'une pâleur mortelle. Cependant, comme la plupart des gens de sa race, il montrait une sorte de courage passif, son regard brillant qui errait çà et là et le sourire qui contournait ses lèvres semblaient mettre au défi la mort qu'il allait endurer.

Quentin, saisi d'horreur et de compassion, s'avançait sans doute trop lentement au gré de Petit-André, qui lui cria : « Un peu plus vite, joli archer, ce gentilhomme n'a pas de temps à perdre, et l'on dirait que vous marchez sur des œufs.

— Il faut que je lui parle en particulier, dit le criminel; le désespoir donnait à sa voix un son rauque.

— Je ne sais pas trop si nous pouvons permettre cela, répondit Petit-André; on vous sait de longue date capable de glisser entre les doigts des gens comme une anguille.

— J'ai les pieds et les poings liés avec vos sangles de cheval, répondit le criminel; vous pouvez me surveiller, mais hors de la portée de la voix..., l'archer est au service de votre roi, et si je vous donne dix pièces d'or...

— Dépensée en messes, dit Trois-Echelles, cette somme peut profiter à sa pauvre âme.

— Dépensée en vin et en brandevin, répondit Petit-André, elle profitera à mon pauvre corps. Voyons donc les dix pièces d'or.

— Paye ces limiers, dit Hayreddin à Durward; on m'a tout pris, quand j'ai été arrêté..., paye, tu n'auras pas à regretter ton argent. »

Une fois payés, les bourreaux, gens de parole, se retirèrent à distance, sans cesser de suivre de l'œil les moindres mouvements du criminel. Comme Hayreddin gardait le silence, ce fut Quentin qui lui adressa la parole le premier, avec un mélange d'horreur et de pitié : « Dis-moi ce que tu as à me dire, et abandonne-toi à ton destin.

— J'ai une faveur à vous demander, reprit Hayreddin; mais il faut que je commence par l'acheter, car, avec toutes leurs professions de charité, les gens de votre race ne donnent rien pour rien.

— Je pourrais te dire : Que tes dons périssent avec toi! répondit Quentin, si tu n'étais pas sur le bord de l'éternité. Demande ce que tu as à demander... sans parler de l'acheter... : le prix ne me profiterait pas...; je ne me rappelle que trop tes bons offices pendant le voyage.

— Eh bien! dit Hayreddin, je vous aimais; et en souvenir de ce que vous aviez fait sur les bords du Cher, je vous aurais fait obtenir la main d'une dame riche. Vous portiez son écharpe : c'est ce qui m'a trompé! Et puis, je croyais qu'Hameline, avec une fortune qu'elle pouvait porter avec elle, était mieux votre affaire que l'autre poulette avec son vieux perchoir de Bracquemont que Charles tient dans ses griffes et qu'il ne lâchera pas.

— Ne perds pas ton temps en propos inutiles, pauvre malheureux, répliqua Quentin, ces officiers là-bas s'impatientent.

— Donnez-leur dix pièces d'or pour dix minutes de plus, murmura le coupable, qui, comme bien des gens en pareille situation, tout hardi qu'il était, ne demandait pas mieux que de reculer le moment fatal. Je te dis que tu n'auras pas à t'en repentir.

— Fais donc bon usage de ces dix minutes », reprit Durward, qui s'entendit facilement avec les gens du prévôt.

Hayreddin continua : « Oui, je vous assure, je vous voulais du bien, et Hameline aurait été tout à fait votre affaire. Mais ne parlons plus de cela. J'ai à vous révéler un secret important. Guillaume de La Marck a assemblé une armée forte et nombreuse dans la ville de Liège; cette armée, il l'accroît tous les jours, grâce aux trésors du vieux prêtre. Mais il n'a pas l'intention de risquer une bataille contre la chevalerie de Bourgogne, ni de soutenir un siège dans la ville démantelée. Voici ce qu'il fera... Il laissera cet écervelé de Charles camper devant la ville, sans opposer aucune résistance, mais la nuit il fera une sortie avec toutes ses forces. Beaucoup de ses gens, revêtus d'armures françaises, crieront : « France ! saint Louis ! Montjoie saint Denis ! » pour faire croire qu'il y a dans la ville un corps nombreux d'auxiliaires français. Cela ne manquera pas de jeter la plus grande confusion dans les rangs des Bourguignons, et si le roi Louis, avec ses gardes, sa suite et les soldats qu'il aura avec lui seconde ses efforts, le Sanglier des Ardennes ne doute pas de la pleine déconfiture de l'armée bourguignonne. Voilà mon secret, et je vous le donne. Secondez l'entreprise ou faites-la échouer... Vendez le secret au roi Louis ou au duc Charles, je ne m'en soucie guère. Quant à moi, tout ce que je regrette, c'est de ne pas faire sauter tout cela comme une mine, pour les détruire tous.

— C'est à coup sûr un important secret, dit Quentin, comprenant avec quelle facilité la jalousie nationale pouvait être excitée dans un camp composé de Français et de Bourguignons.

— Oui, c'est un secret important, répondit Hayreddin, et maintenant que vous le tenez, vous voudriez bien vous en aller sans m'accorder la faveur dont vous avez reçu le prix d'avance.

— Dis-moi ta requête et je ferai ce que tu me demanderas, si cela est en mon pouvoir.

— Ce n'est pas grand'chose : c'est seulement à propos du pauvre Klepper, mon cheval, la seule créature à qui je manquerai. A un bon mille d'ici, au sud, vous le trouverez près d'une hutte de charbonnier abandonnée; sifflez comme ceci, et appelez-le par son nom, Klepper, et il viendra à vous; j'ai là sa bride sous mon vêtement; il est heureux que ces limiers ne me l'aient pas prise, car il n'en souffrirait pas une autre. Prenez-le, ayez-en bien soin, je ne dis pas pour l'amour de son maître, mais parce que j'ai remis en vos mains l'issue d'une grande guerre. Il ne vous fera jamais défaut quand vous aurez besoin de lui... Si j'avais pu gagner les portes de Péronne et arriver jusqu'à lui, je n'en serais pas où j'en suis. Serez-vous bon pour Klepper ?

— Je le jure, répondit Quentin, touché de ce trait de tendresse dans un cœur si endurci.

— Alors, adieu ! dit le criminel. Mais, arrêtez, arrêtez ! Je ne voudrais pas mourir en hommes discourtois, oubliant la commission d'une dame. Ce billet de la très gracieuse et extrêmement sotte dame du Sanglier des Ardennes est pour sa nièce aux yeux noirs... Je vois à votre figure que je ne pouvais trouver un messager mieux disposé. Et, encore un mot, dans la bourre de ma selle vous trouverez une bourse remplie de pièces d'or. C'est pour l'amour de cet or-là que je me suis lancé dans un aventure qui me coûte si cher. Prenez cet or, en échange de celui que vous venez de donner à ces esclaves sanguinaires. Je fais de vous mon héritier.

— J'emploierai cet or en bonnes œuvres et en messes pour le repos de ton âme, dit Quentin.

— Ne répétez pas ce mot-là, riposta Hayreddin, et sa figure prit une expression terrible. Cette chose-là n'existe pas... ne peut pas, ne doit pas exister : c'est une rêverie de vos prêtres.

— Malheureuse, oh! malheureuse créature! Réfléchis, laisse-moi mander un prêtre... Ces hommes attendront bien encore un peu..., je vais leur donner de l'argent, dit Quentin. Sur quoi peux-tu compter, mourant avec de pareilles idées, et impénitent ?

— Je compte être dissous et me mêler aux éléments, répondit cet athée endurci, en pressant contre sa poitrine ses bras garrottés. J'ai vécu dans cette foi, et j'y mourrai. Allez-vous-en; ne me dérangez pas plus longtemps. J'ai dit le dernier mot qu'entendront des oreilles mortelles ! »

Profondément ému de l'horreur de sa situation, Quentin Durward comprit pourtant qu'il serait impossible d'éveiller en lui le sentiment de son état affreux. Il lui dit donc adieu. L'autre ne lui répondit que par un petit signe de tête maussade, comme un homme qui, plongé dans une profonde rêverie, dit adieu à un compagnon qui trouble ses réflexions. Quentin se dirigea rapidement vers la forêt, et trouva sans peine l'endroit où Klepper était en train de paître. Le cheval accourut à son signal, mais il fut assez long à vouloir se laisser prendre, soufflant et se reculant quand l'étranger s'approchait de lui. Enfin, grâce à la connaissance qu'il avait des chevaux en général et de Klepper en particulier, il finit par entrer en possession du legs du Bohémien.

CHAPITRE XXXV
AU PLUS VAILLANT

Lorsque Quentin Durward rentra à Péronne, un conseil était en séance. L'issue des délibérations devait le toucher beaucoup plus qu'il n'aurait pu s'en douter. Tenu par de hauts personnages avec lesquels il semblait n'avoir aucun intérêt en commun, ce conseil eut néanmoins sur sa fortune l'influence la plus extraordinaire.

Le roi Louis, après l'intermède de l'envoyé de La Marck, avait saisi toutes les occasions d'entretenir le duc Charles dans les bonnes dispositions où cet incident l'avait mis. Il l'avait consulté, ou, pour mieux dire, il avait reçu son avis sur le nombre et la qualité des troupes dont il se ferait suivre, en qualité d'allié du duc de Bourgogne, dans leur commune expédition. Il voyait clairement que le duc désirait avoir dans son camp un nombre restreint de Français de qualité, dont il comptait faire des otages plutôt que des auxiliaires; malgré cela, et se conformant à l'avis de Crèvecœur, le roi donna son assentiment à toutes les conditions du duc, avec autant d'empressement que si l'idée de les proposer lui fût venue d'elle-même.

En manière de compensation, Louis eut le plaisir de se venger du cardinal La Balue, dont les conseils l'avaient poussé à montrer au duc de Bourgogne cet excès de confiance. Tristan, en portant les ordres nécessaires pour la levée des troupes auxiliaires, avait été chargé en outre de conduire le cardinal au château de Loches, et de l'enfermer dans une de ces cages de fer dont il était, dit-on, lui-même l'inventeur.

« Qu'il fasse l'expérience de sa propre invention, dit le roi; il appartient à la Sainte Église, et par conséquent nous ne pouvons pas verser son sang. Mais, Pasques-Dieu! son évêché, pour dix bonnes années, aura une frontière imprenable pour compenser son peu d'étendue. Et voyez à ce que les troupes soient levées immédiatement. »

Peut-être, en se montrant si empressé sur un point, Louis espérait-il esquiver l'autre condition, beaucoup plus déplaisante, qui avait scellé la réconciliation. Mais il se trompait sur le compte du duc de Bourgogne; car jamais homme ne fut plus obstiné dans ses résolutions que le prince Charles, et les stipulations auxquelles il tenait le plus étaient celles qu'il avait faites étant en colère, en vue d'une vengeance ou à propos d'une injure supposée.

A peine Louis avait-il expédié les ordres nécessaires pour le rassemblement des troupes, que son hôte le requit de donner publiquement son consentement au mariage du duc d'Orléans et d'Isabelle de Croye. Le roi consentit, non sans soupirer, puis il demanda que le duc d'Orléans lui-même fût préalablement consulté sur ce projet de mariage.

« On y a songé, dit le duc de Bourgogne; Crèvecœur en a parlé au duc d'Orléans, et (chose étrange) il se montre si peu sensible à l'honneur d'une alliance royale, qu'il a accepté avec une véritable reconnaissance l'offre d'épouser la comtesse Isabelle de Croye.

— Il n'en est que plus ingrat et discourtois, reprit Louis; mais il en sera, cousin, ce qu'il vous plaira, si vous avez le consentement des deux parties.

— N'ayez cure, répliqua le duc. En conséquence, quelques minutes après, le duc d'Orléans et la comtesse Isabelle de Croye comparurent, cette dernière sous la protection de la comtesse de Crèvecœur et de l'abbesse des Ursulines. Ce fut Charles de Bourgogne qui prit la parole; Louis, sans faire une seule objection, gardait un silence morose, car il se sentait amoindri dans son importance. Le duc déclara donc que le roi et lui, dans leur sagesse, avaient décidé un mariage destiné à cimenter à tout jamais l'alliance de la France et de la Bourgogne.

Le duc d'Orléans eut beaucoup de peine à cacher une joie que la délicatesse ne lui permettait pas de laisser éclater en présence de Louis; et il fallut toute la crainte que le roi lui inspirait depuis longtemps pour le contraindre à réprimer la manifestation de son consentement. « Mon devoir, dit-il, est d'accepter le choix fait par mon souverain.

— Beau cousin d'Orléans, répondit Louis avec un mélange de gravité et de tristesse, puisqu'il faut que je parle dans une circonstance si déplaisante, je n'ai pas besoin de vous rappeler qu'appréciant votre mérite à sa juste valeur, j'avais formé pour vous un projet d'alliance dans ma propre famille. Mais comme mon cousin de Bourgogne et moi, en disposant autrement de votre main, nous prenons le plus sûr moyen d'affermir l'amitié entre ses États et les miens, l'amour que je sens pour la France et pour la Bourgogne fait que je sacrifie mes espérances et mes vœux. »

Le duc d'Orléans se jeta à genoux, et, pour une fois du moins, baisa avec sincérité et avec affection la main que Louis lui laissa prendre, en se détournant de lui. Le duc de Bourgogne lui-même fut ému, et le duc d'Orléans éprouva comme un remords de la joie qu'il ressentait malgré lui en se voyant délivré de son engagement avec la princesse Jeanne.

Alors Charles se tourna vers la jeune comtesse et lui parla de ce qu'il avait décidé à son sujet, comme d'une chose qui n'admettait ni délai, ni hésitation. Il ajouta, en même temps, qu'elle devait être trop heureuse de se voir si bien traitée après la désobéissance dont elle s'était rendue coupable dans une occasion récente.

« Mon seigneur duc et souverain, dit Isabelle, appelant à elle tout son courage, j'observe les commandements de Votre Grâce et je m'y soumets...

— Assez, assez! s'écria le duc en l'interrompant, le reste nous regarde. Votre Majesté, ajouta-t-il en s'adressant au roi Louis, a couru le sanglier ce matin; que dites-vous d'une chasse au loup cet après-midi? »

La jeune comtesse vit que c'était le moment de montrer de la décision. Elle prit donc la parole, timidement, il est vrai, mais d'un ton assez élevé et assez net pour attirer l'attention du duc, malgré le désir qu'il avait de couper court, pour des raisons à lui connues. « Votre Grâce, dit-elle, se méprend sur mes intentions. Ma soumission n'a rapport qu'aux terres et domaines donnés à mes ancêtres par ceux de Votre Grâce, et que je résigne à la maison de Bourgogne, si mon souverain croit que ma désobéissance m'a rendue indigne de les conserver.

— Ha! par saint Georges! s'écria le duc en frappant du pied avec fureur, cette folle sait-elle en présence de qui elle est, et à qui elle parle?

— Mon seigneur, reprit-elle sans se laisser déconcerter, je suis devant mon suzerain, et, je l'espère, devant un suzerain qui respecte la justice. Si vous me privez de mes terres, vous m'enlevez tout ce que je devais à la générosité de vos ancêtres, et vous brisez les seuls liens qui nous attachent l'un à l'autre. Mon corps, mon âme, ce n'est pas de vous que je les tiens. Mon dessein est de les consacrer à Dieu, dans le couvent des Ursulines, sous la conduite de cette sainte mère abbesse. »

On aurait peine à concevoir la rage et le désappointement de Charles.

« Cette sainte mère consentira-t-elle à vous recevoir sans apanage? dit-il d'un ton de mépris.

— Si elle fait à son couvent un si grand tort, reprit la comtesse Isabelle, j'espère qu'il y a assez de charité parmi les nobles amis de ma maison pour venir en aide à l'orpheline des Croye.

— C'est faux! cria le duc; c'est un vil prétexte pour couvrir quelque secrète et vile passion. Monseigneur d'Orléans, elle sera à vous, quand je devrais la traîner de mes propres mains à l'autel. »

La comtesse de Crèvecœur ne put se contraindre à garder plus longtemps le silence. « Mon seigneur, dit-elle, votre colère vous fait employer un langage absolument indigne. On ne dispose pas par la force de la main d'une fille noble.

— Et ce n'est pas le rôle d'un prince chrétien, ajouta l'abbesse, de contrarier les désirs d'une âme pieuse qui, meurtrie par les soucis et les persécutions du monde, désire se fiancer à Dieu.

— Mon cousin d'Orléans ne peut pas non plus, fit observer Dunois, accepter avec honneur la main d'une dame qui a si publiquement fait connaître les motifs de son refus.

— Si l'on me donnait un peu de temps, dit le duc d'Orléans, sur l'esprit facile duquel la beauté d'Isabelle avait fait beaucoup d'impression, et si l'on me permettait de présenter mes vœux sous un jour plus favorable...

— Mon seigneur, répliqua Isabelle, qui avait repris son assurance en se voyant soutenue par tous ceux qui l'entouraient, ce serait inutile; je suis décidée à décliner cette alliance, quoi qu'elle soit de beaucoup au-dessus de mes mérites.

— Et moi, cria le duc, je n'ai pas le temps d'attendre que ces caprices changent avec le prochain changement de lune. Monseigneur d'Orléans, elle apprendra sur l'heure que l'obéissance est ici affaire de nécessité.

— Pas à mon profit, sire, répondit le prince, qui ne pouvait pas, honorablement, se prévaloir de l'entêtement du duc. C'est assez pour un fils de France d'avoir été ouvertement et positivement refusé. Il lui est interdit de faire un pas de plus. »

Le duc lança un regard furieux à d'Orléans, un autre à Louis. Lisant sur la physionomie du roi, en dépit de ses efforts pour dissimuler ses sentiments, une expression de secret triomphe, il s'abandonna à la violence.

« Écrivez, cria-t-il au secrétaire, notre sentence de forfaiture et d'emprisonnement contre cette petite fille insolente et désobéissante. Elle ira au Zuchtaus, au pénitencier, tenir compagnie à celles que leur genre de vie a rendues ses rivales en effronterie. »

Il y eut un murmure général.

« Mon seigneur le duc, dit le comte de Crèvecœur, qui prit la parole pour les autres, ceci demande réflexion. Nous, vos fidèles vassaux, nous ne pouvons souffrir qu'un tel outrage soit fait à la noblesse et à la chevalerie de Bourgogne. Si la comtesse a eu des torts, qu'elle soit punie, mais d'une manière conforme à son rang et au nôtre, nous qui sommes unis à sa maison par le sang et les alliances. »

Le duc fit une pause d'un instant, et regarda son conseiller en plein visage, avec le regard fixe d'un taureau qui, écarté par le bouvier de la route qu'il se proposait de suivre, se demande s'il va obéir au conducteur, ou se jeter sur lui et le lancer en l'air.

La prudence toutefois l'emporta sur la fureur; il vit que le sentiment du comte était partagé par la majorité du conseil, et craignit que Louis ne tirât quelque avantage de la moindre dissension entre ses vassaux. Peut-être aussi, car il était plus violent que méchant, eut-il honte de ce qu'il venait de dire.

« Crèvecœur, reprit-il, vous avez raison, et j'ai parlé trop vite. Son sort sera ordonné selon les règles de la chevalerie. C'est sa fuite à Liège qui a été le signal de l'assassinat de l'évêque. Celui qui vengera ce crime et nous apportera la tête du Sanglier des Ardennes pourra venir nous demander la main de la comtesse; si elle refuse, il aura du moins ses fiefs, et nous laisserons à sa générosité le soin de lui fournir de quoi entrer dans un couvent.

— Mais, dit la comtesse, songez que je suis la fille du comte Reinold, du vieux, du vaillant et fidèle serviteur de Votre Grâce; voulez-vous donc faire de moi le prix du meilleur coup d'épée?

— Votre aïeule, répondit le duc, a été le prix d'un tournoi; on combattra pour vous dans une vraie *mêlée*. Pour l'amour du comte Reinold, le vainqueur devra être un gentilhomme de naissance irréprochable et de mœurs sans tache; mais pourvu qu'il soit tel, fût-il le gentilhomme le plus pauvre qui ait jamais ceint le baudrier, je lui ferai du moins l'offre de votre main. Je le jure par saint Georges, par ma couronne ducale, et par l'ordre que je porte! Ha! messires, ajouta-t-il, en se tournant vers les nobles qui l'écoutaient, ceci au moins, je crois, est conforme aux règles de la chevalerie. »

Les réclamations d'Isabelle furent étouffées par de joyeux cris d'assentiment, et par-dessus ces cris on entendit la voix de Crawford; il regrettait d'être trop vieux pour disputer un si beau prix. Cet applaudissement général fit plaisir au duc et son humeur s'en ressentit.

« Mais nous, qui avons déjà des dames, dit Crèvecœur, est-ce que nous regarderons, les bras croisés, les exploits des autres? Cela serait incompatible avec mon honneur, car j'ai moi-même un vœu à accomplir aux dépens de cette brute de Sanglier des Ardennes.

— Va hardiment de l'avant, Crèvecœur! s'écria le duc; gagne-la, et puisque tu ne peux pas l'épouser toi-même, donne-la à qui tu voudras... : au comte Étienne, ton neveu, par exemple.

— Grand merci, mon seigneur, dit Crèvecœur; je ferai de mon mieux dans la bataille; et si j'ai l'heureuse chance de gagner le prix, Étienne essayera son éloquence contre celle de la dame abbesse.

— J'espère, dit Dunois, que la chevalerie française n'est pas exclue du concours.

— Ne plaise à Dieu! brave Dunois, répondit le duc, quand ce ne serait que pour vous voir vous dépasser vous-même. Mais, ajouta-t-il, s'il n'y a aucun inconvénient à ce que la comtesse Isabelle épouse un Français, il faudra que le comte de Croye devienne sujet de Bourgogne.

— Assez, assez! s'écria Dunois, je veux vivre et mourir Français. Mais, si je renonce aux terres, je veux frapper un coup en l'honneur de la dame. »

Le Balafré n'osa pas parler tout haut devant une si noble assistance, mais il se dit tout bas à lui-même : « On m'a toujours prédit que la fortune de notre maison se ferait par un mariage; voilà l'occasion ou jamais d'accomplir la prédiction. »

« Personne ne pense à moi, cria Le Glorieux, et pourtant c'est moi qui, de vous tous, ai le plus de chances de remporter le prix.

— Très vrai, mon sage ami, dit Louis; quand il s'agit d'une femme, c'est toujours le plus grand fou qui est le plus en faveur. »

Pendant que les princes et leurs nobles plaisantaient ainsi

sur son sort, l'abbesse et la comtesse de Crèvecœur faisaient de vains efforts pour consoler Isabelle, qui était sortie avec elles de la salle du conseil. L'abbesse lui assurait que la sainte Vierge témoignerait son mécontentement à quiconque s'efforcerait de détourner de la châsse de sainte Ursule une femme qui s'était vouée à cette sainte. La comtesse de Crèvecœur lui murmurait tout bas des consolations plus mondaines; jamais un vrai chevalier, capable de réussir dans la grande entreprise, ne se prévaudrait, malgré elle, de la promesse du duc; peut-être celui qui réussirait serait-il digne de trouver grâce à ses yeux et de lui rendre l'obéissance plus facile. L'amour comme le désespoir se raccroche à une paille; si vague et si faible que fût l'espérance suggérée par les paroles de la comtesse, les larmes d'Isabelle furent moins amères, pendant qu'elle s'attachait à cette espérance.

CHAPITRE XXXVI
LA SORTIE

Au bout de quelques jours, Louis apprit, avec un sourire de vengeance satisfaite, que son favori et son conseiller, le cardinal La Balue, gémissait dans une cage de fer, disposée de telle sorte qu'il n'y pouvait reposer dans aucune posture, sinon couché. Disons-le en passant, il occupa cette cage pendant près de douze ans, sans que son maître prît pitié de lui.

Les troupes auxiliaires, dont le duc avait fixé la nature et le nombre, étaient enfin arrivées. Louis prenait courage à l'idée que, si elles n'étaient pas de force à tenir tête à la puissante armée du duc de Bourgogne, elles suffiraient du moins à préserver sa personne de tout danger. Il se voyait, de plus, libre de reprendre, en temps opportun, ses projets de mariage entre le duc d'Orléans et la princesse Jeanne. S'il sentait combien il était indigne de lui de servir avec ses plus nobles pairs sous la bannière de son vassal, et cela contre des gens dont il avait autrefois protégé la cause, il ne se laissait point embarrasser par ce concours de circonstances, et songeait déjà à prendre sa revanche dans l'avenir. « Car, disait-il à son fidèle Olivier, le hasard peut certainement gagner une partie, mais c'est la patience et la sagesse qui triomphent à la fin. »

Animé de ces sentiments, par un beau jour d'été le roi Louis monta à cheval et franchit la porte gothique de Péronne. Il s'en allait rejoindre l'armée de Bourgogne, qui se mettait en marche contre Liège.

La plupart des dames de distinction qui étaient dans la place s'étaient installées, dans leurs plus brillants atours, sur les créneaux et les défenses de la porte, pour voir défiler les braves chevaliers qui s'en allaient en expédition. La comtesse de Crèvecœur y avait amené la comtesse Isabelle. Isabelle n'était venue qu'à contre-cœur et sur l'ordre formel du duc Charles : celle qui devait remettre au vainqueur la palme de la victoire était tenue de se montrer aux chevaliers qui allaient entrer dans la lice.

Comme les chevaliers franchissaient la porte à rangs pressés, on put voir sur maint pennon et sur maint bouclier des devises nouvelles; elles exprimaient toutes la résolution d'entrer en ligne pour disputer un si beau prix. Ici, c'était un cheval de bataille qui s'élançait vers le but; là, une flèche lancée contre la cible; un des chevaliers portait un cœur saignant, emblème de sa passion; un autre une tête de mort couronnée de lauriers : celui-là se déclarait prêt à vaincre ou à mourir. Il y avait en outre des emblèmes si compliqués et des devises si recherchées, que le plus ingénieux interprète y aurait perdu son latin. Chaque chevalier en outre, on peut le présumer, faisait caracoler fièrement son coursier, et prenait en selle l'attitude la plus galante, en passant devant l'essaim brillant de dames et de damoiselles qui encourageaient leur valeur en leur souriant et en agitant leurs mouchoirs et leurs voiles. Les archers de la garde, choisis comme à plaisir parmi la fleur de la nation écossaise, se faisaient applaudir de toutes les dames par la galanterie et la splendeur de leurs costumes.

Et parmi ces étrangers, il y en eut un qui osa agir avec la comtesse Isabelle comme avec une personne que l'on connaît de longue date, ce que ne s'étaient pas permis les plus nobles entre les plus nobles Français. Cet audacieux, c'était Quentin Durward; lorsqu'il passa devant les dames, à son rang, il présenta à la comtesse, à la pointe de sa lance, la lettre de sa tante.

« Sur mon honneur! s'écria le comte de Crèvecœur, c'est le comble de l'insolence de la part d'un indigne aventurier.

— Ne lui donnez pas ce nom-là, dit Dunois; j'ai les meilleures raisons du monde de rendre témoignage à sa bravoure, et au service de cette dame, encore.

— Vous faites bien du bruit pour rien, murmura Isabelle, toute rouge de honte et aussi de ressentiment; ceci est une lettre de ma pauvre tante; sa lettre est gaie, quoique sa situation doive être affreuse.

— Faites... faites-nous savoir ce que dit la femme du Sanglier des Ardennes. »

La comtesse Isabelle lut la lettre. Sa tante semblait décidée à faire contre mauvaise fortune bon visage, et à se consoler de la hâte et du manque de décorum de son mariage par le bonheur d'avoir épousé l'un des hommes les plus braves du siècle, qui venait de conquérir un titre de prince par sa valeur. Elle suppliait sa nièce de ne pas juger son Guillaume par ouï-dire, mais d'attendre qu'elle le connût personnellement. Il avait ses défauts peut-être, mais c'étaient les défauts des personnes qu'elle avait toujours vénérées. Guillaume était peut-être un peu adonné au vin; mais son grand-père à elle, le seigneur

Godefroy, l'avait été aussi dans son temps. Peut-être était-il un peu vif et un peu sanguinaire : mais tel avait été son frère Reinold de bienheureuse mémoire; il avait le parler brusque..., comme tous les Allemands; il était un peu entêté et péremptoire : mais est-ce que tous les hommes n'aiment pas à être les maîtres ? Pour conclure, dame Hameline espérait qu'Isabelle, en employant le porteur du message, trouverait moyen de se soustraire à la tyrannie du duc de Bourgogne. Alors elle viendrait à Liège, à la cour de son affectionnée parente. Les petites difficultés qu'il pouvait y avoir entre elles, au sujet de la succession du comte de Croye, seraient toutes aplanies par le mariage d'Isabelle avec le comte Eberson. Il était peut-être un peu jeune pour elle; mais la bonne tante pouvait lui affirmer, au nom de son expérience personnelle, que ces petites différences d'âge n'empêchaient pas les gens d'être heureux en ménage.

Ici la comtesse Isabelle s'arrêta, l'abbesse lui ayant fait observer, non sans quelque raideur, que c'en était assez comme cela de toutes ces vanités mondaines. Le comte de Crèvecœur, dans son indignation, s'emporta jusqu'à traiter dame Hameline de vieille sorcière, l'accusant de vouloir servir d'appeau pour amener les autres au piège où elle avait été attrapée elle-même.

La comtesse de Crèvecœur réprimanda sévèrement son mari pour la violence de son langage. « La dame Hameline, dit-elle, doit avoir été déçue par Guillaume de La Marck, qui aura fait montre de quelque courtoisie.

— Lui ! faire montre de courtoisie ! dit le comte; la dissimulation est un péché dont je l'absous. Autant compter sur de la courtoisie de la part d'un sanglier véritable. Non, l'idiote qu'elle est, n'est pas encore une oie assez stupide pour s'éprendre du renard qui l'a attrapée, et cela dans son terrier. Mais vous autres femmes vous êtes toutes les mêmes : avec de belles paroles on a toujours raison de vous; et je suis sûr que ma jolie cousine, ici présente, meurt d'envie de rejoindre sa tante et d'épouser ce jeune Eberson.

— Bien loin d'être capable d'une telle folie, répliqua Isabelle, j'ai double désir de voir punir les assassins de l'excellent évêque. Comme cela ma tante sera délivrée de ce misérable.

— Ah ! voilà un langage digne d'une de Croye ! » s'écria le comte; et il ne fut plus question de la lettre.

Mais Isabelle, en lisant à ses amis la lettre de sa tante, ne jugea pas nécessaire de leur donner connaissance du post-scriptum. La dame Hameline dans ce post-scriptum parlait à sa nièce de ses occupations : elle venait de mettre de côté un surcot qu'elle bordait pour son mari, avec les armes de la Marck et celles de Croye accolées, parce que Guillaume avait décidé, pour des motifs politiques, de porter d'autres armes à la prochaine bataille; il prendrait les armes d'Orléans avec la barre de bâtardise, autrement dit celles de Dunois. Il y avait aussi un bout de papier, avec quelques mots d'une autre écriture. Ce petit billet, que la comtesse ne jugea pas nécessaire non plus de lire tout haut, disait ceci : « Si vous n'entendez pas parler de moi bientôt, par la bouche de la Renommée, dites-vous que je suis mort, mais non pas indigne. »

Une pensée, repoussée jusque-là comme à peine croyable, se fit jour dans l'âme de la comtesse Isabelle. Comme l'esprit des femmes n'est jamais à court de moyens, elle prit si bien ses mesures, que Quentin Durward reçut d'une main inconnue la lettre de dame Hameline, avec trois croix devant le post-scriptum, et les lignes suivantes : « Celui qui n'a pas craint les armes d'Orléans lorsqu'elles étaient brodées sur la poitrine de celui qui avait le droit de les porter, n'est pas homme à les redouter sur la poitrine d'un tyran et d'un assassin. »

Ces quelques mots enflammèrent l'ardeur belliqueuse de Quentin Durward, sans compter qu'ils lui donnaient la clef d'un mystère, et le moyen de reconnaître dans la mêlée celui dont la mort ouvrait le champ à ses espérances. Il résolut prudemment de garder son secret pour lui seul.

Mais il comprit la nécessité d'agir autrement à propos du renseignement que lui avait fourni Hayreddin. Car il fallait que les assiégeants fussent mis en garde contre la sortie combinée par de La Marck, sous peine d'une défaite complète. Après avoir mûrement réfléchi, il décida de communiquer en personne le renseignement, et aux princes réunis. Il se dit probablement que, s'il communiquait le secret à Louis seulement, ce monarque, dont la probité était plus que douteuse, serait peut-être tenté de donner les mains à un plan si bien conçu, au lieu d'y mettre obstacle. Il se décida donc à attendre que les deux alliés fussent ensemble; mais, comme ils ne paraissaient pas plus désireux l'un que l'autre de se trouver face à face, l'occasion pouvait se faire attendre longtemps.

Cependant les troupes continuaient à marcher, et l'on entra bientôt sur le territoire de Liège. Là, les soldats bourguignons, ceux du moins qui faisaient partie des bandes que l'on appelait les *Ecorcheurs,* par leur conduite envers les habitants, sous prétexte de venger la mort de l'évêque, se montrèrent parfaitement dignes de leur surnom. Leurs violences faisaient un tort considérable à la cause de Charles; les habitants, poussés à bout, prirent les armes pour se défendre, harcelèrent sa marche, coupèrent les petits corps isolés et, se rejetant sur la ville, accrurent le nombre des désespérés qui avaient résolu de la défendre. Les Français, en petit nombre, tous soldats d'élite, selon les ordres du roi, se tenaient serrés autour de leurs étendards respectifs et observaient la plus stricte discipline. Ce contraste accrut les soupçons de Charles : il ne pouvait s'empêcher de remarquer que les soldats de Louis se conduisaient plutôt comme des amis des Liégeois que comme des alliés des Bourguignons.

Enfin, sans avoir rencontré nulle part une résistance sérieuse, l'armée arriva dans la riche vallée de la Meuse, devant la grande et populeuse cité de Liège. Ils trouvèrent le château de Schonwaldt complètement détruit, et apprirent que Guillaume de La Marck, qui n'avait d'autre mérite que d'être bon soldat, avait concentré toutes ses forces dans la ville, décidé à éviter le choc de la chevalerie française en rase campagne. Mais les assiégeants comprirent bien vite quel danger l'on court à attaquer une grande ville, même ouverte, quand les habitants sont décidés à opposer une résistance désespérée.

Quelques hommes de l'avant-garde bourguignonne, se figurant que, vu l'état des défenses, ils n'avaient qu'à entrer dans Liège tout à leur aise, pénétrèrent dans un des faubourgs en criant : « Bourgogne! Bourgogne! Tue, tue! tout est à nous; Souvenez-vous de Louis de Bourbon! » Mais, pendant qu'ils s'avançaient en désordre et se dispersaient pour piller, un gros d'habitants sortirent tout à coup de la ville, tombèrent furieusement sur eux, et en firent un grand massacre. La Marck profita même des brèches des remparts pour faire filer des troupes de différents côtés et pour prendre les assaillant en tête, en queue, en flanc. Etonnés de cette résistance inattendue et de cet élan furieux, les Bourguignons avaient beaucoup de peine à se tenir sur la défensive. La nuit, qui commençait à tomber, ajouta à leur confusion.

A cette nouvelle, le duc Charles entra en fureur; sa rage s'accrut encore quand le roi Louis lui offrit d'envoyer les hommes d'armes de France dans les faubourgs pour dégager l'avant-garde. Rejetant cette offre d'un ton bref, il allait se mettre à la tête de ses gardes pour dégager ceux qui s'étaient si maladroitement aventurés; mais d'Imbercourt et Crèvecœur le prièrent

LA SORTIE

de leur abandonner ce soin; ils réussirent dans leur entreprise : seulement les Liégeois avaient fait des prisonniers, et huit cents morts étaient restés sur le carreau, parmi lesquels environ cent hommes d'armes. La plupart des prisonniers furent repris par d'Imbercourt, qui concerta aussitôt ses mesures pour occuper le faubourg et placer des postes devant la ville. La ville même était séparée du faubourg par une esplanade découverte de cinq ou six cents pas, que l'on avait laissée vide, en vue de la défense. Il n'y avait point de fossé entre le faubourg et la ville, parce que le terrain était rocailleux en cet endroit. En face du faubourg, il y avait une porte par où il était facile de faire des sorties; le mur était percé de deux brèches pratiquées par le duc Charles après la bataille de Saint-Tron, et que l'on avait bouchées à la hâte avec des charpentes. D'Imbercourt fit pointer deux couleuvrines sur la porte et deux autres sur la principale brèche pour empêcher les sorties; après quoi il revint au corps d'armée de Bourgogne, qu'il trouva en grand désordre.

Le gros de l'armée et l'arrière-garde du duc de Bourgogne avaient continué leur marche en avant, pendant que l'avant-garde battue se retirait en désordre; et ces deux corps étaient entrés en collision, ce qui avait augmenté la confusion des deux parts. L'absence d'Imbercourt, chargé des devoirs de maréchal de camp, achevait de tout brouiller, quand vint la nuit, aussi sombre que la gueule d'un four. La pluie se mit à tomber, une pluie torrentielle, et le terrain sur lequel devaient camper les assiégeants n'était plus qu'une plaine de boue détrempée, entrecoupée de canaux. Il est difficile de se faire une idée de la confusion qui régnait dans l'armée de Bourgogne : les chefs étaient séparés de leurs soldats, et les soldats de leurs étendards et de leurs officiers. Tous, du plus grand au plus petit, cherchaient individuellement un abri ou un lieu de repos; les gens surmenés et les blessés qui avaient pris part à la bataille criaient en vain pour obtenir un abri et les secours les plus nécessaires. Et pendant ce temps-là, ceux qui ne savaient rien du désastre poussaient en avant pour avoir part au sac de la place, s'imaginant que tout se passait le plus allègrement du monde.

Quand d'Imbercourt revint, il eut à accomplir une tâche singulièrement difficile, rendue plus désagréable encore par les reproches de son maître. Le duc Charles ne lui tenait aucun compte du devoir si difficile et si urgent dont il venait de s'acquitter : aussi le brave soldat commençait-il à perdre patience.

« Je suis parti d'ici, dit-il, pour rétablir un semblant d'ordre dans l'avant-garde, laissant le gros de l'armée sous le commandement de Votre Grâce, et, à mon retour, je ne distingue plus le front du flanc, ni le flanc de l'arrière-garde, tant grande est la confusion.

— Nous ressemblons à une caque de harengs, répondit Le Glorieux, comparaison toute naturelle, puisqu'il s'agit ici d'une armée de Flamands. »

Cette plaisanterie du bouffon fit rire le duc et mit fin à son altercation avec d'Imbercourt.

On finit par trouver, non sans peine, pour y installer le duc et sa suite immédiate, la petite maison de plaisance de quelque riche bourgeois de Liège. L'autorité d'Imbercourt et de Crèvecœur établit non sans difficulté dans le voisinage un poste d'environ quarante hommes d'armes, qui allumèrent de grands feux, alimentés avec les boiseries des communs, que l'on démolit tout exprès pour cela.

Un peu à gauche de cette villa, entre la villa même et le faubourg, il y avait une autre villa entre cour et jardin, avec deux ou trois champs par derrière, entourés de clôtures. C'est là que le roi de France établit son quartier général. Il ne se piquait pas d'être un soldat, quoiqu'il fût indifférent au danger et que sa sagacité naturelle lui donnât quelque droit à se parer de ce nom; mais il avait le talent d'employer les gens les plus habiles dans l'art militaire, et de leur accorder toute la confiance dont ils étaient dignes. Louis et sa suite étaient donc logés dans cette seconde villa; une partie de sa garde écossaise occupait la cour, où il y avait des bâtiments et des appentis pour servir d'abris; le reste était posté dans le jardin. Les autres hommes d'armes français avaient leurs quartiers rapprochés les uns des autres, en bon ordre, en prévision d'une attaque.

Dunois et Crawford, assistés d'anciens officiers et soldats, parmi lesquels le Balafré se distinguait par sa diligence, faisaient renverser des murs, trouer des haies, combler des fossés, pour faciliter la communication des troupes entre elles, en cas de nécessité.

Cependant le roi jugea convenable de se rendre sans autre cérémonie au quartier général du duc de Bourgogne pour savoir quel était l'ordre du jour, et quelle coopération l'on attendait de lui. Sa présence fit que l'on tint un conseil de guerre : ce à quoi le duc de Bourgogne n'aurait pas songé sans cela.

Ce fut alors que Quentin Durward demanda instamment à être introduit, alléguant qu'il avait à faire aux princes une importante communication. Il l'obtint sans difficulté, et grand

LA SORTIE

fut l'étonnement de Louis, quand il l'entendit nettement et avec beaucoup de calme révéler le plan conçu par Guillaume de La Marck d'assaillir le camp des assiégeants, avec le costume et sous les bannières des Français. Louis aurait probablement préféré recevoir cette communication en particulier; mais, comme toute l'histoire avait été racontée devant le duc de Bourgogne, il se contenta de dire que, vrai ou faux, ce rapport était pour eux de la dernière importance.

« Pas du tout, pas du tout! dit négligemment le duc. Si l'on avait projeté ce que dit ce jeune homme, ce n'est pas par un archer de la garde écossaise que je l'aurais appris.

— Cependant la nouvelle peut être vraie, répondit Louis; je vous prie donc, beau cousin, et je prie vos capitaines de se rappeler que, pour prévenir les fâcheuses conséquences d'une attaque de ce genre, si elle devait avoir lieu à l'improviste, je recommanderai à mes soldats de porter une écharpe blanche pardessus leur armure. Dunois, veillez à ce que cet ordre soit exécuté à l'instant..., c'est-à-dire, ajouta-t-il, si notre frère et général n'y voit pas d'inconvénient.

— Je n'y vois aucun inconvénient, répondit le duc, si les chevaliers de France consentent à courir le risque de porter à l'avenir le sobriquet de chevaliers du cotillon.

— Très bien trouvé, ami Charles, dit Le Glorieux; puisque c'est une femme qui doit être la récompense du plus vaillant.

— Bien dit, Sagacité, ajouta Louis. Bonsoir, je vais m'armer. Au fait, si c'était moi qui allais mériter la main de la comtesse?

— Votre Majesté, dans ce cas, dit le duc d'une voix altérée, serait tenue de devenir un fidèle Flamand. »

Louis répondit du ton de la plus sincère confiance : « Je ne puis pas l'être plus que je ne le suis maintenant; puissé-je seulement, mon cher cousin, vous en bien persuader. »

Pour toute réponse, le duc souhaita le bonsoir au roi, d'un ton qui faisait penser à l'ébrouement d'un cheval ombrageux qui fait un écart, quand le cavalier le flatte de la main pour le faire tenir tranquille au moment de le monter.

« Je pourrais lui pardonner sa duplicité, dit le duc à Crèvecœur, mais je lui en veux de me croire assez sot pour me laisser duper par ses protestations d'amitié. »

Louis, de son côté, tint conférence avec Olivier le Daim, quand il fut de retour à son quartier général. « Cet Écossais, lui dit-il, est un tel mélange d'adresse et de simplicité, que je ne sais qu'en penser. Pasques-Dieu! quelle impardonnable sottise de révéler l'honnête invention de La Marck devant le duc,

Crèvecœur et tous les autres, au lieu de me le venir conter à l'oreille, me laissant au moins le choix de déjouer le plan ou de le faire aboutir.

— Tout est pour le mieux, sire, répondit Olivier; parmi ceux qui vous accompagnent en ce moment, il y en a beaucoup qui se feraient scrupule d'attaquer le duc de Bourgogne sans qu'il ait été légalement défié, ou de s'allier avec Guillaume de La Marck.

— Tu as raison, Olivier. Il y a de ces sots-là de par le monde, et le temps nous manque pour triompher de leurs scrupules en faisant appel à leur intérêt bien entendu. Il faut donc, Olivier, que nous soyons les loyaux et fidèles alliés de Bourgogne, au moins pour cette nuit...; avec le temps nous pourrons prendre notre revanche. Va! que personne ne se désarme, et que l'on tire sur ceux qui crieront *France et Saint-Denis!* aussi gaillardement que s'ils criaient : Enfer et Satan! Je m'en vais moi-même dormir tout armé. Que Crawford place Quentin Durward à l'extrémité de la ligne de sentinelles la plus rapprochée de la ville. Qu'il ait même le premier bénéfice de la sortie qu'il nous a annoncée. Si sa chance le tire de là, tant mieux pour lui. Prends un soin tout particulier de Martius Galeotti; qu'il reste à l'arrière-garde, à l'endroit le plus sûr. Il n'est que trop aventureux, et il a la sottise de vouloir être à la fois homme d'épée et philosophe. Vois à tout cela, Olivier, et bonne nuit. Notre-Dame de Cléry, et vous, monseigneur saint Martin de Tours, protégez mon sommeil! »

CHAPITRE XXXVII
LA MORT DU SANGLIER

Un silence de mort plana bientôt sur la grande armée qui assiégeait Liège. Longtemps les cris des soldats, répétant leurs signaux et cherchant à rejoindre leurs bannières, avaient résonné comme les hurlements des chiens perdus qui cherchent leurs maîtres. Mais, à la fin, harassés par les fatigues du jour, les soldats dispersés se groupaient sous le premier abri qu'ils rencontraient, et ceux qui n'en trouvaient pas se couchaient le long d'un mur, d'une haie, attendant le matin, que beaucoup d'entre eux ne devaient pas voir. Ils tombèrent presque tous dans un profond sommeil, excepté ceux qui, tant bien que mal, montaient la garde près des logis du roi et du duc. Les dangers et les espérances du lendemain, même les rêves de gloire qu'avait fait naître dans les esprits des jeunes chevaliers le haut prix aux vengeurs de l'évêque, étaient sortis de leur mémoire lorsqu'ils s'étendirent sur le sol, harassés de fatigue. Durward, lui, n'avait rien oublié. Il savait que lui seul avait le moyen de reconnaître La Marck dans la mêlée; il se souvenait de quelle main lui venait cette information qui, par elle-même, était comme un encouragement et un heureux présage; il sentait que la fortune, en le jetant dans une crise terrible et dont l'issue était douteuse, lui offrait pourtant une chance d'en sortir à son honneur. Comment aurait-il pu dormir lorsque tous ses nerfs étaient tendus avec une vigueur à défier toute fatigue?

Posté, par l'ordre exprès du roi, au point extrême entre les campements français et la ville, à droite du faubourg dont nous avons déjà parlé, il regardait de tous ses yeux pour pénétrer la masse obscure qu'il avait devant lui, et écoutait de toutes ses oreilles pour saisir le moindre son qui annoncerait un mouvement dans la ville assiégée. Les grosses horloges de Liège avaient successivement sonné trois heures après minuit, et rien ne bougeait.

Il avait fini par croire que l'attaque avait été différée jusqu'au point du jour; tant mieux! car il reconnaîtrait plus sûrement les armes de Dunois sur la poitrine de Guillaume de La Mark. Tout à coup, il crut entendre, derrière les murs de la ville, un bourdonnement semblable à celui des abeilles, quand elles se réunissent pour défendre leurs ruches menacées. Il tendit l'oreille : le bruit continuait, mais si vague et si indistinct, que ce pouvait bien n'être, après tout, que le murmure lointain du vent dans les arbres, ou celui d'un ruisseau gonflé par les pluies qui se jetait dans la Meuse, avec plus de fracas que d'habitude. Ces considérations empêchèrent Quentin de donner l'alarme; une alerte intempestive eût été une lourde faute.

Mais quand le bruit devint plus fort, et sembla se diriger précisément vers le point où il était de garde, il pensa qu'il était de son devoir de reculer en faisant le moins de bruit possible, et d'avertir son oncle, qui était le commandant du poste. Tous les archers furent debout en un instant; en moins d'une seconde lord Crawford se trouvait à leur tête. Détachant un archer pour aller avertir le roi et sa maison, il fit retirer sa petite troupe derrière le feu de garde, dont les lueurs auraient pu trahir sa présence. Le bruit qu'ils avaient entendu se diriger vers eux semblait avoir cessé subitement; mais l'on percevait à distance la marche pesante d'une troupe considérable qui s'approchait du faubourg.

« Ces paresseux de Bourguignons dorment à leur poste, dit tout bas Crawford; gagnez le faubourg, Cunningham, et réveillez-moi ces bœufs stupides.

— Filez le plus près possible de l'arrière-garde, ajouta Durward; car, j'en suis sûr, il y a un corps de troupes considérable entre le faubourg et nous.

— Bien dit, Quentin, répondit Crawford, tu es un vrai soldat avant l'âge. Ils font halte, pendant que les autres continuent à s'avancer... Je voudrais bien savoir où ils sont.

— Je m'en vais me glisser par là, dit Quentin, et je tâcherai de vous rapporter de leurs nouvelles.

— C'est cela, mon brave enfant : tu as bons yeux, bonnes oreilles et bonne cervelle. Mais prends garde; pour rien au monde je ne voudrais te perdre. »

Quentin, avec son arquebuse toute prête, se glissa le long du terrain qu'il avait soigneusement étudié aux dernières lueurs du crépuscule; et bientôt il reconnut non seulement qu'il y avait dans le voisinage un corps de troupes considérable, mais encore qu'un détachement de moindre importance, plus avancé que l'autre, était là tout près de lui. Ces gens causaient tout bas, ayant l'air de ne savoir à quoi se décider. A la fin, deux de ces *enfants perdus* s'avancèrent si près, qu'ils étaient séparés de lui à peine de la longueur d'une pique. Voyant qu'il ne pouvait faire retraite sans être aperçu, Quentin cria tout haut : « Qui vive ? » On lui répondit : « Vive Li-Li-ège, c'est-à-dire (ajouta celui qui parlait, en se reprenant) vive la France ! » Quentin fit feu; un homme poussa un gémissement et tomba. Aussitôt, tout le long de la colonne, qui était considérable, des coups de feu furent tirés au hasard sur Quentin, qui se hâta de se replier.

« Admirablement bien joué, mon brave garçon ! dit Crawford. Maintenant, mes amis, replions-nous dans la cour; ils sont trop de monde pour que nous en venions aux mains avec eux en rase campagne. »

La petite troupe se replia dans la cour et dans le jardin; ils y trouvèrent tout en bon ordre et le roi prêt à monter à cheval.

« Où allez-vous, sire ? dit Crawford; c'est ici que vous êtes le plus en sûreté, au milieu des vôtres.

— Non pas, répondit Louis, il faut que j'aille à l'instant rejoindre le duc. Il faut qu'il soit convaincu de notre bonne foi en cet instant critique : autrement Liégeois et Bourguignons tomberaient sur nous à la fois. »

Et, sautant en selle, il ordonna à Dunois de prendre le commandement des troupes françaises campées hors de la maison, et à Crawford de défendre la villa et ses dépendances, avec la garde écossaise et les autres corps qui faisaient partie de sa maison. Il leur commanda de faire avancer deux canons de rempart et deux fauconneaux, qui avaient été laissés à un mille en arrière, et de fortifier leurs postes, mais sans pousser en avant, sous aucun prétexte, et quelque avantage qu'ils eussent obtenu. Ayant donné ces ordres, le roi, avec une petite escorte, s'en alla au quartier général du duc.

Le délai qui permit de prendre tous ces arrangements était dû à ce que Quentin, par un heureux hasard, avait tué le propriétaire de la maison, qui servait de guide à la colonne. Si l'attaque avait eu lieu immédiatement, elle eût peut-être réussi.

Durward, sur l'ordre du roi, s'était joint à son escorte; le roi trouva le duc dans un accès de colère qui le rendait presque incapable de remplir les devoirs d'un général, et cependant la situation était critique. Car, outre le bruit d'une furieuse bataille dans le faubourg, sur la gauche de l'armée, outre l'attaque contre le quartier général du roi, qui était conduite avec énergie au centre, une troisième colonne de Liégeois, plus nombreuse que les deux autres, après avoir fait sa sortie par une brèche éloignée, filé par les sentiers, les vignes et les passages bien connus d'eux, était tombée sur le flanc droit de l'armée bourguignonne. Les Bourguignons, alarmés par les cris de Vive la France! de Montjoie Saint-Denis! mêlés avec ceux de Liège! et Sanglier! troublés par l'idée que leurs alliés s'étaient tournés contre eux, résistaient mollement et sans ensemble. Le duc écumant, jurant, maudissant son seigneur suzerain, et tout ce qui tenait à lui, criait à ses gens de tirer sur tout ce qui était Français, noir ou blanc : allusion aux écharpes blanches que Louis avait commandé à ses soldats de porter par-dessus leurs armures.

L'arrivée du roi, accompagné seulement du Balafré et de Quentin, avec une dizaine d'archers, rétablit la confiance entre la France et la Bourgogne. Imbercourt, Crèvecœur et autres chefs bourguignons, dont les noms suffisaient à répandre la terreur, se précipitèrent avec empressement dans la mêlée. Pendant que quelques autres chefs se hâtaient d'amener en ligne des troupes plus éloignées qui avaient échappé à la contagion de la panique, d'autres encore se jetaient au milieu du désordre, ranimaient l'instinct de la discipline, et pendant que le duc besognait aux premiers rangs, criant, hachant et fauchant comme un simple homme d'armes, finissaient par mettre les gens en bon ordre et déconcertaient les assaillants en se servant de leur artillerie. La conduite de Louis, d'un autre côté, était celle d'un chef calme, maître de lui-même et plein de sagacité, qui ne recherchait ni n'évitait le danger, mais montrait tant de sang-froid et de sagacité, que les chefs bourguignons obéissaient sans hésiter à ses ordres.

La scène était maintenant au plus haut degré animée et horrible. A gauche, le faubourg, après une lutte acharnée, avait été incendié, et ce terrible incendie n'empêchait pas les combattants de se disputer encore ses ruines fumantes. Au centre, les troupes françaises, quoique pressées par un ennemi bien supérieur en nombre, entretenaient un feu si continu et si bien nourri, que la petite villa semblait comme entourée de l'auréole de flamme des martyrs. A la gauche, par grandes poussées, la ligne de bataille avançait ou reculait quand de nouveaux renforts se précipitaient de la ville, ou quand des troupes fraîches arrivaient de l'arrière-garde des Bourguignons. La lutte continua sans relâche pendant trois heures, jusqu'au point du jour, vivement désiré par les assiégeants. L'ennemi, à ce moment, semblait serrer de moins près la droite et le centre; plusieurs volées de canon partirent de la maison de plaisance.

« Allez! dit le roi au Balafré et à Quentin dès qu'il entendit les coups de canon, ils ont monté les canons et les couleuvrines, bénie soit la sainte Vierge ! Dites à Dunois de se diriger de ce côté avec tous nos hommes d'armes, excepté ceux qu'il laissera à la garde de la maison, en rasant les murs de Liège, pour couper les communications entre ces butors de Liégeois et la ville qui leur envoie des troupes fraîches. »

L'oncle et le neveu s'en allèrent au galop trouver Dunois et Crawford, qui, fatigués de se tenir sur la défensive, obéirent avec allégresse à l'ordre du roi. A la tête d'une vaillante troupe de deux cents gentilshommes français, sans compter les écuyers, et de la plus grande partie des archers de la garde escortés de leurs suivants, ils filèrent à travers champs, foulant les blessés sous les pieds de leurs chevaux, et gagnèrent le flanc de la grosse troupe de Liégeois qui avait si rudement assailli la droite des Bourguignons. A la lumière du jour grandissant, ils s'aperçurent que les ennemis continuaient à sortir en masse de la ville, soit pour continuer la bataille sur ce point, soit pour ramener en bon ordre les troupes engagées.

« Par le ciel ! dit le vieux lord Crawford à Dunois, si je n'étais pas sûr que c'est *toi* qui chevauches à côté de moi, je dirais que je te vois parmi ces bandits et ces bourgeois, les guidant et les mettant en ordre avec ta masse ; seulement, si c'est toi qui es là-bas, je te trouve plus grand que d'habitude. Es-tu sûr que ce chef armée n'est pas ton *wraith,* ton *double,* comme disent les Flamands ?

— Mon *wraith !* dit Dunois, je ne sais pas ce que vous voulez dire. Mais cet individu est un misérable qui se permet de porter mes armoiries, et je vais le punir tout de suite de son insolence.

— Au nom de ce qu'il y a de plus noble, monseigneur, laissez-moi le soin de la vengeance, dit Quentin.

— A toi, en vérité, jeune homme ! répliqua Dunois ; voilà une requête pleine de modestie. Non, ces affaires-là ne se traitent pas par procuration. » Alors, se tournant sur sa selle, il cria à ceux qui l'entouraient : « Gentilshommes de France, en ligne de bataille, et les lances en arrêt ! Ouvrez passage aux rayons du soleil levant, à travers les bataillons de ces pourceaux de Liège et de ces sangliers des Ardennes, qui font la mascarade avec nos antiques armoiries. »

Les hommes d'armes répondirent en criant : « A Dunois, à Dunois ! Orléans à la rescousse ! » Et avec leur chef au centre, ils chargèrent au grand galop. L'ennemi fit bonne contenance. Sauf quelques officiers montés, c'était un corps d'infanterie ; appuyant contre leurs pieds le talon de leurs lances, le premier rang à genou, le second penché, le troisième présentant les pointes de ses lances par-dessus les deux autres rangs, ils offrirent à la charge des hommes d'armes la même résistance que le hérisson oppose à ses ennemis. Peu d'entre les hommes d'armes réussirent à pratiquer une trouée dans ce mur de fer; mais Dunois fut de ceux-là; de deux coups d'éperons il enleva son cheval, lui fit faire un bond de douze pied, tomba au milieu de la phalange, et piqua droit vers l'objet de son animosité. Quelle ne fut pas sa surprise de retrouver Quentin à ses côtés, combattant en ligne avec lui; la jeunesse, un courage désespéré et la détermination de réussir ou de mourir, l'avaient maintenu de front avec le meilleur chevalier de l'Europe. Car telle était à cette époque la réputation de Dunois, réputation justement méritée.

Leurs lances furent bientôt rompues, mais les lansquenets ne pouvaient résister aux coup de leurs lourdes épées; pendant que les deux chevaux et les deux cavaliers, complètement bardés d'acier, n'avaient pas grand'chose à souffrir de leurs lances. Dunois et Durward rivalisaient encore d'efforts pour arriver jusqu'à l'endroit où celui qui avait usurpé les armoiries de Dunois s'acquittait du devoir d'un bon et vaillant capitaine, lorsque Dunois, apercevant la hure de sanglier avec ses défenses, armoiries habituelles de Guillaume de La Marck, cria à Quentin : « Tu es digne de venger les armes d'Orléans! Je te laisse cette tâche. Balafré, soutenez votre neveu, mais que personne ne dérange Dunois dans sa chasse au Sanglier! »

Il va sans dire que Durward accepta avec joie cette division du travail, et chacun des deux se mit à serrer de près son ennemi, protégés en arrière par les quelques hommes d'armes qui avaient pu les suivre.

Mais en ce moment la colonne que La Marck avait eu en vue de soutenir, quand sa propre course avait été interrompue par l'attaque de Dunois, avait perdu tous ses avantages de la nuit; les Bourguignons au contraire, avec le retour de la lumière, avaient commencé à montrer les qualités qui sont le résultat d'une discipline supérieure. La grande masse des Liégeois fut contrainte à battre en retraite, et finalement à fuir. Se rejetant sur ceux qui étaient en lutte avec les hommes d'armes français, le tout ensemble devint comme un reflux, au milieu duquel on se battait, on fuyait et l'on poursuivait; ce torrent se précipita vers les murs de la ville, et s'engouffra dans la grande brèche sans défense par où les Liégeois avaient opéré leur sortie.

Quentin faisait des efforts surhumains pour atteindre le principal objet de sa poursuite, qui était encore en vue, luttant, essayant, par ses cris et par son exemple, de renouveler la bataille, et bravement soutenu par une petite troupe de lansquenets d'élite. Le Balafré et quelques-uns de ses camarades s'attachèrent à Quentin, émerveillés de la bravoure extraordinaire d'un si jeune soldat. Au bord même de la brèche, La Marck, car c'était lui, réussit à arrêter pour quelques instants la déroute, et à repousser ceux qui suivaient de plus près les fuyards. Il avait à la main une masse de fer, à laquelle rien ne résistait; il était tellement couvert de sang, que l'on ne distinguait plus les armoiries dont la vue avait si fort excité l'indignation de Dunois.

Quentin alors ne trouva pas grande difficulté à le rencontrer seul à seul. Car l'avantage de la position élevée qu'il avait choisie, et les coups de sa terrible masse d'armes, faisaient que beaucoup d'assaillants s'en allaient chercher fortune ailleurs. Mais Quentin, qui connaissait le prix attaché à la défaite de ce formidable antagoniste, sauta à bas de son cheval, et laissant le noble animal, présent du duc d'Orléans, s'enfuir en liberté au milieu du tumulte, il se mit à gravir les décombres, pour croiser le fer avec le Sanglier des Ardennes. Le Sanglier, comme s'il eût deviné son intention, se tourna du côté de Durward, la masse levée; ils étaient sur le point d'en venir aux mains, lorsque des cris de triomphe et de désespoir annoncèrent que les assiégeants entraient dans la ville sur un autre point, prenant à dos ceux qui défendaient la brèche. Assemblant autour de lui, par ses cris et par quelques sons qu'il tira de son cor, les partisans désespérés de sa fortune désespérée, La Marck abandonna la brèche, et essaya de battre en retraite, vers une partie de la ville d'où il espérait gagner l'autre rive de la Meuse. Ceux qui le suivaient immédiatement formèrent un corps compact d'hommes bien disciplinés, qui, n'ayant jamais fait quartier, n'étaient pas disposés à demander quartier pour eux-mêmes. Il se rangèrent en si bon ordre, qu'ils occupaient toute la largeur de la rue, le long de laquelle ils firent retraite lentement, faisant tête de temps à autre pour tenir en échec ceux qui les poursuivaient. Beaucoup de ces derniers cherchèrent une occupation moins dangereuse, et commencèrent à forcer les portes des maisons pour piller. Il est donc probable que La Marck aurait réussi à s'échapper, grâce à son déguisement, s'il n'avait pas été suivi avec tant d'acharnement par Quentin, par son oncle le Balafré, et par quelques-uns de ses camarades. A chaque temps d'arrêt, il y avait un combat furieux entre les lansquenets et les archers écossais, et chaque fois Quentin cherchait à rejoindre La Marck. Mais ce dernier, qui pour le moment n'avait d'autre objet que d'opérer sa retraite, semblait se dérober aux efforts que faisait le jeune Ecossais pour l'amener à un combat singulier. La confusion était générale dans toutes les directions. Les lamentations et les cris des femmes, les hurlements des bourgeois, en proie aux violences de la soldatesque, retentissaient aigus et horribles parmi les cris de bataille.

Juste au moment où La Marck, battant toujours en retraite à travers ces scènes infernales, venait de passer devant une petite chapelle d'une sainteté particulière, les cris de « France ! France ! Bourgogne ! Bourgogne ! » lui apprirent que la retraite lui était coupée. « Conrad, dit-il, prenez tous ces hommes avec vous. Chargez ces gens qui arrivent, et faites une trouée, si vous pouvez... Pour moi, tout est fini. Je suis homme, maintenant que me voilà aux abois, à envoyer quelques-uns de ces vagabonds d'Ecossais me précéder en enfer ! »

Son lieutenant lui obéit; avec la plus grande partie des lansquenets qui lui restaient, il se précipita vers le bout de la rue, pour charger les Bourguignons qui s'avançaient, faire une trouée, et s'échapper. Six des hommes les plus braves de La Marck restèrent pour mourir avec leur maître, et firent face aux archers qui ne leur étaient pas de beaucoup supérieurs en nombre. « Sanglier ! Sanglier ! Hola ! gentilshommes d'Ecosse, s'écria en brandissant sa masse le scélérat dont rien ne pouvait abattre le courage, qui veut gagner une couronne...? qui frappe le Sanglier des Ardennes? Vous, jeune homme, vous en avez envie, ce me semble; mais il faut la gagner, cette couronne, avant de la porter. »

Quentin n'entendit qu'imparfaitement ces paroles, qui se perdirent en partie dans la cavité du casque, mais le geste les expliquait clairement. A peine eut-il le temps de prier son oncle et ses camarades, en leur qualité de gentilshommes, de rester neutres, que La Marck se précipita sur lui, bondissant comme un tigre et brandissant sa masse d'armes. Mais Quentin, qui avait l'œil vif et le pied léger, fit un saut de côté, et esquiva un coup qui lui aurait été certainement fatal.

Alors ils en vinrent aux mains, pendant que leurs camarades, de part et d'autres, demeuraient simples spectateurs.

Les coups du brigand désespéré avaient beau tomber, aussi pressés que ceux du marteau sur l'enclume, l'agilité de Quentin et sa parfaite connaissance de l'escrime à l'épée lui permettaient non seulement d'esquiver les coups, mais de les rendre avec son arme, moins bruyante, mais plus dangereuse. La force effroyable de son antagoniste commençait à s'abattre, et le sol qu'il foulait aux pieds n'était plus qu'une mare de sang. Cependant il tenait bon, quand même, avec une énergie indomptable; la victoire de Quentin semblait douteuse ou tout au moins éloignée, quand une voix de femme, derrière lui, prononça son nom, et cria : « A l'aide ! à l'aide ! Pour l'amour de la bienheureuse Vierge ! »

Il tourna la tête, et, du premier coup d'œil, reconnut Gertrude, la fille de Pavillon. Son manteau lui avait été arraché des épaules, un soldat français l'entraînait de force hors de la chapelle, où elle avait cherché un refuge.

« Attends-moi un instant ! cria Quentin à La Marck, et il s'élança au secours de Gertrude.

— Je ne suis aux ordres de personne, dit La Marck, en brandissant sa masse d'armes et en faisant un mouvement de retraite. Il n'était peut-être pas fâché d'échapper à un aussi redoutable assaillant.

— Vous serez pourtant aux miens, s'il vous plaît, s'écria le Balafré; je n'entends pas que l'on se moque de mon neveu. » En parlant ainsi il attaqua La Marck avec son épée à deux mains.

Quentin cependant éprouva quelque difficulté à tirer Gertrude de peine. Le soldat, soutenu par ses camarades, refusait de la lâcher. Et pendant que Durward, aidé de deux ou trois de ses compatriotes, se mettait en mesure de l'y contraindre, la première chance que la Fortune lui eût offerte d'arriver à la richesse et au bonheur lui glissait, pour ainsi dire, entre les doigts. Car, lorsqu'il se trouva dans la rue avec Gertrude qu'il venait enfin de délivrer, il n'y avait plus personne en vue. Oubliant la situation critique de Gertrude, il allait s'élancer à la poursuite du Sanglier des Ardennes, lorsque la jeune fille, s'attachant à lui avec l'énergie du désespoir, s'écria : « Pour l'amour de l'honneur de votre mère, ne m'abandonnez pas ici ! Vous êtes gentilhomme, conduisez-moi à la maison de mon père, qui vous a abrités, vous et Mme Isabelle ! Pour l'amour d'elle ne me quittez pas ! »

Cet appel désespéré était irrésistible; disant à part soi adieu, avec une amertume sans nom, à toutes les joyeuses espérances qui l'avaient soutenu dans l'action, qui lui avaient fait traverser toutes les scènes de cette journée sanglante, et qui, à un certain moment, avaient semblé si près de se réaliser, Quentin conduisit Gertrude jusqu'à la maison de Pavillon, et arriva à temps pour protéger la maison et le syndic lui-même contre la fureur d'une soldatesque licencieuse.

Cependant le roi et le duc de Bourgogne entraient dans la ville, à cheval, par une des brèches. Tous les deux étaient en armure complète; mais le duc, couvert de sang, depuis le cimier jusqu'aux éperons, fit franchir la brèche à son cheval de bataille avec une sorte de fureur; Louis avait l'air de conduire une procession. Ils dépêchèrent l'ordre d'arrêter le sac de la cité, qui avait déjà commencé, et de rassembler leurs troupes dispersées. Les princes eux-mêmes se dirigèrent vers la cathédrale, d'abord pour prendre sous leur protection quantité de gens distingués qui y avaient cherché un refuge; ensuite pour tenir une sorte de conseil de guerre, après avoir entendu la grand'messe.

Affairé comme beaucoup d'officiers de son rang à rassembler les troupes qui étaient sous ses ordres, lord Crawford, au tournant d'une rue, rencontra le Balafré qui se dirigeait d'un pas tranquille vers la rivière; il tenait à la main une tête humaine, les doigts passés dans les mèches sanglantes, avec la plus sereine indifférence.

« Eh bien, Ludovic, lui dit son commandant, qu'est-ce que vous faites de cette charogne?

— C'est le résultat d'une petite affaire que mon neveu avait bien commencée et presque finie, et à laquelle j'ai mis la dernière main, dit le Balafré; il s'agit d'un bon garçon que je viens de dépêcher et qui, avant d'en finir, m'a demandé de vouloir bien jeter sa tête dans la Meuse. Les gens ont vraiment de singulières fantaisies.

— Et vous allez jeter cette tête-là dans la Meuse? demanda Crawford, après avoir considéré l'horrible débris avec attention.

— Mais oui, vraiment, répondit Lesly. Quand on refuse à un mourant sa dernière requête, on est hanté par son esprit, et moi, j'aime à dormir tranquille la nuit.

— Courez le risque de voir l'esprit, l'ami, reprit Crawford; on fait plus de contes sur les morts que vous ne pouvez l'imaginer. Dans tous les cas, venez avec moi...; pas un mot de plus..., venez avec moi. »

Quand la grand'messe eut été chantée à la cathédrale de Liège, et que la ville terrifiée fut rentrée dans un ordre tel quel, Louis et Charles, entourés de leurs pairs, se mirent en devoir d'écouter les réclamations de ceux qui avaient bien mérité au cours de la bataille. Ils reçurent d'abord celles qui avaient trait au comté de Croye et à la jolie comtesse. Au grand désappointement de plusieurs gentilshommes qui se croyaient sûrs de remporter le prix, il fut déclaré que leurs prétentions semblaient entachées de quelque doute et de quelque mystère. Crèvecœur montra une peau de sanglier semblable à celle que La Marck portait d'habitude; Dunois produisit un bouclier fendu en deux, avec les armoiries de La Marck; d'autres encore, exhibant des preuves du même genre, prétendirent avoir dépêché le meurtrier de l'évêque... La riche récompense promise à celui qui apporterait la tête de La Marck avait été fatale à tous ceux qui portaient des armes semblables aux siennes.

Il y avait grand bruit et grande contestation parmi les compétiteurs. Charles, regrettant en lui-même la promesse téméraire qui avait placé la main et la fortune de sa belle vassale sur un coup de dés, espérait trouver quelque biais pour échapper à ces réclamations contradictoires, quand Crawford pénétra dans le cercle, traînant après lui le Balafré, tout penaud et tout confus, et dit : « Foin de vos pinces, de vos peaux et de votre fer colorié ! Nul, sauf celui qui a tué le Sanglier, ne peut en montrer les défenses ! »

En parlant ainsi, il jeta sur le plancher la tête sanglante, que l'on reconnut tout de suite pour celle de La Marck, à cause de la singulière conformation de ses mâchoires.

« Crawford, dit Louis, pendant que Charles gardait le silence, morose comme un homme qui vient d'éprouver une surprise désagréable, je crois que c'est un de mes fidèles Ecossais qui a remporté le prix ?

— C'est Ludovic Lesly, que nous appelons le Balafré, répondit le vieux soldat.

— Mais est-il noble ? demanda le duc, est-il gentilhomme de naissance ? sinon, notre promesse est nulle.

— C'est, dit Crawford, un morceau de bois assez laid et assez déplaisant; mais je garantis que c'est une des branches de l'arbre des Rothe, qui sont aussi nobles qu'aucune des maisons de France et de Bourgogne.

— Alors, dit le duc, il n'y a pas à revenir là-dessus, et la plus belle et la plus riche héritière de Bourgogne sera la femme d'un grossier soldat mercenaire comme celui-là, ou mourra séquestrée dans un couvent, elle, la fille unique de notre fidèle Reinold de Croye ! J'ai été trop prompt. »

Et son front se voila d'un nuage, à la grande surprise de ses pairs, qui lui avaient rarement entendu exprimer le moindre regret à propos des conséquences nécessaires d'une résolution une fois adoptée.

« Attendez un instant, reprit lord Crawford : cela peut tourner mieux que Votre Grâce ne se l'imagine. Ecoutez seulement ce que ce cavalier a à dire. Allons, l'ami, parle, et la peste soit de toi! » ajouta-t-il en se tournant vers le Balafré.

Mais le Balafré n'avait point accoutumé de se trouver dans de si imposantes assemblées. Ayant donc débuté par un gros ricanement enroué, et par deux ou trois effrayantes contorsions de la face, tout ce qu'il trouva à dire, ce fut qu'un certain « Saunders Souplejaw... », et puis ce fut tout.

« Plaise à Votre Majesté et à Votre Grâce, dit Crawford, je vais parler pour mon compatriote, mon vieux camarade. Vous saurez donc qu'un *voyant* de son pays, nommé Saunders Souplejaw, lui a prophétisé que la fortune de sa maison se ferait par un mariage. Mais, comme il n'est plus aussi jeune qu'il l'a été autrefois, comme il aime le cabaret mieux que le boudoir des dames, bref, comme il a certains goûts et certaines habitudes, qui feraient de la grandeur un vrai fardeau pour lui, il a agi suivant mes conseils, et cède les droits qu'il a acquis en achevant La Marck à celui qui avait réduit le sanglier aux abois, et celui-là, c'est son neveu, le fils de sa sœur.

— Je suis garant des services et de la prudence de ce jeune homme, dit le roi Louis, enchanté de voir un si beau prix tomber entre les mains de quelqu'un sur qui il avait de l'influence. Sans sa prudence et sa vigilance, c'en était fait de nous. C'est lui qui nous a avertis de la sortie projetée.

— Je lui dois quelque réparation, reprit Charles, pour avoir douté de sa véracité.

— Et moi, dit Dunois, je puis attester sa vaillance comme homme d'armes.

— Mais, objecta Crèvecœur, de ce que son oncle est un gentillâtre écossais, il ne s'ensuit pas nécessairement que le neveu en soit un aussi.

— Il est de la maison de Durward, dit Crawford; il descend de cet Allan Durward qui fut grand intendant d'Ecosse.

— Si c'est du jeune Durward qu'il s'agit, dit Crèvecœur, je ne fais plus d'objections. La Fortune s'est déclarée trop nettement en sa faveur pour que je songe à lutter contre cette dame capricieuse. Mais ce qui est étrange, c'est de voir comme tous ces Ecossais sont attachés les uns aux autres, depuis le Seigneur jusqu'au valet d'écurie.

— Highlanders, épaule contre épaule, répondit lord Crawford, riant de la mortification de l'orgueilleux Bourguignon.

— Il nous reste à savoir, reprit Charles d'un air pensif, quels peuvent être les sentiments de la dame au sujet de cette heureuse aventure.

— Par la messe ! s'écria Crèvecœur, je n'ai que trop de raisons de les connaître. Votre Grâce la trouvera plus disposée à obéir que dans une circonstance antérieure. Mais pourquoi envierais-je à ce jeune homme son heureuse chance ? Après tout, c'est à force de bon sens, de fermeté et de vaillance qu'il a conquis la fortune, le rang, et la beauté ! »

TABLE DES MATIÈRES

		PAGES
CHAPITRE I.	— LE CONTRASTE	1
CHAPITRE II.	— LE VAGABOND	6
CHAPITRE III.	— LE CHATEAU	14
CHAPITRE IV.	— LE DÉJEUNER	18
CHAPITRE V.	— L'HOMME D'ARMES	27
CHAPITRE VI.	— LES BOHÉMIENS	33
CHAPITRE VII.	— L'ENROLEMENT	43
CHAPITRE VIII.	— L'ENVOYÉ	49
CHAPITRE IX.	— LA CHASSE AU SANGLIER	63
CHAPITRE X.	— LA SENTINELLE	69
CHAPITRE XI.	— LA GALERIE DE ROLAND	76
CHAPITRE XII.	— LA POLITIQUE	82
CHAPITRE XIII.	— AVANT LE DÉPART	91
CHAPITRE XIV.	— LE VOYAGE	96
CHAPITRE XV.	— LE GUIDE	103
CHAPITRE XVI.	— LE VAGABOND	110
CHAPITRE XVII.	— L'ESPION ÉPIE	119
CHAPITRE XVIII.	— LA CHIROMANCIE	123
CHAPITRE XIX.	— LA CITÉ	129
CHAPITRE XX.	— LE BILLET	137
CHAPITRE XXI.	— LE PILLAGE	142
CHAPITRE XXII.	— RIPAILLE	151
CHAPITRE XXIII.	— LA FUITE	159

TABLE DES MATIÈRES

CHAPITRE XXIV.	— LA REDDITION	166
CHAPITRE XXV.	— L'HOTE INATTENDU	173
CHAPITRE XXVI.	— L'ENTREVUE	178
CHAPITRE XXVII.	— L'EXPLOSION	188
CHAPITRE XXVIII.	— INCERTITUDE	197
CHAPITRE XXIX.	— RÉCRIMINATIONS	205
CHAPITRE XXX.	— LE CONSEILLER	210
CHAPITRE XXXI.	— L'ENTENTE	223
CHAPITRE XXXII.	— L'ENQUÊTE	229
CHAPITRE XXXIII.	— LE HÉRAUT	240
CHAPITRE XXXIV.	— L'EXÉCUTION	248
CHAPITRE XXXV.	— AU PLUS VAILLANT	253
CHAPITRE XXXVI.	— LA SORTIE	260
CHAPITRE XXXVII.	— LA MORT DU SANGLIER	269

109-6-29. — IMPRIMERIE HACHETTE
9, rue Stanislas. — Paris.

COLLECTION HACHETTE

En Vente :

LA TERRE QUI MEURT
LES OBERLE
　　par René Bazin, de l'Académie Française.

LES TROIS MOUSQUETAIRES (2 volumes).
VINGT ANS APRÈS
　　par Alexandre Dumas.

LE CRIME DE SYLVESTRE BONNARD
　　par Anatole France, de l'Académie Française.

CROC-BLANC
　　par Jack London.

CAPITAINES COURAGEUX
　　par Rudyard Kipling.

RAMUNTCHO
PÊCHEUR D'ISLANDE
　　par Pierre Loti, de l'Académie Française.

LA MARE AU DIABLE
　　par George Sand.

Chaque volume in-16 illustré,
avec couverture en couleurs
16 francs.

www.ingramcontent.com/pod-product-compliance
Lightning Source LLC
Chambersburg PA
CBHW050627170426
43200CB00008B/915